Dados Internacionais de Catalogação na Publicação (CIP)
(Câmara Brasileira do Livro, SP, Brasil)

Andreas, Connirae
  Transformando-se: mais coisas que você não sabe que não sabe / Connirae Andreas e Steve Andreas; [tradução de Heloisa Martins Costa]. — São Paulo: Summus, 1991.

  Bibliografia.
  ISBN 85-323-0069-3

  1. Programação neurolingüística I. Andreas, Steve. II. Título.

91-1437   CDD-158.1

Índices para catálogo sistemático:
1. Programação neurolingüística: Psicologia aplicada 158.1

TRANSFORMANDO-SE
Mais coisas que você não sabe que não sabe

Steve Andreas
Connirae Andreas

Programação Neurolinguística

summus editorial

Do original em língua inglesa
*CHANGE YOUR MIND AND KEEP THE CHANGE -
Advanced NLP Submodalities Interventions*
Copyright © 1987
by Real People Press

Com a Assistência Editorial de:
Michael Eric Bennet e *Donna Wilson*

Tradução de:
Heloisa Martins-Costa

Capa de:
Martin Kovensky

Proibida a reprodução total ou parcial
deste livro, por qualquer meio e sistema,
sem o prévio consentimento da Editora.

Direitos para a língua portuguesa
adquiridos por
SUMMUS EDITORIAL LTDA.
Rua Cardoso de Almeida, 1287
05013 - São Paulo, SP
Telefone (011) 872-3322
Caixa Postal 62.505 - CEP 01295
que se reserva a propriedade desta tradução.

Impresso no Brasil

Sumário

Prefácio — Richard Bandler   9
Agradecimentos   11
Introdução   13

I. *Linhas de tempo*   17
A maneira como se pensa sobre o tempo tem um impacto surpreendente sobre a experiência. Este capítulo mostra como descobrir as codificações temporais e como modificá-las, dando exemplos interessantes de como a mudança das linhas de tempo possibilitou mudanças importantes na vida das pessoas.

II. *Emprego do tempo*   43
Os tempos verbais podem ajudar no trabalho de mudança, ou atrapalhar esse trabalho.

III. *O padrão* swish   55
Os pontos principais de um trabalho de *swish* "sob-medida". Como fazer um *swish* nos sistemas auditivo e sinestésico, com exemplos de como fazer o *swish* funcionar nos casos considerados "difíceis" ou "especiais".

IV. *Mudança da importância dos critérios*   77
Por vezes, critérios como "ter razão", "agradar aos outros", "poder", são os que importam, enquanto que "cuidar da própria saúde", "responder às necessidades de outrem" não têm tanta importância. As submodalidades podem ser usadas para modificar rapidamente a importância de alguma coisa.

V. *Eliminar compulsões*   103
Reações extremas, como as de comer em excesso, raiva, vícios, que não são resolvidas com outros métodos, podem ser eliminadas com a explosão de compulsão, seguida de um swish.

VI. *Padrão de limite — a gota d'água*   127
Como ajudar alguém a abandonar um relacionamento ou comportamento destrutivo.

VII. *Referencial interno e externo*   143
Algumas pessoas conseguem, "naturalmente", decidir por si mesmas, enquanto outras são influenciadas e impressionadas pela opinião dos outros. Como usar essa informação para ajudar as pessoas a tomarem suas próprias decisões.

VIII. *Uma estratégia para lidar com críticas*   157
Um procedimento passo-a-passo, usado pelas pessoas que reagem bem a críticas. Como manter um estado de recursos, ao avaliar a crítica e decidir como a informação recebida pode ser usada para melhorar o comportamento, no futuro.

IX. *Como ter acesso a estados sinestésicos*   173
Ter acesso a estados causados por drogas ou medicamentos é mais do que um simples divertimento. Este método é usado para pessoas que precisam de anestésicos ou analgésicos, sem sofrerem os efeitos colaterais por eles causados. O método pode ser usado para se ter acesso a qualquer estado que tenha um forte componente sinestésico.

X. *Outras intervenções de submodalidades*   189
Intervenções de "terapia super-rápida" para mudar a mente. A modelagem da capacidade de fazer algo bem-feito.

Apêndice I: *Fitas de vídeo dos seminários de PNL realizados pelo casal Andreas*   199

Apêndice II: *Videoteipes de Richard Bandler*   201

Apêndice III: *A programação Neurolingüística no Brasil*   205

Prefácio

Steve e Connirae Andreas assistiram pela primeira vez a um seminário de PNL, dado por mim, no final de 1977, há quase dez anos. Desde então, têm demonstrado tenacidade em usar os padrões que lhes ensinei, de forma repetida, até que os tenham compreendido profundamente. O Capítulo 3 deste livro, que trata do padrão *swish*, é uma demonstração de como conseguem explorar minuciosamente um padrão específico, até que os segmentos essenciais que o fazem funcionar sejam determinados, além de adaptá-lo a casos raros ou difíceis.

A maioria dos meus alunos fala de seus sucessos com os padrões que lhes ensino. Connirae e Steve, ao contrário, falam-me do que consideram mais interessante para eles, isto é, os seus fracassos. Sucessos são enfadonhos, pois só fazem confirmar o que já se conhece. Fracassos, porém, são muito mais interessantes, pois indicam o caminho do aprendizado de algo novo. A fascinação dos dois com a variedade da experiência subjetiva, e com as regularidades que são subjacentes a essa variedade, é uma prova da qualidade dos treinamentos de PNL que eles têm oferecido nos últimos oito anos. Seu ensino é amplamente reconhecido por sua integridade, sua ecologia e seu cuidado em relação aos detalhes e, tudo isto, está claramente demonstrado neste livro.

A maioria dos alunos de PNL ficam satisfeitos quando sabem controlar padrões que já foram desenvolvidos anteriormente. Um dos meus maiores prazeres é ver alguém aprendendo, não somente os padrões específicos que eu ensino, como também as percepções e os processos mentais que criaram aqueles padrões. Steve e Connirae são dos poucos que partiram do uso de técnicas de modelagem de PNL para criar padrões novos e úteis, e isto também está demonstrado neste livro. No Capítulo 8,

"Uma estratégia para lidar com críticas", vemos uma demonstração de sua capacidade em modelar uma habilidade essencial — a receptividade a informações vindas de outras pessoas — e destilá-la em uma sintaxe clara e elegante.

Este livro é uma continuação da melhor qualidade do meu livro *Usando Sua Mente — As coisas que você não sabe que não sabe*, escrito pelo casal Andreas a partir de fitas de áudio dos meus seminários, e é com prazer que o recomendo a todas as pessoas que desejem explorar ainda mais como mudar sua mente.

Richard Bandler

Agradecimentos

Este livro, assim como grande parte do nosso trabalho, não existiria sem o gênio criativo de Richard Bandler. Agradecemos a ele por nos fornecer continuamente novos métodos que podem tornar melhor a vida das pessoas e por nos estimular com demonstrações, dicas e descrições enigmáticas. Muitos dos padrões que apresentaremos a seguir foram desenvolvidos por Richard: A Explosão da Compulsão, o Padrão de Limite — "A Gota d'Água", o padrão *swish*, o Padrão do Chocolate Godiva e a utilização das mudanças de tempos verbais.

Desenvolvemos os outros padrões de submodalidades aqui apresentados usando os princípios de submodalidades que aprendemos com Richard. Ficamos tão empolgados com as possibilidades daquilo que ele nos ensinaria que começamos a nos perguntar: "Em que outras situações podemos aplicar isto?" Começamos a examinar a maneira como as pessoas organizam e representam os acontecimentos em relação a Linhas de Tempo, Mudança de Critérios, Referencial Interno e Externo, e desenvolvemos a Estratégia para Lidar com Críticas.

Apesar de ter sido Richard Bandler quem nos ensinou o padrão de Acesso ao Estado Sinestésico, quem desenvolveu este padrão foi Ed Reese. Acrescentamos a este padrão algumas etapas de replanejamento.

Também gostaríamos de agradecer a nossos clientes e aos inúmeros participantes dos seminários que nos ajudaram, no decorrer dos últimos três anos, a explorar esses padrões. Fizeram observações interessantes, perguntas difíceis, encontraram maneiras especiais de levar adiante as nossas instruções e nos deram exemplos fascinantes das variedades incríveis de organizar a experiência subjetiva.

Finalmente, gostaríamos de agradecer a imensa ajuda editorial de

Michael Eric Bennet e Donna Wilson, que prepararam as primeiras versões dos capítulos a partir de transcrições dos nossos seminários e revisaram cuidadosamente a versão final do original. O trabalho deles permitiu que esse material se transformasse em livro muito mais rapidamente do que se estivéssemos trabalhando sozinhos.

Introdução

Gostamos muito de contar uma estória que aconteceu conosco em uma festa na Califórnia, em meados dos anos 70, pois ilustra bem a utilização apropriada das palavras. Fomos a uma festa com um amigo nosso, Mike, que estava literalmente faminto. Havia uma travessa cheia de pedaços de bolo de chocolate na mesa da sala de jantar, de que ele se serviu avidamente. Após ter devorado cerca de dez pedaços, ele soube através do dono da festa que o bolo havia sido preparado com maconha e que cada pedaço era suficiente para proporcionar uma noite bastante agradável. Mais tarde, depois de passar um certo tempo na piscina de água quente, Mike estava "viajando". Após o banho, enquanto nos vestíamos, ouvimos Mike dizer, pausadamente e em voz alta: "Agora, estou colocando a meia do pé esquerdo... Agora, estou colocando o sapato do pé esquerdo..." Steve começou a rir, e disse: "Mike, não precisa fazer um relatório das suas atividades". Ao que ele respondeu, vagarosamente: "Talvez não seja necessário para vocês, mas o é para mim!"

As palavras ocupam uma posição apropriada em nossa vida, fazendo-nos prestar atenção em nossas experiências, rotulando-as e categorizando-as. A partir daí, podemos utilizar esses rótulos para "chamar" um tipo particular de experiência, quando necessitarmos dela. As palavras de um cardápio trazem à nossa experiência o paladar e a textura dos alimentos ali descritos, ajudando-nos a escolher os pratos. As palavras não representam os alimentos, apenas os indicam. O que acabamos de dizer pode parecer simplório e óbvio — pouca gente tenta comer o cardápio — e, no entanto, o mundo está cheio de pessoas que falam *a respeito* de uma experiência que jamais vivenciaram realmente.

As palavras contidas neste livro podem ser úteis de duas maneiras. Uma delas, quando estas palavras rememorem ao leitor antigas experiências, demonstrando-lhe combinações, seqüências e maneiras novas e úteis de utilizá-las. A outra, criando novas experiências, estabelecendo diretrizes que possam ser usadas para que o leitor descubra mais a respeito do funcionamento da sua mente. Como um mapa rodoviário, as diretrizes somente são úteis se a pessoa realmente as seguir, usando todos os sentidos para vivenciar o território concreto a que elas o guiam.

Apresentaremos esses padrões de forma bem explícita e sistemática, para facilitar a aprendizagem do leitor. Além de apresentá-los de maneira bem detalhada, advertimos o leitor de todos os erros que nós, e outras pessoas, já cometemos ao colocá-los em prática, a fim de que se torne difícil empregá-los de maneira inadequada. Uma vez que o leitor dedique o tempo necessário a aprender esses métodos de forma cuidadosa, poderá se tornar mais flexível e artístico ao usá-los com seus clientes, confiante em que seu comportamento continuará sistemático e eficiente.

Várias pessoas acusam a PNL de ser tecnológica, ou seja, fria e impessoal. No entanto, essas mesmas pessoas usam a calefação central para manter suas casas aquecidas, ao invés de continuarem queimando madeira, como faziam seus avós. Elas também recorrem a antibióticos e vacinas para manter a saúde dos filhos, sem se preocuparem com a complexa tecnologia que está por trás de tudo isso.

Sentimentos afetuosos não ajudam a criança incapaz de soletrar, nem eliminarão seus sentimentos de ridículo, de fracasso e de autocrítica. Porém, uma ou duas horas de PNL poderão ajudá-la a soletrar, fazendo sentir-se mais capaz e aumentando-lhe a auto-estima. Toda a empatia do mundo não poderá ser útil a uma pessoa que sofra de fobia, mas meia hora de tecnologia de PNL pode libertá-la de uma vida pontuada de terror. Segurar a mão de um amigo moribundo pode tornar sua morte mais suave, porém a tecnologia médica apropriada poderá salvar sua vida.

Sem dúvida, qualquer tecnologia pode ser mal utilizada se for transmitida de uma maneira fria e distante. Conhecemos enfermeiras cuja maneira de "tratar" com pacientes deve ter sido herdada dos ensinamentos de Lucrécia Bórgia e terapeutas que falam no mesmo tom de Adolf Hitler. Este livro é mais tecnológico do que outros, pois sabemos que uma tecnologia minuciosa dá resultados e que mesmo a mais "fria" das tecnologias pode ser transmitida com compaixão e respeito.

Grande parte do material apresentado neste livro foi aprendida diretamente com Richard Bandler em um seminário restrito, realizado no início de 1984. Naquele seminário, ele nos ensinou um número de padrões específicos, a maioria dos quais se encontra neste livro. E o melhor de tudo é que ele nos demonstrou os instrumentos empregados: como fazer diferenciações sutis, perguntas específicas, e como proceder a explorações para descobrir novos horizontes. Muitas vezes, Richard fazia demonstrações sem dar explicações, descrevia fatos de forma enigmática e dava indicações misteriosas. Apesar de nos sentirmos frustrados, ocasionalmente, isso suscitava nossa curiosidade e nos motivava a descobrir mais coisas. Desde então, utilizamos os instrumentos que ele nos forneceu para seguir algumas dessas pistas enigmáticas e desenvolver detalhadamente padrões específicos para que possam ser aprendidos com mais facilidade por outras pessoas.

Durante mais de três anos, temos ensinado este material em nossos Seminários Avançados de Submodalidades. Grande parte do material deste livro foi organizada a partir de transcrições de vários seminários. No entanto, alguns segmentos foram reunidos e apresentados como se tivessem ocorrido em um único seminário, não só para facilitar a leitura, como também para manter o estilo informal de conversa e o formato de ensino dinâmico. Outros segmentos foram escritos sem que houvesse referência a fitas ou transcrições em especial. Na maioria das vezes, não indicamos quem está com a palavra. Após meses debruçados sobre a edição deste livro, não o sabemos mais, o que, de qualquer maneira, não tem a mínima importância. Nós nos identificamos nas transcrições das demonstrações que se encontram disponíveis em vídeo.

Sob diversos pontos de vista, este livro é uma continuação do livro de Richard Bandler, *Usando sua mente — As coisas que você não sabe que não sabe*, que publicamos há dois anos. Quando começamos a escrever este livro, partimos do pressuposto de que os leitores já tivessem lido *Usando sua mente*, tendo portanto uma compreensão dos padrões básicos de submodalidades. Se você não se incluir entre esses leitores, recomendamos-lhe que leia o livro mencionado para que possa obter o máximo dos padrões aqui ensinados.

Também recomendamos que os capítulos deste livro sejam lidos na ordem em que aparecem. A seqüência, ou sintaxe, da experiência é um princípio básico em PNL, e a seqüência dos capítulos foi cuidadosamente elaborada. Muitos dos capítulos do final do livro pressupõem a leitura e compreensão dos anteriores. A leitura de um dos capítulos finais sem o conhecimento daqueles que os precedem e do livro *Usando sua mente* tornará mais difícil a compreensão completa e profunda do material apresentado.

Há uma velha piada segundo a qual o cérebro humano é o "único computador auto-suficiente e de uso múltiplo que pode ser criado por um profissional não especializado". Trata-se, porém, de um computador sem manual do usuário. Os padrões desenvolvidos pela PNL são essencialmente um "programa utilitário", ou seja, são maneiras de organizar a experiência pessoal que pode ser aprendida, um recurso cultural e social como todos os outros produtos da criatividade e capacidade de invenção do ser humano. O material aqui apresentado explora a configuração mental que nos faz ser o que somos, fornecendo-nos instrumentos que podem fazer mudar rapidamente a nossa maneira de reagir. Este livro vem somar-se aos mais de trinta volumes sobre PNL já publicados desde que o primeiro deles, de Richard Bandler e John Grinder, foi editado, em 1975. E isso é só o começo...

Steve Andreas
Connirae Andreas

Setembro de 1987

I

Linhas de Tempo

Quase todos nós já nos deparamos com pessoas de quem pensamos: "Essa aí vive no passado", ou "Ele só pensa no futuro, nunca tem tempo para parar e gozar a vida", ou "Ela só vive no presente, não tem a mínima idéia de para onde está indo". Essas características são determinadas pela maneira como as pessoas representam o tempo internamente. O modo como as pessoas representam o tempo — passado, presente e futuro — fornece a base de suas habilidades e limitações. Por causa disso, é impossível ordenar certos problemas, a não ser que se modifique a maneira como a pessoa representa o tempo.

Algumas pessoas falam em deixar o passado para trás, e é isso o que fazem exatamente. Se deixamos o passado para trás, não mais o vemos, e ele desaparece. Outras pessoas dizem que não conseguem enxergar o futuro, e, literalmente, o futuro representado em sua linha de tempo é obscuro. Existem até pessoas que não têm futuro.

O tempo é um elemento primordial da organização da nossa experiência. Pensem como seria vivenciar um mundo sem tempo. Sem tempo, não haveria causalidade, não haveria maneira de satisfazer as nossas necessidades, nem como saber quando satisfazê-las. Com *raras* exceções, todos temos *alguma* maneira de ordenar nossas experiências em relação ao tempo.

Em nossas pesquisas, descobrimos inúmeras variedades interessantes de que as pessoas se servem para representar o tempo. Após termos ensinado o material sobre as linhas de tempo a vários grupos, ainda achamos interessante "brincar" com isso, e acreditamos que despertaremos a mesma curiosidade em vocês.

Demonstração de eliciação

Linda, podemos eliciar a sua linha de tempo? (Podem.) Primeiro, pense em um comportamento simples — como, por exemplo, escovar os dentes, dirigir até o local de trabalho, lavar os pratos, ou o rosto — que você tenha tido no passado, tem agora e que terá no futuro.

Linda: Escovar os dentes.

Ótimo. Gostaríamos que pensasse num momento em que escovou os dentes há muito tempo — digamos, cinco anos atrás.

Linda: Não consigo me lembrar de nenhum momento especial.

Tudo bem. Você sabe que escovou os dentes há cinco anos, não é mesmo? Então, finja que se lembra de um momento em que escovou os dentes há cinco anos.

Linda: Está bem.

Agora, quero que pense num momento em que escovou os dentes há uma semana... (Está bem.) Pense que está escovando os dentes agora... pense que estará escovando os dentes daqui a uma semana... e pense que estará escovando os dentes daqui a cinco anos. Gostaríamos que sentisse que está imaginando todas essas experiências simultaneamente, de forma que possa começar a perceber as diferenças que existem na maneira como você vê esse mesmo acontecimento... O que a faz saber que uma delas pertence ao passado enquanto a outra está no futuro? Quais são as diferenças de submodalidades que a fazem saber que uma aconteceu há muito tempo ao passo que a outra aconteceu há apenas uma semana?

Linda: É fácil. Eu vivia em outra casa há cinco anos e me vejo naquela casa. É por isso que sei que foi há muito tempo.

Essa é uma resposta típica. As pessoas notam em primeiro lugar as diferenças de conteúdo, mas não é isso que queremos. O que desejamos são as diferenças de processos que estão codificadas nas submodalidades. Linda, quais são as outras diferenças que você observa entre um passado distante e um passado recente? Se quiser, pode fingir que há cinco anos morava na mesma casa em que vive agora, de forma a observar apenas as diferenças de submodalidades. Mesmo que você morasse na mesma casa, poderia provavelmente identificar a diferença entre cinco anos atrás e ontem.

Linda: Não sei. Para mim, parece que cinco anos atrás *(faz um gesto que aponta 60 centímetros à sua esquerda)* é a mesma coisa que uma semana atrás *(fazendo um gesto imediatamente à sua esquerda)*.

Vocês que estão observando Linda podem notar a maneira como ela ordena o tempo. Ela faz gestos em direções diferentes.

Linda: Ah, claro! Acho que vejo direções diferentes.

Ótimo. Agora, gostaria que observasse um tempo daqui a uma semana e um outro daqui a cinco anos.

Linda: Estão em lugares diferentes também. Estão mais à minha direita. É interessante. Uma semana em direção ao futuro está mais dis-

tante de mim do que uma semana no passado. E cinco anos em direção ao futuro está realmente distante de mim.
Excelente. É isso que queremos que observe. Verifique se existem outros tipos de diferença. Existe alguma outra diferença em suas representações do futuro em relação às suas representações do passado?

Linda: *(fazendo uma pausa para verificar)* O futuro parece menos detalhado.

Essa é uma forma típica de representar o futuro como algo menos certo do que o passado. Agora, verifique a imagem de cinco anos atrás e compare-a com a de uma semana atrás. Há outra diferença a não ser a da localização? Observe o tamanho, a luminosidade e outras diferenças.

Linda: Acho que a representação de cinco anos atrás é um pouco menor. Não havia notado isso antes... Meu futuro é assim, também. Cinco anos no futuro é menor do que uma semana no futuro.

Exercício

Acho que essa demonstração é suficiente para lhes dar uma idéia do que queremos que façam. Pratiquem o exercício em grupos de três; porém, desde já podem ir para dentro de vocês, enquanto dou as instruções, e comecem a descobrir seus códigos de submodalidades de tempo. Em primeiro lugar, pensem em algo simples e cotidiano que fizeram com freqüência no passado e que provavelmente continuarão a fazer no futuro. Escolham algo como trabalhar, escovar os dentes, lavar pratos ou tomar banho. Pensem em vocês fazendo isso há muito tempo e em seguida há pouco tempo. Pensem que estão fazendo isso no presente, depois no futuro imediato e, finalmente, em um futuro distante.

Ao pensarem na mesma ação em cada segmento de tempo, mantenham o mesmo conteúdo, de maneira que as únicas diferenças sejam referentes ao momento em que ela está sendo realizada. Descubram as diferenças de submodalidades relacionadas à maneira como representam o tempo. As diferenças ficarão mais aparentes se pensarem em si mesmos tomando café da manhã em momentos diferentes, *simultaneamente*. Ao se imaginarem tomando café da manhã há cinco anos e daqui a cinco anos, *ao mesmo tempo*, qual é a diferença da maneira como pensam na mesma ação? Geralmente, as pessoas representam o tempo de forma bastante diferente quando têm acesso a experiências, uma de cada vez, seqüencialmente. Se tiverem dificuldade em ver todas as imagens ao mesmo tempo, usem a estrutura "como se": finjam que estão conseguindo.

Façam esse exercício individualmente e em silêncio, nos grupos. Após terem observado bem a maneira de classificar o seu tempo, abram os olhos e descrevam a linha de tempo uns para os outros, no grupo.

Enquanto cada uma das pessoas estiver descrevendo sua linha de tempo, observem todas as indicações não-verbais da classificação de tempo. Estamos sempre fornecendo pistas não-verbais sobre nossa experiência de tempo, da mesma forma que Linda fez gestos para direções diferentes ao falar de tempos diferentes. Isso torna-se muito útil quando alguém diz: "Ah, eu não classifico o tempo. O passado distante *(faz um gesto por cima do ombro)* é o mesmo que o presente *(faz um gesto a cerca de 30 centímetros na frente do rosto)* e o mesmo que o futuro *(estica o braço)*. Tudo é a mesma coisa". Estou demonstrando de maneira não-verbal a "minha" linha de tempo, fazendo um gesto para trás, no caso do passado distante, movimentando minhas mãos adiante do meu corpo, no caso do presente, e distanciando minhas mãos do meu corpo, para indicar o futuro. Talvez outra pessoa diga: "Aqui está o passado *(as mãos separadas uma da outra cerca de 30 centímetros)*, aqui está o presente *(a distância entre as mãos aumenta para cerca de 60 centímetros)* e aqui está o futuro *(abre bem os braços)*". Pode-se ter uma boa idéia de como uma pessoa representa o tempo observando seus movimentos não-verbais. No primeiro exemplo, a localização é a submodalidade principal, enquanto no segundo o tamanho é mais importante, apesar de não ser descartada a localização. Quase todo mundo usa a localização no espaço como um dos elementos de classificação do tempo.

Após terem partilhado as representações de tempo uns com os outros, esclareçam todas as dúvidas a respeito das linhas de tempo das outras pessoas e verifiquem as submodalidades que não foram mencionadas: *detalhes, transparência, luminosidade, foco, cor* ou qualquer outro elemento que considerem uma forma de codificação do tempo. A maioria das pessoas ordena o tempo com uma combinação de submodalidades, além da localização espacial.

Vocês deverão sobretudo observar se o passado e o futuro são diferentes: normalmente, as pessoas fazem uma diferença digital do tipo colorida *versus* branco-e-preto ou imagem fixa *versus* imagem em movimento, para estabelecer a distinção entre passado e futuro. Nesses casos, haverá também uma diferença analógica do tipo intensidade da cor ou velocidade do movimento, que faz com que a pessoa saiba a que distância no passado ou no futuro algo se encontra. Em geral, os acontecimentos são organizados em um *continuum* de algum tipo. Porém, vale a pena verificar se isso realmente acontece, pois há pessoas que têm maneiras inteiramente diferentes de ordenar o tempo. Não pressuponham nada.

Após haverem descrito suas linhas de tempo e as de seus parceiros, experimentem, temporariamente, modificar a sua linha de tempo. Escolham a característica mais proeminente da sua linha de tempo e modifiquem-na ou invertam-na de alguma maneira, observando de que maneira isso afeta a sua experiência. Por exemplo, Linda observou que o seu futuro era mais espalhado do que o seu passado. Ela poderia tentar ver as imagens do passado mais espalhadas e as imagens do futuro mais juntas, prestando atenção ao impacto que isso poderia trazer.

Digamos que o tamanho seja uma submodalidade importante para vocês: as experiências mais recentes são maiores e os acontecimentos do passado, menores. Façam uma experiência e tentem inverter esse aspecto, de forma que as experiências mais recentes sejam menores e os acontecimentos do passado, maiores. Observem se a experiência modifica a importância dos acontecimentos do passado e do presente. Qual seria a diferença de abordagem que uma pessoa com esse tipo de linha de tempo teria em relação ao seu meio ambiente? Quais são as vantagens e desvantagens de cada uma dessas linhas de tempo?

Na minha linha de tempo, o futuro começa na altura do peito e segue para cima e para a direita, em um ângulo de cerca de 45 graus. Nesse caso, posso tentar abaixar o meu futuro em 45 graus para descobrir o impacto dessa mudança. De que forma isso mudaria o tipo de pessoa que sou? Ao fazer esse tipo de experiência, vocês poderão se sentir estranhos ou desconcertados. Esse é um indício bastante forte de que a linha de tempo que descobriram não é arbitrária ou apenas uma conseqüência das nossas instruções e, sim, algo significativo acerca da maneira como classificam e reagem às suas experiências. Com freqüência, a reação resulta da falta de familiaridade com a realização da tentativa de mudança. Outras vezes, a reação indica que o esforço de mudança da pessoa não seria ecológico, por ser um elemento básico de sua codificação da realidade. Certifiquem-se de experimentar todas as mudanças cuidadosa e delicadamente, desistindo de ir adiante se sentirem fortes sinais de desorientação ecológica.

Em seguida, experimentem submodalidades utilizadas por outras pessoas do grupo. Digamos que o futuro de uma outra pessoa seja transparente. Tentem tornar suas representações do futuro transparentes e observem como essa mudança afeta sua maneira de reagir.

Por fim, experimentem toda a linha de tempo de outra pessoa. Descubram alguém que classifique o tempo de forma bastante diferente da sua. Escolham a linha de tempo mais estranha, esquisita e bizarra e tentem experienciá-la para ver o resultado. O que essa linha de tempo lhes permitiria fazer que não conseguem com a sua linha atual? Que mudanças traria essa nova linha que os tornasse realmente proficientes em algo? Que limitações ela lhes traria? Esse exercício será ainda mais interessante se encontrarem alguém realmente diferente de vocês, pois, se o tentarem com alguém semelhante, não acrescentarão novas escolhas às que já têm em seu poder.

Para a maioria das pessoas, as linhas de tempo são uma maneira importante de manter contato com a realidade. Comparando diferentes formas de ordenar o tempo, vocês aprenderão mais a respeito do impacto que tem a sua maneira natural de ordenação de tempo. Ao tentarem formas diferentes de representação do tempo em contextos em que sentem problemas e limitações, com certeza poderão descobrir aplicações úteis e interessantes.

Muitos de vocês talvez prefiram manter seu modo de ordenação do tempo. Após tentarem uma linha de tempo diferente, certifiquem-se de voltar à sua antiga linha. Se preferirem a nova ordenação, conservem-na mas não deixem de fazer uma cuidadosa verificação ecológica prévia. Imaginem-se no futuro com essa nova ordenação de tempo. Como ela funciona? Talvez queiram apenas ter uma nova forma de ordenação em alguns contextos em que se sentiam limitados no passado, mantendo a forma antiga nos outros contextos em que foram bem-sucedidos. Lembrem-se de que o objetivo da PNL é aumentar a flexibilidade.

Resumo do exercício

1. Eliciação. Em grupos de três, descubram sua linha de tempo e comuniquem-na aos outros membros do grupo.

2. Experiência.
  a. Antes de mais nada, façam os ajustes necessários às submodalidades que já utilizam a fim de descobrir de que forma eles afetam sua reação.
  b. Então, experimentem as submodalidades usadas pelos outros.
  c. Experimentem a linha de tempo completa de outra pessoa.

* * * * *

Discussão: ordenação espacial e relação com as pistas de acesso visuais.

Há alguém que não tenha uma ordenação espacial para o tempo? Como mencionamos anteriormente, a submodalidade mais comum empregada pelas pessoas para ordenar o tempo é a localização espacial. E isso tem sentido quando se pensa no assunto. O sistema visual é o ideal para representar vários acontecimentos simultaneamente. Uma das melhores formas de colocar em seqüência muitas representações consiste em utilizar a localização espacial. Se todas estiverem no mesmo lugar, apenas uma delas poderá ser vista de cada vez, e será necessário codificá-las a partir de diferenças de luminosidade, cor, tamanho, etc.

Para a maioria das pessoas, o passado fica à esquerda e o futuro, à direita, como no caso de Linda. Para quantos de vocês isso não acontece?

Henry: O meu passado fica à direita, enquanto o futuro fica à minha esquerda.

Então seu padrão é o inverso do padrão mais comum. As suas pistas de acesso visuais também são invertidas?

Henry: Também.

A linha de tempo geralmente está ligada às pistas de acesso visuais. Em geral, o passado fica no mesmo lado da memória visual, enquanto o futuro fica no mesmo lado do visual construído. Encontramos, porém, pessoas que têm linhas de tempo invertidas em relação às suas pistas de acesso. Um homem que possuía esse padrão reclamava muito que o seu futuro parecia muito "fixo", enquanto o passado parecia mais flexível. Alegou fazer com facilidade a Mudança de História Pessoal (examinada em *Sapos em príncipes*). Isso era de se esperar, já que sua pista de acesso visual construída ficava do lado direito, do mesmo lado em que se encontra o passado, de forma que ele podia mudar as imagens do passado com facilidade. No entanto, as mudanças não podiam ser generalizadas para o futuro, pois o futuro detém as características mais fixas e detalhadas da memória visual. A maioria das pessoas usa imagens construídas para planejar o futuro, e essa opção não podia ser empregada por ele. Ao inverter sua linha de tempo, ele passou a ter a sensação de que o seu futuro estava mais aberto e flexível.

Roxanne: Tenho pistas de acesso normais; porém, uma linha de tempo invertida.

Talvez seja interessante tentar mudar sua linha de tempo de lugar, de maneira que ela corresponda às suas pistas de acesso visual e observar o resultado.

Sempre que se adota uma nova linha de tempo, coisas excelentes acontecem, sobretudo em contextos bem específicos. No entanto, antes de adotar uma nova linha de tempo, é interessante examinar o que a antiga linha de tempo faz de útil. Reveja todos os contextos da vida cotidiana: trabalho, lazer, família, etc. Mesmo que a nova linha de tempo seja melhor em certas situações, talvez seja importante manter a antiga em alguns contextos.

Orientação do tempo

Vamos examinar um pouco mais as pessoas voltadas para c passado, o presente e o futuro e a maneira como suas orientações se relacionam com a sua classificação de tempo. Por exemplo, uma pessoa com quem trabalhei tinha o passado diretamente atrás dela, o presente imediatamente à frente e o futuro que se estendia adiante. Que tipo de pessoa era ela em relação ao tempo? Ao se experimentar essa linha de tempo, que tipo de orientação deve ser adotado?

Al: Não tenho certeza. Estou confuso.

Você consegue ver o futuro?

Al: Não consigo bem.

Claro, a não ser que suas imagens sejam transparentes, e as daquela pessoa não o eram! Se o presente está à sua frente e o futuro imediato vem atrás dele, de forma que não pode ser visto, qual será a sua orientação temporal?

Sally: O presente.

Certo, e no caso dela tratava-se do presente *imediato*. Ao dizer "agora mesmo", ela queria dizer *agora mesmo* — neste exato segundo! Cinco minutos depois já significava para ela o futuro. Tinha um senso bastante limitado do presente.

Experimentem o seguinte. E se o futuro caminhar para a sua direita em ângulo, de forma que o que se encontra em cada uma das imagens possa ser visto, tornando-se cada vez maior e mais claro à medida que avança no tempo? O futuro distante se tornará mais importante. Vocês passarão a viver em direção àquele futuro distante e reagir menos ao presente e ao passado.

Se o futuro imediato ou o presente fossem maiores e mais claros do que o futuro distante, a pessoa teria talvez dificuldade com o planejamento a longo prazo e em pensar nas conseqüências dos seus atos; porém, será muito boa no planejamento dos acontecimentos do futuro imediato. Investigando-se a linha de tempo, podem-se descobrir maneiras úteis de modificá-la.

Carol: No início, eu era muito orientada para o presente. Meu presente era grande, claro e próximo, e tanto o futuro como o passado eram pequenos e sombrios. Nós o modificamos, de forma que eu pudesse manter todas as coisas boas do presente, porém deslocando um pouco dessa luminosidade para algumas semanas adiante, a fim de planejar e reagir melhor ao futuro imediato.

Parece uma mudança útil. Eis outra experiência de linha de tempo. Um homem tinha seu passado em uma linha reta à sua frente. Seu futuro ia para a direita. Talvez vocês conheçam a expressão: "De repente vi todo o meu passado à minha frente". Esse homem vivia assim o tempo todo. E o que acontece com a experiência de uma pessoa quando isso acontece? A atenção fica totalmente focalizada no passado. Dependendo da qualidade (maravilhoso ou péssimo) do passado, a experiência será boa ou não, porém será impossível prestar muita atenção ao presente e ao futuro. Esse tipo de pessoa reagirá de forma muito enérgica ao padrão de Mudança de História Pessoal, já que ela reage profundamente às representações do passado.

Carl: Observei que em algumas circunstâncias consigo focalizar bastante no passado. Meu passado estava à minha frente. Então, coloquei-o à minha esquerda e simplesmente "fechei a porta".

E como isso está funcionando para você?

Carl: Eu ainda não sei direito.

Se você projetar essa nova linha de tempo para situações no futuro, terá uma boa idéia de seu funcionamento e das correções necessárias. O ideal é ter uma certa flexibilidade com a linha de tempo — ser capaz de colocar o passado onde possa ser visto, quando for necessário, e afastá-lo, quando se desejar ser mais voltado para o presente ou para o futuro.

Acho que agora estão percebendo que, em geral, o que quer que esteja na frente de vocês e possa ser notado — grande e claro, colorido, etc. — será mais sedutor e chamará mais atenção.

Linhas de tempo úteis
Fred: Estou interessado em saber um pouco mais sobre linhas de tempo úteis.
A questão continua sendo "útil para quê?" ou "útil para quem?". Assim, vocês podem ter uma idéia das possibilidades. Vou citar algumas linhas padrões. A maioria das pessoas tem uma curva suave e aberta, parecida com a de Linda. O passado fica, em geral, à esquerda, o presente à frente e o futuro em uma linha à direita. As imagens podem estar umas atrás das outras, mas em geral estão em ângulo, de modo que uma parte de cada uma das imagens sucessivas está visível.
Saber se uma linha de tempo é ou não útil depende dos objetivos de cada pessoa e do que é ecológico para ela. Dizer "esta é a linha de tempo *certa*" é o mesmo que dizer "esta é a maneira *certa* de ser, e não existem outras formas de se viver". A linha de tempo de cada um estabelece o caráter específico de cada pessoa. Porém, se essa linha trouxer problemas em algumas situações, ou se uma linha de tempo diferente permitir que a pessoa faça coisas que não consegue praticar agora, então talvez seja conveniente examinar alternativas, pelo menos em contextos específicos.

Localização da linha de tempo
Quando conhecemos alguém que consideramos capaz e qualificado, é interessante investigar como ele classifica o tempo e depois experimentar a sua classificação. Por exemplo, os bons planejadores a longo prazo têm o futuro perto de si, à sua frente, ao invés de na lateral. Conhecemos um homem que ensina administradores a fazer planejamentos a longo prazo, e é uma pessoa muito competente. Seus planos abrangem cinco e dez anos à sua frente, muito detalhados e próximos de si. Os dez anos do seu futuro estão a cerca de 70 centímetros. Isso funciona bem para ele, que realmente gosta disso, mas quando eu o experimentei, o futuro pareceu me pressionar demais. Gosto que o futuro fique mais distante e menos detalhado, de maneira que eu possa ter movimentos mais livres no presente.
Qual será a diferença na vida de alguém se sua linha de futuro for a—m—p—l—i—a—d—a, ao invés de comprimida, como a do planejador que acabei de citar? Por exemplo, o dia de amanhã ficaria na metade da sala; a próxima semana, no corredor; o próximo mês, tão distante, que quase não poderia ser vislumbrado. Quais seriam as conseqüências comportamentais de se ter uma linha de tempo tão "ampliada"?
Anne: Eu não teria motivações para fazer alguma coisa que estivesse tão distante! Me sentiria como se tivesse que "matar muito tempo" antes de começar a fazer algo.
Mike: É verdade! Quando estava escrevendo a minha dissertação, terminá-la parecia muito distante. Havia muita coisa a ser feita entre o presente e o seu prazo de entrega, de forma que continuei fazendo

várias outras coisas, deixando de lado a dissertação. Quando percebi o que estava acontecendo, "puxei" para perto de mim o prazo-limite de entrega, de forma a ficar tão próximo do presente que não houvesse espaço para acrescentar nada nesse meio tempo. Quaisquer novos projetos somente poderiam ser executados após o término da dissertação.
Ótimo! Esse é um bom exemplo de como a compressão da linha de tempo ajuda alguém a cumprir prazos.

Lars: Acho que preciso fazer o contrário. Meu futuro está todo comprimido, e tenho a impressão de que o futuro está me pressionando. Quando dilato um pouco a linha, sinto-me mais relaxado.

É como se sua pressão sanguínea caísse uns 30 pontos. Mas vamos examinar a ecologia. Imagine-se tomando essa nova linha de tempo ampliada e levando-a até o dia seguinte... e a semana seguinte... Você ainda é capaz de fazer as coisas que quer? Ou será que se sente distanciado demais?

Lars: Não, nem um pouco. Para falar a verdade, acho que consigo planejar e administrar melhor. Antigamente, meu futuro estava tão próximo, que não conseguia vê-lo direito, o que me impedia de fazer um bom planejamento.

Parece interessante! Também notamos que algumas pessoas parecem ter uma razão para viver e conseguem realmente manter-se vivos quando o futuro a longo prazo está pleno de objetivos claros e importantes. Um estudo realizado com pacientes cancerosos demonstrou que os sobreviventes eram pessoas mais voltadas para o futuro, enquanto os que não conseguiram sobreviver eram mais voltados para o passado.

Bob: Eu era muito mais voltado para o futuro do que agora. Nos últimos dois anos, "desacelerei" um pouco, e meu futuro parece menos claro do que era antigamente. Existem vantagens e desvantagens nessa prática.

Certamente. Se a pessoa estiver muito fixada no futuro, talvez não esteja cuidando bem do presente. Talvez não note que o presente não esteja tão bom assim, ou ainda que a família não esteja passando por uma boa fase. Por outro lado, se dedicar toda a sua atenção a tirar o máximo proveito do presente, ela não notará as consequências futuras, e o futuro não será tão agradável quanto se espera. Dependendo das conseqüências que forem ignoradas, o futuro poderá ser até mais curto!

Diferenças entre o passado e o futuro

Mais uma pergunta: vocês observaram quaisquer diferenças — sobretudo diferenças digitais — entre o passado e o futuro?

Bob: No meu caso, as imagens do passado são vistas através dos meus olhos, enquanto as imagens do futuro estão dissociadas.

Anne: Meu passado e meu futuro têm ambos uma moldura nebulosa em volta das imagens, porém a cor da moldura do passado é cinza e a do futuro, prateada.

Qual das duas você gosta mais, a cinza ou a prateada?
Anne: A prateada desperta mais atenção. É por isso que está bem na minha frente.
Sally: Meu caso é parecido. Meu passado é muito escuro, e o futuro tem luzes à sua volta. As imagens do futuro distante são tão pequenas que só consigo enxergar a luminosidade.
Então você tem um futuro brilhante!
Chris: A linha de tempo de Tom me parece muito estranha. Podemos fazer uma experiência, Tom?
Tom: Claro, não estou cobrando direitos autorais!
Mostre-nos como fazê-lo.
Tom: Meu futuro tem um pico. Ele vai para a direita e o futuro imediato sobe uma encosta e o futuro mais distante vai descendo, como a parte de trás de uma montanha, de forma que não consigo vê-lo.
Você já tentou mudar essa parte da sua linha de tempo?
Tom: Ainda não.
O que acontece se você pegar o seu futuro, esticar a curva e fazer com que ela continue sempre em frente, à sua direita? Qual é a diferença?
Tom: Não sei.
Quando você levanta o futuro, de forma que ele fique todo em uma única linha, você fica mais ou menos focalizado no futuro imediato do que quando ele descia?
Tom: Acho que estou mais voltado para o futuro distante quando consigo ver tudo em uma única linha.
Isso tem sentido. Ter um pico no futuro imediato faz com que você dê mais atenção àquela porção da linha de tempo, obscurecendo o que vem logo em seguida. Quando se consegue ver o futuro distante, é mais fácil reagir a ele.

Analógico contínuo "versus" categorias digitais
O pico na linha de tempo de Tom é um exemplo de uma brusca descontinuidade na linha de tempo, em contraste com mudanças mais gradativas. Encarem esse tipo de descontinuidade como um sinal de uma mudança digital ou categórica do tipo de reação da pessoa. Por exemplo, ao invés de um contínuo suave, um homem tinha sua linha de tempo cheia de bolhas. Cada bolha continha seis meses de memória. Embora as bolhas tivessem uma seqüência no tempo, os acontecimentos no interior de cada uma delas estavam organizados de modo fortuito. Era fácil, portanto, fazer uma mudança de história nesse caso, já que se podia instalar um novo recurso de memória sem que fosse necessário abastecer a nova memória com qualquer acontecimento que tivesse ocorrido antes ou depois.
Mesmo que a maioria das pessoas use a localização como uma submodalidade analógica, algumas delas também fazem distinções digitais na localização que são muito importantes para serem ignoradas. Os gestos

não-verbais alertam com freqüência para essas distinções categóricas. Gestos em *staccato* ou uma das mãos movimentando-se como uma moeda jogada ao ar em geral indicam alternativas categóricas. Às vezes, algumas pessoas fazem um movimento cortante para delimitar uma linha vertical ou horizontal, indicando com isso uma demarcação bem-definida entre duas localizações. Por outro lado, o movimento gradual da mão constitui em geral uma indicação clara de um *continuum* analógico.

Mudanças de linha de tempo

Mulher: Você descreve sempre a mudança da linha de tempo apenas a partir do rearranjo visual da maneira que a deseja. Existe algo mais que seja necessário fazer?

É preciso verificar sempre a ecologia, pois as linhas do tempo estão intimamente ligadas ao que a pessoa sente ser verdadeiro ou falso. O passado já aconteceu, de forma que ele é verdadeiro, mas o futuro ainda não, de forma que *não* é real. Se começarmos a modificar essas distinções, podemos profanar seriamente a realidade da pessoa. Se a mudança proposta for perfeitamente ecológica, o resultado ocorrerá facilmente.

Também enquadramos as mudanças como algo temporário. "Você vai experimentar isso agora; se não gostar, ou se não for conveniente de uma forma ou de outra, poderá voltar a agir como antes." Se quisermos ser totalmente impecáveis, devemos pedir à pessoa que use a nova linha de tempo em todos os contextos apropriados. "Como se sente usando essa nova linha de tempo? Observe se ela lhe permite fazer o que quer, se surgem limitações ou problemas de qualquer natureza." A mudança da linha de tempo é uma mudança muito importante — pode provocar um impacto em todas as áreas de sua vida. Não é algo que se faça descuidadamente. Antes de mudar uma linha de tempo, é necessário estar seguro dos seus atos. Se um dos lados da pessoa estiver preocupado com a possibilidade de ficar presa a essa nova linha de tempo, vai lutar contra isso — e com toda a razão.

Quando desejo montar a nova linha de tempo permanentemente, peço à pessoa que pense nos lugares onde deseja ter as novas escolhas, e que se imagine com a nova linha de tempo em diferentes situações do futuro, da mesma forma como faria uma "ponte para o futuro". Em seguida, faço os testes para certificar-me de que a nova linha de tempo foi generalizada, pedindo à pessoa que pense em uma ou duas situações diferentes e observo suas reações *a essas situações*. Se ela estiver satisfeita, o nosso trabalho terá tido bons resultados. Ao montar uma nova linha de tempo, é necessário examinar se a pessoa está ordenando o tempo da nova maneira e se consegue realizar os seus objetivos.

Dawn: No início, as pessoas não ficam meio desorientadas? Quando experimentei a linha de tempo de outra pessoa, fiquei muito desorientada.

Se por "desorientada" você quer dizer que a nova linha de tempo pareça pouco familiar ou leva um pouco de tempo para se "estabelecer", trata-se de uma experiência bastante comum. Se a sensação de desorientação for uma sensação de que a nova linha de tempo não seja exatamente a que lhe serve, então talvez ela *não* seja apropriada. O que falta para que ela funcione? Deve-se montar cuidadosamente uma nova linha de tempo, antes de experimentá-la com toda a cautela.

Joe: Achei muito cansativo assumir as linhas do tempo das outras pessoas. Cheguei a ficar fisicamente exausto.

Você fala em "assumir" uma nova linha de tempo. É como se você estivesse literalmente tentanto agarrar algo. Algumas pessoas dizem que ficam cansadas ao fazer isso. Eu jamais me senti, e acho que é porque, ao invés de tentar "assumir" — tentar colocar minhas imagens em novos lugares —, deixo a nova linha de tempo *me* assumir. As imagens simplesmente aparecem nas novas posições. Isso tem sentido para você? O que os outros sentiram ao experimentar as novas linhas de tempo?

Mark: Eu me esforcei tanto que cheguei a sentir dor nos olhos.

June: No meu caso, experimentar uma nova linha de tempo foi como uma brincadeira de faz-de-conta. Simplesmente deixei acontecer, sem tentar controlá-la.

Você usou algo parecido com a estrutura "como se" ao experimentar a nova linha de tempo. Mark, talvez você deseje experimentar a estratégia de June. Finja que já possui a nova linha de tempo, mas não se force a vê-la claramente que ela já esteja lá. Talvez isso alivie um pouco a tensão nos olhos.

Acrescentar um futuro

Betty: Fiquei surpresa ao descobrir que eu não tinha um futuro! Minha linha de tempo pára aqui (*faz um gesto de cerca de 30 centímetros à direita*). Sempre me diziam que eu vivia sempre no presente e nunca pensava no futuro. Como posso acrescentar um pouco mais de futuro? Já tentei fazer isso, mas para mim não tem muito sentido colocar uma série de imagens, umas atrás das outras, quando não sei o que vai acontecer.

O que você diz tem muito sentido e é uma consideração bastante ecológica. Parece que você tentou colocar no futuro imagens tão detalhadas e claras quanto as do seu passado. Pense no que poderia acontecer se o seu futuro fosse muito claro e detalhado. Você veria exatamente o seu noivo e a cerimônia do seu casamento. Poderia ver em que tipo de emprego estaria trabalhando e coisas desse tipo. Quando se tem muitos detalhes a respeito do futuro, é pouco provável que o futuro "verdadeiro" corresponda aos fatos, gerando assim muitos desapontamentos.

Quando se cria o futuro para alguém, é necessário ter certeza de que não se *sabe* ao certo o que vai acontecer. Muitos de vocês devem ter notado um certo nível de incerteza em seu futuro. Uma certa nebulosidade, indistinção, ou mesmo um toque de transparência. Algumas pessoas enxergam vários caminhos em seu futuro. Elas vêem mais de um caminho à sua frente, como a água que jorra de uma mangueira. Há o caso de uma mulher cujas imagens do futuro ficavam dentro de bolhas que se moviam lentamente, mudando de lugar, como para indicar incerteza.

Várias possibilidades podem ser experimentadas, Betty. Uma das formas de ver o futuro consiste em encará-lo como um *conjunto* de caminhos. Em vez de ver apenas uma linha, você poderá ver *galhos*, cada um indicando um possível futuro.

Um outro modo é colocar os seus valores, ou uma representação geral dos seus resultados, no futuro. Você pode colocar símbolos que representem o caminho que você deseja seguir. Assim, saberá o que você quer — terá noção dos valores importantes a realizar em seu futuro —, mantendo ao mesmo tempo bastante flexibilidade a respeito dos caminhos exatos para atingir o seu objetivo.

Betty: Esta me parece uma boa solução...

Pense no que é realmente importante para você em relação ao seu futuro. O que você mais deseja da vida? Quer fazer coisas que lhe permitam aprender...? Tornar-se mais capaz...? Ter um bom relacionamento com as pessoas com quem convive...? Deixe que seu inconsciente a ajude a criar representações daquilo que tem certeza que deseja ter no futuro...

Betty: É, funciona... É bem diferente... Estou colocando as opções à minha direita, como as outras pessoas do meu grupo.

E observe se isso é conveniente para você. Se decidir levar com você essa linha de tempo, isso a ajuda a se tornar a pessoa que deseja ser? Há algo mais que deseje acrescentar ou modificar?

Betty: Gosto da forma como está. Tenho a impressão de que serei diferente, apesar de não saber exatamente como fazer para alcançar isso. Posso planejar melhor, sem pensar no que me atrai neste exato momento. Tenho a sensação de maior equilíbrio. Muito obrigada!

Já ajudamos algumas pessoas a criarem linhas de tempo futuras. Ao fazer isso, é necessário ensinar-lhes a manter a representação de futuro como uma possibilidade e não como um fato. Se um futuro detalhadamente definido fosse montado, ela poderia se desapontar, ou perseguir rigidamente algo muito específico. Se se estabelecerem especificidades, é aconselhável criar vários caminhos alternativos, de forma que a pessoa não fique presa a apenas um deles, que pode não ser o ideal.

Algumas pessoas têm um ponto final bem definido em sua linha de tempo. Ao tratar com uma pessoa mais velha, convém verificar se ela está programando a sua morte, o que em AT se chama "script de vida" ou "script de morte". É importante observar essa circunstância e considerar a possibilidade de modificá-la.

Sally: Certa vez, tentei fazer um *swish* em uma mulher que havia sofrido um grave acidente de carro. Toda vez que lhe pedia que construísse um futuro atraente, ela tinha uma reação muito forte e negativa. Ficava muito perturbada e começava a chorar. Descobri que ela não podia conceber nenhum futuro como agradável, pois se via morta, ou gravemente ferida em cada um deles. Sua linha do passado concentrava-se no seu ombro esquerdo, em um ponto à sua frente; porém, à medida que se aproximava do presente, todas as imagens ficavam embaralhadas e não levavam a lugar nenhum. Sua linha de tempo parava ali. Convenci-a a estender gradativamente sua linha de tempo para o futuro: "O que você estará fazendo daqui a cinco minutos? E na semana que vem?" Finalmente, ela aprendeu a ter um futuro de novo. É impressionante como isso faz diferença. Havíamos tentado muitas coisas, mas que não deram certo enquanto ela não possuísse sua linha de futuro.

Eis um bom exemplo de ajuda a alguém que precisa desmembrar a tarefa de construção de uma linha de tempo, para que possa fazê-lo passo a passo. É importante observar que não se pode fazer um *swish* com alguém que "não possui futuro". Sem o futuro, o *swish* não tem razão de ser, bem como muitas outras coisas.

Gary: O processo de mudança de crença poderia ter sido usado com aquela mulher? Sem dúvida, ela acreditava que o futuro havia acabado, que ela estava morta.

Sally: É uma observação interessante, pois ela era magra antes do acidente, e engordou desde então. Ela não consegue emagrecer, pois acha que, se emagrecer, pode morrer.

Então, para ela, ser magra significa morrer, e talvez fosse conveniente mudar algumas dessas crenças. Por outro lado, o fato de ela ter engordado pode ter alguma relação com o fato de ela não ter futuro. Quando se é mais voltado para o presente, o gosto da comida no momento é mais atraente. E com certeza não existe motivação alguma para se perder peso quando se espera morrer a qualquer momento!

Criando uma linha de tempo

Nos casos anteriores, as pessoas não possuíam a *parte* futura da sua linha de tempo. Conheci uma mulher que não queria jamais ter uma linha de tempo! Ela se recusou a fazer o exercício. As pessoas de seu grupo lhe diziam: "Finja; pelo menos, vai ser engraçado!", mas ela não dava o braço a torcer. "Não quero! Façam o exercício sem mim!" Quando alguém se nega como ela fez, deve-se respeitar sua vontade e pensar sobre a ecologia em vez de dizer: "É assim que se faz o exercício. Faça". Ela tinha toda a razão de se recusar a experimentar uma linha de tempo, sem antes cuidar de certos aspectos. Quando conversei com ela para obter mais informações, percebi que sua relutância concordava perfeitamente com a sua maneira de agir no seminário. Geralmente, ela se confundia com respeito a tempos e não tinha a mesma facilidade de outras pessoas para fazer classificações. Era uma mistura de experiências que não haviam sido classificadas *no momento* em que aconteceram. Sua objeção a organizar tudo em uma linha de tempo consistia no fato de que isso acabaria com a sua espontaneidade, que era muito prezada por ela. Nesse caso, ajudei-a a remodelar o conceito de "espontaneidade", de forma que a habilidade espontânea de ter uma linha de tempo pudesse ajudá-la a ser mais flexível ainda — pois ela poderia escolher entre ter ou não uma linha do tempo!

Mark: Você quer dizer que ela realmente não tinha uma linha de tempo antes?

Não consegui achar nenhuma, apesar de ter feito o possível! Mesmo com as pessoas que não têm consciência de ter uma linha de tempo, consigo achar uma. Porém, não o consegui no caso daquela mulher. O estranho é que, depois de termos cuidado da questão de ecologia, ela desenvolveu espontaneamente uma linha de tempo! (Risos.) Ela tampouco teve de construí-la devagar e cuidadosamente, pois sua linha de tempo simplesmente se ajustou.

June: Já que ela não possuía uma linha de tempo, como chegou ao seminário? Ela deveria ter algum tipo de classificação de tempo se conseguia conceituar o passado, presente ou futuro. Ou sua situação era tão ruim assim?

Eu também me fiz essas perguntas. Ela conseguia ir aos diferentes lugares, porém não conseguia planejar muito bem. Sua vida não era classificada dessa maneira. Ela era casada e o marido era bom em questão de classificação. Mas, já que ela conseguiu sobreviver antes de se casar, é certo que devia haver *alguma coisa* em sua cabeça que controlava essas questões! Porém, certamente não cuidava delas tão bem como ocorre com as demais pessoas. De qualquer forma, parti do princípio de que uma parte dela havia sobrevivido segundo uma certa ordem, e saberia agir, onde colocar os acontecimentos em sua nova linha de tempo. Quando lhe expliquei tudo isso dessa forma, ela compreendeu perfeitamente. Para mim, foi muito interessante trabalhar com ela, pois é raro encontrar alguém sem uma classificação do tempo, sobretudo em seminários.

Experiência agradável/desagradável de ordenação

Marge: No meu caso, o conteúdo de uma experiência é mais ou menos importante, dependendo da sua localização na minha linha de tempo. Quando um incidente é insignificante ou desagradável, eu preciso me descartar dele, simplesmente coloco-o atrás de mim. Porém, quando se trata de algo de que quero me lembrar, ou de que gosto, coloco-o aqui (*gesticula para cima e para a esquerda*).

Muitas pessoas têm o mesmo tipo de classificação e colocam algumas coisas em um local de sua linha de tempo onde não possam vê-las — em algum ponto atrás delas —, de forma que as experiências não as chateiem. Porém, o que é importante fica na parte da linha de tempo que é "visível" — em geral, do lado ou mesmo na frente.

Joe: É o que faço também, mas não me havia dado conta das memórias desagradáveis da parte invisível da linha de tempo, até que uma pessoa do meu grupo me pediu que colocasse uma experiência atrás de mim. Descobri que havia algo escondido lá atrás, pois tive que mexer nele para ter um pouco de espaço!

Acho que todos reconhecem as vantagens de se separar as experiências positivas das desagradáveis. Contudo, que tipo de problema poderia haver com esse tipo de classificação de tempo?

Sam: Não aprendemos nada com as experiências que colocamos atrás da linha de tempo.

Talvez não se aprenda nada. Jill coloca o passado atrás dela; porém, antes extrai a aprendizagem positiva e transfere-a para o futuro, antes de colocar a experiência para trás definitivamente. Isso é primordial antes de "colocar o passado para atrás".

Sam: E como funciona a amnésia?

Bem, para falar a verdade, não sei... hum... sobre o que mesmo estávamos falando? (Risos.)

Sam: Será que as pessoas amnésicas colocam o passado atrás de si?

Não. O caso da amnésia é diferente. Quando se coloca o passado atrás de si, não se pensa muito nele; porém, o passado está disponível. A pessoa que sofre de amnésia parece não ter qualquer tipo de acesso ao passado — ele não está conscientemente disponível em qualquer lugar que seja. Seria interessante perguntar a um amnésico onde acha que estaria seu passado se ele pudesse se lembrar dele.

Pode-se criar amnésia colocando-se as lembranças atrás de uma barreira — uma porta fechada, uma cortina preta, etc. —, de forma que fiquem temporariamente fora do alcance da gente. Pode-se também criar uma amnésia permanente usando-se uma forma de ruptura completa, como, por exemplo, pegando uma experiência e jogando-a num "buraco negro" ou queimando-a completamente (ver capítulo 10); porém, em geral não aconselhamos esse tipo de atitude. Quando se destrói completamente a lembrança de um acontecimento, nunca mais se poderá fazer uso dela.

Todas as suas experiências — tanto as boas como as ruins, tanto as reais com as imaginadas — são expedientes valiosos. Se o acesso a qualquer uma delas for limitado, a pessoa fica com menos recursos.

Há um método que ajuda as pessoas a se beneficiarem de experiências desagradáveis passadas sem serem incomodadas por elas. Um dos participantes de nossos seminários havia presenciado, há alguns anos, uma violenta revolução na América Latina. Após essa experiência, ele ainda passou por outras experiências ruins. Afirmava não ter linha de tempo passado e disse que gostaria de tê-la. Eu o testei fazendo perguntas que pressupunham uma classificação de passado. Toda vez, ele ficava muito confuso. Ele "viajava" por um momento e em seguida voltava a me perguntar sobre o assunto que a gente discutia.

Pedi então a ele que pegasse todo o seu passado — grande parte do qual ele havia apagado por suas razões pessoais — e, *inconscientemente*, o dissociasse de todas as suas lembranças desagradáveis, transformando-as em imagens em preto-e-branco, de forma que não o incomodassem. Dessa forma, ele ainda poderia ver suas lembranças e aprender com elas, deixando, porém, as sensações do "outro lado da barreira". Em seguida, pedi-lhe que deixasse todas as recordações boas em cores, para que pudesse reagir a elas plenamente. Assim, ele se tornou menos confuso a respeito do seu passado por ter obtido uma maneira eficaz e confortável de classificar suas experiências.

Fred: Você pediu que ele transformasse as imagens desagradáveis em fotos fixas em vez de filmes?

Em geral, não faço isso, porque pode-se armazenar mais informações em um filme sobre um acontecimento anterior do que em uma imagem fixa, mas sem dúvida isso pode ser feito.

Fred: Assim, foi mais fácil para ele mudar sua ordenação do tempo?

Sim. Logo que sugeri a experiência, ele pareceu perfeitamente capaz de fazer as modificações por si mesmo. A mente inconsciente das pessoas pode fazer muitas coisas a partir do momento em que lhe sejam dadas instruções específicas. Pedi ao seu inconsciente que fizesse uma classificação de toda a sua história pessoal, separando as experiências agradáveis das desagradáveis.

Após classificar as recordações, tendo dissociado as desagradáveis, pode-se revê-las acrescentando recursos como mudança de história, remodelagem ou outro tipo de padrão. Desde que se acrescentem recursos a essas lembranças, o cliente pode se reassociar a elas e torná-las coloridas.

Al: Você citou o padrão de mudança de história algumas vezes. Pode-se usar a informação da linha de tempo ao se empregar esse padrão?

Sim, de várias maneiras. Ao usar a linha de tempo de alguém, pode-se acompanhá-lo de forma não-verbal, de maneira que lhe fique mais fácil o uso do procedimento. E isso se aplica também a várias outras técnicas.

O conhecimento da linha de tempo também poderá ajudar a pessoa a generalizar melhor a mudança. Pode-se dizer: "Olhe para o seu passado e observe todas as vezes e lugares que você reagiu da mesma maneira". Então, após haver modificado uma dessas experiências — de preferência, aquela que tenha sido particularmente intensa ou precoce —, pode-se pressupor que todas as outras mudarão também, já que constituem uma mesma experiência. "Já que em todas aquelas diferentes situações você reagia da mesma forma, essa nova maneira de reagir também pode ser apropriada e automática sempre que esse tipo de situação ocorria no passado, e será adequada sempre que essa situação ocorrer no futuro." Não é necessário conhecer o funcionamento das linhas de tempo para usar esse tipo de linguagem, mas ele ajuda. Às vezes, dizemos às pessoas: "Observe como essa mudança segue através da sua linha de tempo, modificando todos os acontecimentos que aconteceram antes e depois daquela situação".

O padrão de mudança de história é muito útil. No entanto, ele somente elicia uma nova resposta a uma área específica, a um tipo especial de situação, mesmo quando se generaliza através da linha de tempo. Por outro lado, quando se modifica a estrutura da linha de tempo, modifica-se a forma como a pessoa processa todo o conteúdo. Ocorre um tipo de mudança mais profundo, com um impacto muito mais profundo no comportamento. Esse é o tipo de mudança que está sendo basicamente examinado neste capítulo.

Por exemplo, um de nossos alunos tinha um cliente que não conseguia urinar quando havia alguém por perto. Ele fez várias mudanças de história em muitos incidentes desagradáveis do passado do cliente, mas não houve melhora, pois a linha do passado desse cliente continha um grande círculo, como um carrossel de *slides*, cheio de experiências humilhantes. Enquanto sua linha de tempo contivesse aquele círculo, de nada adiantaria mudar sua história, já que o carrossel continuaria girando, mostrando outro incidente, numa sucessão literalmente infinita. Quando ele fez com que o cliente modificasse o círculo, transformando-o numa linha reta, o paciente percebeu que o número de incidentes com que ele tinha de lidar era finito, tornando a tarefa muito mais fácil.

Uma outra cliente havia acabado de passar por uma crise. Seu marido tivera um caso. Apesar de ele ter afirmado que queria continuar com ela, e de ela o ter perdoado, ainda assim se sentia chateada e deprimida. Segundo ela: "É sempre assim. Mesmo quando algo já está resolvido, sinto-me deprimida durante seis meses. Apenas depois desse tempo é que fico bem novamente". Acontece que sua linha de tempo dos últimos seis meses, e a dos seis meses seguintes, estavam entrelaçadas, e ela não conseguia se expressar com facilidade se algo desse período — no caso, a relação extraconjugal do marido — estava no passado ou no futuro. Sua linha de tempo tinha a forma de "Y". A ponta do "Y" estava diante dela, e ali ela depositava acontecimentos tanto dos últimos seis meses quanto dos seis meses seguintes. Após esse período, sua linha de tempo se dividia de maneira mais tradicional. Quando ela separou seu passado e seu futuro imediatos, sentiu-se logo melhor, em vez de aguardar seis meses.

Outra mulher tinha uma linha de tempo como um "W" horizontal invertido. Seu passado imediato partia em ângulo diante dela, em direção à sua direita; e em seguida se inclinava, de forma que o passado distante partia em ângulo atrás dela. Seu futuro imediato partia diante dela em ângulo para a esquerda, e em seguida se inclinava, de forma que seu futuro a longo prazo partia em ângulo atrás dela. Segundo ela, sua linha de tempo explicava sua dificuldade de terminar o que começava. Distraía-se com fatos recém-acontecidos ou prestes a acontecer.

Ao mudar sua linha de tempo para algo mais tradicional, com o futuro numa linha para a *direita* e o passado em uma linha reta à *esquerda*, ela ficou muito contente com os resultados. Nos dias que se seguiram à mudança, conseguia se concentrar com mais facilidade em suas tarefas, pois o futuro e o passado imediatos não estavam diretamente à sua frente, distraindo-a. Conseguia também planejar o futuro com mais facilidade, porque ele deixava de ter a característica desconjuntada da sua linha do futuro anterior. Além disso, percebeu que era mais fácil perder peso, pois as conseqüências futuras do que ela ingeria tornaram-se visíveis a ela.

Gary: Descobri que tenho duas linhas de tempo diferentes. Uma para acontecimentos históricos: a Guerra de 1812, a Depressão, esse tipo de coisa. A outra trata de acontecimentos da minha vida pessoal: o colégio que estudei, e assim por diante.

Já observamos isso em algumas pessoas. É fascinante observar essas variações.

Richard: Nosso grupo observou que alguns de nós utilizam diferentes tipos de classificação para diferentes tipos de coisas. No meu caso, as atividades estão em uma linha de tempo; porém, os lugares se encontram em outra.

Isso quer dizer que você tem linhas de tempo organizadas de forma diferente, dependendo do conteúdo. *Isto* é que é chamo de flexibilidade!

Gary: Existem pessoas com círculos de tempo ou coisa parecida, sem ser linhas de tempo?

Na maior parte das vezes, vemos linhas de tempo, mas encontrei uma mulher com um círculo de tempo, e seu futuro dava uma volta em direção à sua direita enquanto seu passado dava uma volta em direção à esquerda. O passado e o futuro distantes estavam diretamente atrás dela. Tinha a sensação de que o passado e o futuro se encontravam atrás dela, mas não sabia exatamente como isso acontecia.

Um homem tinha uma "hélice do tempo" bem detalhada. Em nível de segmentos, cada ciclo da hélice correspondia a uma semana. Vários desses pequenos círculos curvavam-se juntos para formar uma hélice maior, como um eixo curvado que correspondia a um ano. Os anos, por sua vez, curvavam-se em torno de uma hélice ainda maior, que correspondia a um século. Esse homem consegue lembrar-se de detalhes minuciosos — sempre foi ótimo em história.

Não temos comprovação, mas acreditamos que nas culturas orientais podem-se achar mais círculos ou ciclos. Há muitas metáforas que correspondem a ciclos nas religiões orientais: a roda da vida, o ciclo da morte e do renascimento, e outras mais.

Outros exemplos de linhas de tempo

Um analista de sistemas colocava seu passado para trás, e seu futuro aparecia como uma série de *slides* transparentes e em cores que surgiam diretamente à sua frente. Quando desejava ver o futuro, tornava os diapositivos muito grandes e largos, de forma que pudesse enxergar o próximo da linha. Quando desejava ver mais adiante ainda, aumentava os anteriores, para poder ver os que vinham em seguida, e assim por diante. Seu futuro imediato literalmente coloria seu futuro mais distante. Se quiserem chegar a um estado alterado de consciência, tentem esta linha do tempo. É uma das mais extraordinárias que já encontramos até agora.

Ann: Acabei de experimentar essa linha de tempo com algo que estava bem resolvido no meu passado. Usando a linha de tempo transparente, voltando a um tempo em que tinha muitos recursos, os recursos modificaram a linha imediata do futuro, que por sua vez coloriu o futuro mais distante, tornando-o mais produtivo também.

Isso é muito útil quando se usa o padrão de mudança de história, a cura rápida de fobia ou qualquer outro padrão de PNL para alterar uma representação do passado. Após ter modificado uma lembrança localizada em um ponto específico da linha de tempo, pode-se dizer: "Aquela antiga experiência foi como um filtro que fez com que você reagisse a acontecimentos posteriores de forma específica, colorindo-os de uma maneira que você não podia ignorar ou modificar. A partir de agora, o mesmo acontecerá com essa nova maneira de sentir o incidente anterior. Ao colocar essa lembrança de volta em seu lugar na linha de tempo, quero que observe como ela irá alterar e recolorir os acontecimentos entre aquele momento e agora, como um efeito "dominó", para que você possa usufruir os benefícios dessa mudança neste momento, assim como em todos os momentos intermediários do seu passado". Trata-se de uma instrução muito específica para que os benefícios de uma mudança sejam generalizados.

O futuro de uma mulher virava em ângulo *para trás* dela à sua *esquerda*, e seu passado virava em ângulo *para trás* dela, à *direita*. Ela era o ponto de um "V" que bifurcava atrás de si. Adivinhem como ela era.

Sally: A figura de proa de um navio! (*Risos*).

Outras pessoas: Voltada para o presente!

Muito voltada para o presente. No início, ela não tinha consciência da localização de sua linha de tempo; porém, observei para que lado ela gesticulava quando eu lhe perguntava sobre o passado ou o futuro. Quando teve consciência da sua linha de tempo, ela disse que era coerente com a maneira como ela funcionava. Era muito ajustada para o presente e as pessoas reclamavam que ela não planejava bem o futuro. Felizmente, seu marido sabia planejar *muito* bem. Sugeri então que o grupo a ajudasse a experimentar outras linhas de tempo para descobrir algo que pudesse funcionar melhor no seu caso. Não seria conveniente simplesmente trazer suas linhas do passado e do futuro para sua frente, porque suas pistas de acesso eram normais, de forma que ela continuaria tentando ter acesso ao futuro com imagens lembradas e ao passado com imagens construídas. Seu grupo tentou convencê-la a pensar o tempo como a maioria das pessoas o fazem, mas ela não o conseguia. Finalmente, disse ao grupo: "Sinto-me como se estivesse virada de costas". Então, o grupo fez com que ela se virasse literalmente de costas, deixando a sua linha de tempo no lugar onde sempre estivera. Pode parecer um pouco estranho, mas funcionou! De repente, ela sentiu que "tinha mais tempo à sua disposição", e se sentiu melhor por poder pensar mais facilmente sobre o passado e planejar melhor o futuro.

Outra pessoa com pistas de acesso regulares tinha seu passado em uma linha que se dirigia para baixo e para a direita. Quando pensava no passado, adivinhem a que sistema representacional ela tinha acesso de maneira bastante vigorosa?

Grupo: Sinestésico! Sensações!

Certo. Ela pensava em experiências passadas desagradáveis "com muita emoção". Era assim que ela se referia a elas. Isso não lhe agradava muito, por isso preferia focalizar o futuro. Decidiu colocar seu passado para cima e para a esquerda, como a maioria das pessoas. Ao fazer isso, tornou-se capaz de pensar no passado sem os intensos sentimentos negativos de que era tomada. Eu a incentivei a manter sua antiga forma de classificar o tempo quando quisesse pensar em experiências passadas agradáveis.

O passado de um homem era uma linha reta à sua frente, levemente inclinada para a esquerda. Como fazia um ângulo para cima, ele podia vê-la totalmente. Seu presente encontrava-se bem à sua frente, e o futuro em um compartimento acima e um pouco atrás da cabeça. Ele me disse: "Sou muito bom em pegar o meu futuro, trazê-lo para baixo, entrar nele e manifestá-lo; porém, queria saber se há uma forma de colocar minha linha de tempo de modo que possa manifestar meu futuro ainda mais rapidamente". Aí está uma pessoa dotada de um padrão gerador de novos comportamentos extremamente fácil!

Cientes de que seu futuro está acima da cabeça, o que vocês acham do seu pedido? Lembrem-se de que ele quer puxar suas imagens do futuro e entrar nelas ainda mais rápido do que já o faz. Vocês acham que seu pedido é ecológico?

Chris: É bastante ecológico, já que, quando ele pensa em algo do futuro, ele o experimenta antes. Dessa forma, pode ter uma representação sinestésica daquela possibilidade. Se ele não gostar dela, pode sair da imagem e escolher um caminho diferente.

Seria bom se ele fizesse isso. No entanto, ele não me pediu para que eu o fizesse capaz de decidir melhor. Ele queria "fazer com que o futuro se manifestasse ainda mais rapidamente". Queira ser capaz de entrar no futuro e ir em frente. Não fez nenhuma menção sobre a flexibilidade para sair de um futuro indesejável. Você talvez tenha essa capacidade, Chris; porém, nada me indicava que ele a tivesse. Ele simplesmente pega a imagem seguinte, derruba-a e entra nela! Pense nisso por um momento. Ele não conseguia ver seu futuro muito bem — as imagens estavam acima da cabeça — e não podia conhecer seus detalhes. E queria ir ainda mais rápido!

Quando fomos um pouco mais adiante, vimos que ele tinha duas localizações para armazenar os acontecimentos passados: o passado desagradável ia para fora, à sua esquerda, e ele nunca olhava para lá. Apenas seu passado "positivo" estava na linha bem à sua frente. As imagens que ele via eram aquelas que tinham sido bem-sucedidas. Como vocês acham que isso o afetava?

Bob: Ele só repetia aquilo que funcionara no passado.

June: Ele não aprendia com seu erros passados.

Sally: Ele arriscava muito.

Exatamente! Como ele tinha acesso apenas à maneira como as coisas funcionavam, mas não como elas deixavam de funcionar, arriscava demais; porém, não aprendia muito com seus erros. Ele criava futuros absolutamente bem-sucedidos e entrava neles, e assim parecia o "sr. Sabe-Tudo". Ele ia atrás do que queria com congruência, mas era uma congruência sem profundidade. Não utilizava completamente os momentos em que as coisas não funcionavam bem — os contra-exemplos e as exceções —, tudo enfim que poderia tê-lo ajudado a atingir seus objetivos de modo realista. Mais tarde, soubemos que ele se envolveu com um negócio arriscado e faliu.

Bob: Tenho uma formação atlética e me parece que em atletismo esse tipo de confiança poderia ser bastante útil.

É, você tem razão. Quando, exatamente, seria útil para você ter acesso apenas aos exemplos de sucesso e entrar neles?

Homem: Numa competição de esqui.

É verdade. Quando se está realmente confiante em descer a montanha, deve-se procurar a técnica correta de se fazer a coisa, porém não o tempo todo. Assim, o homem do exemplo acima tem uma habilidade disponível a muitas pessoas. No entanto, antes, no momento de decidir "Quero ou não descer a encosta", é bom pensar no risco de se machucar.

Quando usar ajustes na linha de tempo

Homem: Quando se precisa ajustar a linha de tempo de alguém? Se você estiver trabalhando com alguém, o que lhe permitiria saber que é apropriado fazer isso?

Quando uma pessoa não está funcionando da maneira que deseja e eu não consigo perceber o que a está impedindo, começo a pensar se isso seria causado por algo relacionado à linha de tempo ou outra estrutura básica qualquer. Se o problema é simplesmente do tipo estímulo-resposta, pode-se usar um dos padrões usuais de ancoragem, ou de remodelagem (que se encontram descritos no livro *Sapos em príncipes*), ou o padrão *swish* (descrito em USE SUA MENTE — *As coisas que você não sabe que não sabe*). Quando nenhum dos padrões normais parece funcionar, essa é outra possibilidade.

Em algumas situações, existem claras indicações de que se deve modificar a ordenação de tempo. Em casos de alguém que seja muito voltado para o passado — sobretudo, se está preocupado com muitas experiências anteriores desagradáveis —, talvez seja útil ajudá-lo a colocar o passado mais para fora do seu campo visual, além de mudar acontecimentos específicos. Algumas pessoas têm o passado em uma linha imediatamente à sua frente, e isso às vezes as impede de progredir. Por outro lado, algumas pessoas são tão voltadas para o futuro, que não conseguem desfrutar o presente, ou usar o passado como recurso. Outras queixam-se de serem tão impulsivas, que não conseguem planejar o futuro. Sempre que uma pessoa se queixa de comer em excesso, ou de abusar de drogas, há uma forte indicação de que ela seja muito voltada para o presente. Algumas pessoas dizem logo que não têm futuro. Isso é o máximo que posso dizer a respeito da utilidade dessa abordagem. Convidamos todos vocês a explorá-la.

Alguns de vocês me perguntaram sobre a questão ética de mudar as linhas de tempo das pessoas ou criar outras linhas para aqueles que não as têm. Como linhas de tempo compreendem todas as limitações e habilidades do indivíduo, a modificação da maneira de alguém classificar o tempo pode trazer novas e úteis habilidades, ou eliminá-las. Se o objetivo é ajudar a resolver uma dificuldade, o mais ético seria modificar sua linha de tempo. Como todas as outras mudanças que alguém realiza com a nossa ajuda, ela é ética na medida em que se está instalando algo que é ecológico, ou que pode acarretar uma diferença positiva.

Se o objetivo for descobrir como uma pessoa classifica o tempo para que possa aprender com ela, simplesmente reúna a informação da maneira mais simples possível. Quando eu faço isso, a forma pela qual me impeço de instalar qualquer coisa diferente é deixar que a pessoa me guie, através de suas pistas verbais e não-verbais. Para ajudar a guiar um indivíduo, faço sempre duas ou três sugestões, para que ele possa escolher: "Como você consegue saber que se trata de hoje, em oposição a ontem? A imagem é maior? Está mais perto? Em local diferente?" Quando se oferece apenas uma opção — "A imagem está mais próxima? É isso que você vê?" —, a pessoa pode seguir sua indicação sem testá-la, e você estará estabelecendo uma mudança que não é útil.

Mesmo quando temos várias idéias sobre modificação da linha de tempo de alguém e seu funcionamento, é muito útil convidar a pessoa a fazer suas descobertas, sem tentar impor nossas teorias. É bom lembrar que o indivíduo se conhece melhor do que ninguém, e que devemos explorar sua realidade com respeito, sem coagi-lo com nossas opiniões. Quando fazemos a abordagem com esse estado de espírito, podemos aprender algo totalmente novo e fascinante, algo muito útil para nós e nossos clientes, que talvez não nos tivesse ocorrido de outra forma. Essa atitude de exploração fascinada reflete a PNL — e torna o nosso trabalho mais fácil e divertido.

II

Emprego do Tempo

Na descrição de acontecimentos, empregamos verbos e tempos verbais para indicar sua localização no tempo. Como ocorre com muitos aspectos da linguagem, usamos os verbos aleatoriamente e em geral não percebemos seu impacto. Peço ao leitor que observe o que sente ao ler a frase a seguir:

"Gostaria que antevisse o que está fazendo neste momento, entregando-se a reminiscências do que terá feito ao chegar ao fim da vida, enquanto observa o que sente em seu quinto aniversário."

Se essa frase o desnorteia ou lhe provoca uma leve dor de cabeça é porque emprega palavras que insistem em orientá-lo de forma contraditória. Vejamos seu significado de forma simplificada: "Anteveja (a partir do passado) o que você está fazendo agora, no presente, e volte ao futuro (a partir de um futuro mais remoto), enquanto observa onde você se *encontra* no passado distante". Normalmente, o impacto da linguagem sobre a experiência só se torna aparente quando há transgressão das regras usuais.

O emprego concreto dos tempos verbais auxilia bastante a comunicação. Se desconhecemos o emprego, estaremos sujeitos a usar tempos verbais de forma aleatória, criando um problema na linha de tempo de futuro da pessoa com quem estamos trabalhando, por pressuposição. Ao tentar fazer mudanças, pode-se trabalhar contra si próprio, empregando tempos verbais inadequados. Gostaríamos de explicar melhor como empregar tempos verbais para obter o impacto adequado.

Primeiramente, examinemos os diferentes tempos verbais em inglês[1]. Quero que prestem atenção em sua experiência interior quando repetem silenciosamente cada uma das frases seguintes: "Conversei com ela" (passado). "Converso com ela" (presente). "Conversarei com ela" (futuro). Quando dizem "Conversei com ela", as pessoas estão normalmente ligadas ao presente e vêem-se (dissociadas) conversando com alguém em sua linha de tempo passado. Ao dizerem "Converso com ela", a maioria se associa à atividade e somente visualiza a outra pessoa escutando. Ao dizerem "Conversarei com ela", as pessoas em geral associam-se ao presente e vêem-se (dissociadas) conversando com alguém em sua linha de tempo futuro.

Observem agora como vocês sentem as mudanças quando se usa o gerúndio (tempo progressivo) para expressar as três estruturas de tempo anteriores: "Eu estava conversando com ela"; "Estou conversando com ela"; "Estarei conversando com ela". Ao empregar o gerúndio, a maioria das pessoas transforma suas imagens estáticas em filmes. "Conversando", "correndo", "fazendo", "aprendendo", etc., são "atividades em curso", que não podem ser representadas de maneira adequada com uma imagem estática. Geralmente, as imagens tornam-se maiores ou mais próximas, e algumas pessoas associam-se à imagem mesmo quando falam do passado ou do futuro. Gostaria que experimentassem. Repitam: "*Corri* para a despensa" e, depois, "Eu *estava correndo* para a despensa". A segunda frase passa a ser um filme (ou um filme mais longo)? A segunda frase os faz associarem-se ou torna a imagem mais próxima ou maior?

Agora, façamos uma pequena experiência para demonstrar o impacto da mudança de tempos verbais. Primeiro, pensem em um problema ou limitação simples e observem como os representam...

Em seguida, repitam cada uma das frases abaixo, substituindo a palavra "problema" por sua representação interna. Após cada uma das sentenças, examinem de que forma a representação mudou. Se a mudança não for notada de imediato, retomem rapidamente duas frases adjacentes, para tornar mais claro o contraste, ou alternem duas frases mais distantes para acentuar a diferença entre elas.

Terei este problema.
Tenho este problema.
Tive este problema.

Estarei tendo este problema.
Estou tendo este problema.
Estava tendo este problema.

---

[1]. Para melhor compreensão do leitor, tentamos manter sempre que possível a correspondência de sentido em português, já que nem sempre os tempos verbais em inglês têm correspondência direta em português. (N.T.)

Agora, pensem cuidadosamente em um estado adequado de recursos... observem como o representam... vejam como as submodalidades da sua representação interna desse recurso mudam quando o tempo verbal é alterado na forma indicada abaixo.

Tive este recurso.
Tenho este recurso.
Terei este recurso.

Estava tendo este recurso.
Estou tendo este recurso.
Estarei tendo este recurso.

Para ajudar alguém a se dissociar de um problema do passado, é útil empregar o passado simples, "Você teve um problema". Se desejamos que a pessoa se associe mais plenamente a um recurso passado, deve-se recorrer ao gerúndio, "Você estava *tendo* este recurso". Produz melhores resultados do que usar o passado simples para levar o indivíduo a uma experiência atual, plena e totalmente associada do recurso.

A exploração dos tempos do pretérito é ainda mais interessante. "Conversara com ela" (pretérito mais-que-perfeito) refere-se a um acontecimento no passado que se completou *antes* de outro acontecimento do passado. Três segmentos de tempo estão implícitos nesta frase: "Eu" estou associado no presente, pensando em um acontecimento do passado remoto que ocorreu antes de outro acontecimento do passado mais recente. Em geral, os dois acontecimentos passados estão dissociados. O acontecimento descrito não está apenas localizado no passado; é seguido por um acontecimento posterior não especificado, que existe entre o sujeito e o acontecimento anterior. Isso aumenta a dissociação entre ele e o acontecimento.

Pode-se usar essa informação para ajudar um indivíduo a se dissociar de um problema, jogando-o para um passado distante, enquanto "colhemos informações". "Você está me dizendo que *ficava* com ciúmes sempre que sua esposa conversava com outro homem? *Foi* isso o que você *fez*?"[2] Se acharmos esse passo grande demais para o cliente, podemos recorrer a mudanças de tempos verbais mais gradativas: "Era essa atitude que você estava tendo? Ah, então é isso o que você vinha fazendo". Talvez seja necessário ir mais adiante para solucionar completamente o problema, mas o emprego cuidadoso dos tempos verbais é muito valioso.

O impacto será muito diferente se dissermos "Quando você *fica* com ciúmes? Será que *ficará* com ciúmes sempre que sua esposa conver-

---

2. Aqui os autores usam os tempos verbais de forma a confundir propositalmente o cliente. (N.T.)

sar com outro homem?'' Essas frases programam a pessoa para continuar sentindo ciúmes no futuro!

"Eu conversei com ela" (pretérito perfeito) refere-se a um acontecimento do passado que pode ou não continuar no presente. Usa-se essa ambigüidade como uma etapa intermediária quando se quer deslocar uma experiência do presente para o passado, ou vice-versa. A frase "Assim você *teve* esse problema..."[3] sugere que o futuro pode ser diferente, mas, como ela é ambígua, não haverá quebra de *rapport*[4]. "Então, você *tem-se sentido* incompetente por seus filhos não terem feito o que você lhes *tem pedido* para fazer."[5]

"Eu terei falado com ela"[6] é ainda mais interessante. Refere-se a um fato no futuro realizado depois de outro evento do futuro. Seu efeito é o de reorientar a pessoa a um futuro distante. Desse ponto de vista, a pessoa vê um fato "passado" que ainda não ocorreu no momento em que ela está falando. "Então, depois de ter resolvido esse problema (*have solved this problem*), terá você *notado* ("*will*" you "*have noticed*") os resultados positivos *adquiridos (that you "got")* com a mudança? Para muitas pessoas, situar um evento no passado dá-lhes uma sensação de que ele já faz parte da realidade. Essa forma verbal pode ser empregada para proporcionar uma mudança no passado, em relação a um momento do futuro, para que a mudança comece a parecer "real".

Existem ainda três formas verbais que ligam dois segmentos de tempo de forma bastante interessante.

"Tendo conversado com ela..." (o verbo "ter", no gerúndio, mais o particípio passado) pressupõe um fato completado antes de outro evento. "Tendo feito essa mudança, em que acha que passará a prestar atenção?"

"Espero conversar com ela" (presente do indicativo mais infinitivo). O evento (conversar) sucede uma ocorrência no presente (espero), expressada como uma intenção (resultado final). "Você gostaria de ter mais opções nessa situação."

"Gostei de *ter conversado* com ela" (pretérito perfeito mais particípio passado). Um acontecimento pressuposto (conversar) precede uma avaliação (gostei de), que se encontra no passado. Como no caso de "tinha conversado", notamos um acontecimento no passado entre a pessoa que fala e o evento descrito, o que amplifica a dissociação. "Você estava preocupado por *ter tido* aquele problema?"

---

3. "So you *have had* this problem..." *(present perfect tense)*, o que em português corresponde ao pretérito imperfeito do indicativo.
4. Rapport: Palavra de origem francesa que indica profunda empatia entre o terapeuta e seu cliente.
5. Mais uma vez, temos uma correspondência que pode soar estranha em português, mas decidimos mantê-la por dar o tom exato da frase em inglês, no *present perfect tense*, que indica um acontecimento do passado que continua no presente. Nesse caso, o que mais se aproxima é o particípio passado.
6. Em inglês, o futuro mais-que-perfeito: *I will have talked to her (future perfect).*

Em neurolingüística, tudo diz respeito a ter acesso e dispor das experiências em novas seqüências de tempo. Uma formulação ampla do trabalho de mudança é que o ponto de partida é o estado problemático e então identifica-se e dá-se acesso ao estado de recursos adequado àquela situação. Finalmente, instala-se o estado de recursos, para que ele seja detonado sempre que as pistas que traziam o estado problemático aparecerem. Isso pode ser plenamente realizado de forma comportamental, através da eliciação não-verbal e da colocação em seqüência de experiências em tempo real, como faz o adestrador de animais. Mas, ao usar frases, passamos a utilizar os tempos verbais para dar nova seqüência a acontecimentos em segmento de tempo subjetivo interno. Por exemplo: "Quando você notar as pistas que o faziam sentir-se mal, poderá ter, em vez disso, essas sensações gratificantes".

Eis um exemplo de como Richard Bandler efetua uma "terapia-torpedo" por meio de alterações dos tempos verbais. Antes de ler o próximo parágrafo, peço ao leitor que pense em uma mudança pessoal que gostaria de efetuar e use-a como o conteúdo a que ele se refere.

"O que acontecerá quando você tiver feito essas mudanças... *agora*... no futuro... ao olhar para trás e verificar como era quando tinha aquele problema... como você pensa nele *agora*, sentado nesta sala?"

Outra forma de explicar a atitude de Richard Bandler nas frases consiste em dar os seguintes passos para resolver um problema ou limitação atual.
1. Se tenho um problema que não consigo resolver, estou associado ao estado problemático, no presente. Talvez nem tenha consciência do estado desejado.
2. O primeiro passo para mudar é pensar no estado desejado, estando *dissociado*, como sendo uma possibilidade *futura*. Dessa forma, *vejo-me* tendo recursos, no futuro.
3. Em seguida, dissocio-me do estado problemático atual e associo-me ao meu eu do futuro que possui os recursos necessários. Agora, estou *no futuro, com recursos*.
4. Desse ponto de vista favorável, posso ver o antigo comportamento problemático como se fizesse parte do passado.
5. Agora, posso sobrepor o "agora" futuro, com o "agora" presente, para que possa ter os recursos no presente, vendo o problema como algo pertencente ao passado.

Naturalmente, apenas a repetição das palavras de Richard não vai mudar ninguém automaticamente. Elas têm de ser expressas no momento correto, usando entonação hipnótica e mudanças tonais, num contexto de *rapport* e confiabilidade, baseando-se em indicações de que a pessoa está realmente tendo acesso a experiências adequadas. As mudanças de tempos verbais apropriadas constituem um forte aliado no decorrer do trabalho de mudança, enquanto o uso inadequado dos tempos verbais pode arruinar um bom trabalho.

Segue-se uma variação da mesma seqüência, ainda da "terapia-torpedo" de Richard Bandler. O impacto poderá ser bem observado se a leitura for feita lentamente.

"Se pudesse fazer sozinho esta mudança... para *eliminar* o antigo comportamento que tinha... já tendo efetuado a mudança, vendo-se como está... agora... você gosta do que vê?"

Quando se conhece a linha de tempo de um indivíduo, pode-se amplificar esse processo, com o emprego de gestos para facilitar o acesso a diferentes estruturas de tempo e mudar a ordenação temporal do cliente.

Demos um destaque especial ao emprego dos tempos verbais para mudar a experiência de uma pessoa. Podemos também colher informações valiosas de clientes e amigos *prestando atenção* nos tempos verbais que utilizam. Um cliente que passa espontaneamente a discorrer sobre seu problema usando o *pretérito perfeito* constitui uma indicação de que o problema já se situa no passado. Por exemplo, "Estou bobo com todos os problemas que isso me causou" é bem diferente de "Estou impressionado com todos os problemas que isso me causa". Os tempos verbais são mais um instrumento de teste do trabalho feito. A dissertação por parte do cliente sobre o problema no presente e no futuro é uma evidência de que o resultado ainda não foi atingido. Mas, se ele falar sobre o problema no passado, isso constitui uma boa indicação de que a intervenção foi bem-sucedida. E, como medida de segurança, deve-se fazer um teste comportamental e uma ponte-para-o-futuro bem detalhada.

Relações de causa e efeito

Todo mundo emprega conceitos de causa e efeito para inferir e prever acontecimentos. (Se isso é ou não correto do ponto de vista filosófico é uma questão à parte, que intriga há anos os pensadores.) A causa deve sempre preceder o efeito. Mesmo quando a causa seja uma percepção de uma futura provável conseqüência, essa *percepção* deve ocorrer em um tempo anterior a qualquer efeito por ela provocado. Por isso, as relações de causa e efeito dependem inteiramente de um sentido ordenado de tempo. Se não pudéssemos dispor acontecimentos em seqüência, não seríamos capazes de estabelecer conexões de causa e efeito. A maior parte do nosso entendimento se dissolveria no caos, como algumas formas mais graves de doença mental.

Pessoas que se sentem poderosas se vêem como causas, com possibilidade de mudar sua situação, e isso lhes dá motivação para agir. Em contrapartida, aquelas que se sentem desamparadas vêem-se como efeitos. Paralelamente à reação típica do estado depressivo — e a falta de motivação, abuso de drogas e outros problemas causados pela depressão — surgem efeitos fisiológicos, bem documentados, entre eles a supressão do sistema imunológico e a redução da longevidade. Em um estudo preliminar sobre a sobrevivência de pacientes portadores de melanoma (câncer de pele)[7] do quarto estágio, aqueles que acreditavam que seu comportamento podia influir no progresso do câncer viveram mais tempo. Em contrapartida, os que acreditavam que "o câncer tinha simplesmente aparecido" e que não havia nada que pudessem fazer para alterar o curso da doença morreram rapidamente.

Uma vez que as crenças sobre as relações de causa e efeito são tão vitais para manter um mundo interior coerente, tem sentido examinar como as representamos. Peço ao leitor que pense em uma relação simples de causa e efeito que acredite ser verdadeira, como "a chuva faz crescer a relva" ou "uma infância de amor gera adultos equilibrados". Agora, observemos as submodalidades empregadas para representar essa relação de causa e efeito...

Uma das formas consiste na criação de um filme completo e detalhado (associado ou dissociado) dos acontecimentos que levaram da causa ao efeito. Ou, ainda, na redução do filme completo a um único fotograma; mesmo que os detalhes sejam menos sutis, a relação de causa e efeito provavelmente aparecerá com mais clareza. Outra alternativa é um simples diagrama, ou duas imagens fixas ligadas entre si por uma seta.

Sendo fundamentais para manter um mundo coerente, as representações de causa e efeito são muitas vezes difíceis de mudar. Se alguém tenta eliminar uma crença limitante de causa e efeito, como "Minha infância infeliz faz com que não me sinta seguro em um relacionamento", estará atacando literalmente uma parte da forma como a pessoa percebe o mundo. É mais fácil criar uma nova relação de causa e efeito que use a mesma indicação, porém de forma diferente, para ocultar ou reverter as pressuposições da relação de causa e efeito limitadora. Por exemplo, pode-se dizer: "Você teve uma infância infeliz, da qual lembra os mínimos detalhes. Sabe, por experiência própria, o que as pessoas doentias são capazes de fazer e também conhece os sinais que prenunciam isso". Temos então um acompanhamento completo da experiência do indivíduo. Em seguida, deve-se começar a guiá-lo em uma nova direção. "Pessoas que tiveram uma infância feliz nunca tiveram a oportunidade de aprender isso. Talvez se sintam seguras num relacionamento mais íntimo, mas estão vivendo uma ilusão que pode desaparecer a qualquer momento. São como crianças caminhando pela selva africana. Mas você sabe o que pode acontecer e é capaz de manter-se alerta, percebe melhor do que eles quando está realmente seguro. Por causa da sua infância, pode estar mais seguro do que aqueles que apenas se sentem seguros por falta de experiência." A mudança das relações de causa e efeito

---

7. Dr. Martin Jerry, Centro de Câncer Tom Baker, 1331 29 St. NW, Calgary Alberta, T2N 4N2 Canadá.

faz parte do que chamamos de "remodelagem do significado". (Maiores informações a esse respeito encontram-se no livro *Remodelando*, de Bandler e Grinder.)

Pressuposições de tempo

Há anos os praticantes de PNL vêm recorrendo a pressuposições. As submodalidades ajudam a entender como elas funcionam. Das 24 formas sintáticas de pressuposições complexas, nove dependem de segmentos tempo e estão entre as mais usadas em induções hipnóticas. A categoria mais usada, "Orações subordinadas temporais", inclui palavras como *antes, depois, durante, enquanto, quando, anteriormente, conquanto*, etc. Esses advérbios de tempo criam seqüências ou ligações de pressuposição (em contraposição às conexões de causa e efeito conscientes) entre experiências passadas em um segmento temporal.

Façamos a seguinte experiência. Primeiro, criem uma representação de um jantar em um restaurante... em seguida, uma representação "discutir uma proposta". Agora, observem sua experiência da seguinte frase: "Vamos jantar no restaurante antes de discutir a proposta". Observem como as duas representações se ligam suavemente na mente. A menos que a pessoa seja hábil em identificar pressuposições, esse processo ocorre inconscientemente. (Tentem ler essa frase *sem* ligar as duas representações.) Agora, vejamos uma frase ligeiramente diferente: "Antes de discutir a proposta, vamos jantar fora". Nesse caso, a primeira representação, "discutir a proposta", se transfere para a visão periférica menos detalhada, para dar lugar a "jantar fora". O resultado é o mesmo em ambos os casos: a representação pressuposta liga-se à outra, mais consciente. O processo é um pouco distinto devido à ordem diferente das duas orações.

Vamos agora usar a palavra "enquanto". Observem como a seguinte frase é representada: "Enquanto discutimos a proposta, vamos jantar num restaurante". Agora a frase inversa: "Vamos jantar num restaurante, enquanto discutimos a proposta". Em ambas as orações, as duas representações fundem-se na mesma estrutura de tempo. Normalmente as pessoas acham mais fácil processar a primeira frase, pois a primeira palavra, "enquanto", alerta-as para o fato de que estarão ligando duas representações. A segunda frase exige a volta para trás a fim de mudar a primeira representação, que já estava formulada.

Se continuarmos experimentando cada um daqueles advérbios, notaremos como eles alteram submodalidades para ligar representações mentais.

Do mesmo modo, pode-se observar o impacto das outras oito formas sintáticas de pressuposição que exprimem tempo, enumeradas a seguir (reproduzidas do "Apêndice" de *Patterns of the Hypnotic Techniques of Milton Erickson, M.D.*, vol. 1, de Richard Bandler e John Grinder, pp. 257-261). A segunda frase, entre parênteses, está pressuposta na frase anterior, entre aspas.

1. Adjetivos: *novo, velho, anterior, presente, prévio.* "Se Frodo usar seu anel velho, ficarei surpreso." (Frodo tem um anel novo.)
2. Numerais ordinais: *Primeiro, segundo, terceiro, quarto,* etc. "Se você puder achar a terceira pista dessa carta, dou-lhe um presente." (Duas pistas já foram encontradas.)
3. Palavras que indicam repetição: *também, ou, de novo, mais uma vez, outro.* "Se ela me contar isso de novo, dou-lhe um beijo." (Ela já havia contado.)
4. Verbos e advérbios que indicam repetição: começando com o prefixo *re: repetidamente, retornar, recolocar, renovar,* etc. "Se ele retornar antes de eu sair, quero falar com ele." (Ele já esteve aqui.)
5. Verbos que indicam deslocamento no espaço: *vir, ir, partir, chegar, entrar.* "Se Sam saiu de casa, está perdido." (Sam já esteve em casa.)
6. Verbos e advérbios que indicam mudança de situação: *começar, terminar, parar, iniciar, continuar, prosseguir, já, ainda, jamais.* "Aposto que Harry continuará sorrindo." (Harry já estava sorrindo.)
7. Verbos que indicam mudança de estado: *mudar, transformar, tornar-se.* "Se Mae se tornar *hippie*, ficarei surpreso." (Mae não é *hippie*.)
8. Orações condicionais referentes a fatos. Verbos usados no subjuntivo. "Se você tivesse nos ouvido, não estaria nessa incrível posição." (Você não nos ouviu.)

Pode se notar que muitas dessas frases empregam a estrutura de causa e efeito, "se... então". Criam-se frases que utilizam formas sintáticas sem a presença da estrutura "se... então", mas elas ainda contêm relações de causa e efeito.

Futuros incitantes

Uma das características especiais do ser humano é sua capacidade de criar representações do futuro, e que estas representações são geralmente motivadoras: elas nos compelem a agir no presente, de forma a criar o tipo de futuro almejado. Gostaria que fizessem um rápido exercício para descobrir as submodalidades que transformem um acontecimento futuro imaginado incitante.

Exercício
1. **Futuro impreterível.** Pense numa conseqüência futura (X) que incite seu comportamento atual. Pode ser uma conseqüência desagradável — receio de sofrer um acidente de carro o faz usar sempre o cinto de segurança — ou uma conseqüência agradável — você cuida bem do jardim para desfrutá-lo no verão.
2. **Futuro não-impreterível.** Pense numa conseqüência futura (Y) do mesmo tipo (agradável ou não) que não incite seu comportamento atual, mas que julga útil se o fizesse. Certifique-se que (Y) é o mesmo tipo de conseqüência escolhido na etapa anterior. Se (X) for uma conse-

qüência desagradável, (Y) deverá ser do mesmo tipo — por exemplo, o medo de ter gengivite não o incita a usar regularmente o fio dental. Se (X) for uma conseqüência agradável, então (Y) também deverá ser agradável: você sabe que o carro seria mais bonito se fosse lavado regularmente, mas nunca faz isso.

3. Análise comparativa. Compare essas duas representações para determinar as diferenças de submodalidade. Experimente cada diferença para descobrir que mudanças de submodalidade podem ser efetuadas para tornar (Y) impreterível.

4. Verificação ecológica. Há um lado que faz objeção à transformação de (Y) em uma conseqüência que *incitará* seu comportamento atual a alcançar a conseqüência desejável ou impedir a conseqüência indesejável? Examine as objeções respeitosamente antes de iniciar o processo.

5. Mapeamento cruzado. Empregue as diferenças de submodalidade identificadas para transformar (Y) numa representação que incite seu comportamento atual.

6. Teste. A representação do futuro passou a motivar seu comportamento atual?

Exigências da realidade

Essa é outra aplicação simples e direta dos princípios da análise comparativa das diferenças de submodalidade e do mapeamento cruzado. Normalmente, representações de conseqüências maiores, mais brilhantes, mais próximas, mais coloridas, etc., provocam uma reação mais forte do indivíduo e, provavelmente, incitam seu comportamento.

Entretanto, para ser incitante, uma conseqüência deve também ser real e confiável. Ao se examinarem as diferenças de submodalidade encontradas, é fácil perceber que algumas se relacionam com a codificação que fazemos da realidade. Isso o ajudará a distinguir entre uma conseqüência que você acha improvável e aquela que realmente acredita que acontecerá. Um participante de nossos seminários imaginou as conseqüências desagradáveis do ato de fumar vendo um desenho do que poderia acontecer a um fumante: Mickey Mouse com os pulmões negros. É desnecessário dizer que isso não estimulou seu comportamento. O futuro não estava representado de forma que as conseqüências do ato de fumar parecessem reais.

Vamos fazer uma pequena experiência. Pense em algo (Z) que *poderia fazer*, mas que é improvável que o faça algum dia — por exemplo, sentar-se vestido na banheira — e observe como é a representação desse fato.

Diga a si mesmo: "Eu *poderia fazer* Z". (*Poderia* sentar-me vestido na banheira.)

Depois: "*Posso fazer* Z" (*Posso* sentar-me vestido na banheira), e observe se ocorre alguma mudança...

A seguir, diga com convicção: "Eu *farei* Z". (Eu me *sentarei* vestido na banheira), e, mais uma vez, observe a mudança...

Em geral, a representação de "Eu *poderia fazer* Z" está localizada onde você considera sem compromisso várias possibilidades, mesmo as mais improváveis; ela *não* se encontra em sua linha de tempo. A representação de "Eu *posso fazer* Z" normalmente vai em direção à linha de tempo futuro, e "Eu *farei* Z" encontra-se em sua linha de tempo futuro. É claro que não permanecerá na sua linha de tempo, a menos que seja uma decisão congruente e ecológica.

Uma das características das representações positivas de futuro impreterível é sua localização na linha de tempo. Uma representação que não esteja na linha de tempo não é em geral impreterível, mesmo que seja grande e brilhante. Seu cérebro pode pensar: "É interessante, mas não se aplica à minha vida". A representação de um futuro impreterível deve ter as mesmas características de submodalidade das típicas representações de futuro que consideramos possíveis. Se essa representação for muito diferente das outras representações de futuro, não incitará o comportamento. Em geral, futuras conseqüências não estimulam o comportamento, pois são tão exageradas que se tornam caricaturas inaceitáveis.

Muitas pessoas emprestam mais realidade automaticamente a uma conseqüência futura, se ela já se tiver concretizado em algum momento do passado. Crianças em geral não representam conseqüências futuras como realidade, até que as tenham sentido no mundo real. Alertamos nossos filhos sobre o perigo que representa um forno quente, mas somente quando sentirem o calor do forno é que terão condições de fazer uma representação convicta de se evitar tocar o forno.

A experiência pessoal é um mestre poderoso, mesmo para adultos. Muitos param de fumar imediatamente (e com facilidade) após sofrer um enfarte, uma prova concreta que os faz pensar nas conseqüências futuras. Em um recente estudo, separaram-se aleatoriamente em dois grupos queixas de maus-tratos sofridos por mulheres. Os maridos do primeiro grupo foram presos e encarcerados, ao passo que os do segundo foram apenas advertidos. Destes últimos, cerca de 70 por cento repetiram os maus-tratos. Dos detentos, apenas 30 por cento repetiram os espancamentos *e muitos deles acharam a detenção um incidente infeliz, que provavelmente não se sucederia novamente no futuro.* A primeira prisão não fora suficiente para construir uma representação de futuro que os compelisse a não repetir aquele comportamento.

À medida que os anos passam, temos mais base experimental sobre a qual construir uma conseqüência futura que nos estimule, independentemente de a termos ou não experimentado antes. Nem todos precisam ser atropelados por um caminhão para criar uma imagem que os incite a não atravessar na frente de um deles. Isso funciona bem, contanto que a situação não esteja distante demais de nossa experiência real. Nem mesmo alguém que tenha participado de uma guerra em grande escala é capaz de representar uma guerra nuclear total, em que toda a destruição ocorrida durante a Segunda Grande Guerra sobreviria a cada minuto durante quase um dia inteiro. Como não conseguimos representar tais futuros de forma que nos incite a evitá-los, eles não têm infelizmente grande impacto sobre nossos planejamentos.

Ao discutir futuros impreteríveis, partimos do princípio de que a pessoa percebe uma relação de causa e efeito entre o comportamento presente e as conseqüências futuras. Às vezes, uma pessoa percebe de forma clara e factível as futuras conseqüências de seus atos, mas não acredita que possa fazer algo para modificá-las. Nesse caso é inoportuno construir um futuro impreterível. O importante é a criação de crenças subjetivamente reais de causa e efeito para fazer a conexão entre as ações presentes e suas futuras conseqüências.

Quando percebemos a relação de causa e efeito entre um comportamento atual e sua futura conseqüência agradável, é simples decidir onde e quando adotar o comportamento, e fazer uma ponte-para-o-futuro daquele comportamento.

Mas, quando percebemos uma relação de causa e efeito entre um comportamento atual e uma desagradável conseqüência futura, a decisão já não é tão simples. *Não* seria aconselhável fazer apenas uma ponte-para-o-futuro do comportamento e de suas conseqüências desagradáveis! Quando uma futura conseqüência desagradável incita alguém a modificar seu comportamento é porque detona um processo útil de polaridade. Normalmente, a pessoa responde dizendo: "Não", ou: "Não quero isso", e passa a criar um comportamento alternativo, com conseqüências agradáveis alternativas. São o *comportamento desejável e suas conseqüências* que passam a fazer parte da sua linha de tempo futuro.

Se selecionarmos uma experiência desagradável que já nos motiva a fazer algo útil e fizermos o *mapeamento cruzado*, esses outros elementos irão se integrar automaticamente. Ao tornar a nova conseqüência desagradável idêntica à antiga, visto que ela já possuía os outros elementos necessários, seremos motivados a fazer algo útil.

No caso do planejamento para o futuro, serão necessários um futuro que nos incite, as relações de causa e efeito que nos dirão o que fazer e a ponte-para-o-futuro para programar os comportamentos. Se faltar uma dessas etapas, será impossível utilizar o tempo para prever os acontecimentos e reagir a eles.

III

O Padrão "Swish"

Nos dois anos que se seguiram à edição do livro *Usando sua Mente — As coisas que você não sabe que não sabe*, de Richard Bandler, adquirimos muita experiência com os aspectos sutis responsáveis pelo sucesso desse padrão. Neste capítulo, descreveremos as linhas básicas para criar um *swish* eficiente em qualquer dos sistemas representacionais e daremos exemplos específicos de *swish*. Pressupomos que o leitor já tenha lido o capítulo sobre *swish* em *Usando sua mente*... Nosso videoteipe, "O padrão *swish*" (apêndice I), apresenta duas demonstrações ao vivo dessa técnica, roer unhas e raiva — uma delas usando o sistema auditivo —, bem como algumas considerações. O videoteipe de uma sessão de um cliente de Richard Bandler, "Expectativa de perda" (apêndice II), apresenta outra demonstração.

No *swish* de tamanho/brilho, a imagem-pista começa ampla e brilhante e rapidamente se torna pequena e esmaecida. Ao mesmo tempo, a auto-imagem desejada começa pequena e esmaecida e rapidamente se torna ampla e brilhante. Mudando dessa forma as submodalidades, a atenção da pessoa é rapidamente desviada da pista para a imagem desejada por um processo chamado "encadeamento": conexão de duas experiências.

Os três elementos principais do *swish* são:
1. Seleção da imagem-pista inicial do *swish*.
2. Criação de uma auto-imagem desejada atraente e motivadora.
3. Uso de mudanças expressivas de submodalidades para ligar as duas imagens.

Seleção da pista

Já que a pista é o detonador que iniciará o *swish*, é importante identificar uma pista que funcione. Se empregarmos uma pista inadequada, o *swish* pode funcionar perfeitamente, mas em tempo e espaço inapropriados.

Confiabilidade. É importante selecionar uma imagem-pista que esteja sempre presente, antes que suceda o problema de comportamento. Após o *swish*, se o problema de comportamento tiver diminuído bastante mas não desaparecido, talvez exista uma pista adicional que ainda dispare o problema comportamental. Um de nossos alunos fez um *swish* com um fumante, que imediatamente passou do consumo de um maço por dia para cerca de cinco cigarros. Já não carregava seus cigarros, mas filava ocasionalmente um cigarro dos amigos. A imagem-pista usada foi ver sua mão "tirando um cigarro do maço", e o *swish* funcionou perfeitamente sempre que a pista ocorria. Contudo, a imagem de tirar um cigarro "da mão de outra pessoa" não detonava o *swish*. Seu cérebro não fez automaticamente a generalização de uma situação a outra. Algumas pessoas são capazes de fazê-la, mas não se deve contar com essa capacidade. Quando a imagem-pista foi redescrita como "ver um cigarro em sua mão", ele voltou a usar o *swish* e parou de fumar completamente.

Outro exemplo de imagem-pista específica é o de um cliente que parou de fumar com a mão direita, mas começou a fazê-lo com a esquerda! Quando a maioria das pessoas ouve "Veja um cigarro em sua mão", entenderá que a imagem se refere a *qualquer* das mãos. Esse cliente, entretanto, fez uma distinção entre as duas mãos e o *swish* funcionou perfeitamente para a direita, mas não para a esquerda.

Uma mulher que arrancava a cutícula das unhas usou como imagem-pista as *duas* mãos, uma extraindo a cutícula da outra. Esse comportamento cessou, mas ela verificou que cada mão ainda extraía as próprias cutículas! Quando ela tornou a empregar o *swish* usando uma imagem de suas mãos, puxando as próprias cutículas, este comportamento cessou.

Emprego de uma imagem-pista interna. Se muitas pistas ambientais externas diferentes detonam um estado interno, e este por sua vez detona a resposta indesejada, é muitas vezes mais simples e sóbrio empregar uma imagem *interna* confiável como pista. No videoteipe de Richard Bandler, "Expectativa de perda" (ver apêndice II), ele empregou a imagem interna de uma cliente que se desviava de um amigo ferido, como imagem-pista, em vez de uma pista externa, como olhar para o relógio e concluir que o amigo estava meia hora atrasado. Como a imagem interna estava sempre presente pouco antes que ela entrasse em pânico, era uma pista confiável para o *swish*.

Essa cliente disse que às vezes sua imagem interna era um tanto diferente: "Olhar em torno... e não ver ninguém". Embora Richard não empregasse explicitamente o *swish* com a segunda imagem, para a cliente ela era como a primeira; portanto, inconscientemente, ela generalizava o *swish* também para essa imagem.

Imagem-pista normalmente associada. Quando a imagem-pista pertence ao mundo real exterior, como ver a mão que segura o cigarro, deverá estar *sempre associada*, de forma a ser o mais idêntica possível ao que existe no mundo real. Isso compromete a pista externa a detonar o mecanismo de *swish* baseado na imagem interna da mesma pista.

Se a pista for uma imagem interna que sempre detona a reação comportamental indesejável, ela deve ser *exatamente como a pessoa a experimenta quando se produz a reação indesejada*. Uma de nossas clientes queixa-se de sua inabilidade diante de várias situações. Em cada uma delas, ela, na verdade, efetuava um *swish* inverso em si própria: projetava uma imagem de si mesma (dissociada) em pânico, agindo de modo incompetente. Após observar essa imagem de si mesma em cada um dos contextos que queria mudar, eu a fiz empregar a imagem interna dissociada como pista. Confessou que isso lhe provocou uma grande mudança, fazendo-a sentir e agir com mais desembaraço.

Auto-imagem desejada

A auto-imagem desejada é a da pessoa que tem "mais opções, para quem o comportamento/reação indesejados não constituem problema". Há um determinado número de elementos que tornam essa imagem um vigoroso motivador de mudança.

Auto-imagem sempre dissociada. É essencial que a auto-imagem desejada seja sempre *dissociada*, para que se torne estimulante. O indivíduo é levado *àquela* imagem porque ele está dissociado. Se ele estiver associado, já está incorporado à imagem; portanto, ele deixa de ser estimulante. Se o *swish* fosse feito com uma imagem associada, estariam sendo descartados os elementos mais influentes do padrão. Essa questão é melhor examinada em *Usando sua mente*. Às vezes, fazer um *swish* a partir de uma imagem associada resolve o problema, mas não será tão poderoso ou *produtivo*. Os resultados serão semelhantes ao do encadeamento direto, ou do mapeamento cruzado entre duas situações. Normalmente, quando se faz o mapeamento cruzado, termina-se associado a alguma condição de recursos específica.

Durante a criação da auto-imagem desejada, às vezes é útil associar-se *temporariamente* para sentir como seria ser aquela pessoa. Como quando o cliente diz: "Posso ver-me com mais opções, mas não tenho idéia de como seria. Não sei se gostaria disso. "Associar-se a essa imagem temporariamente pode proporcionar uma informação sobre como a pessoa se sentiria bem. Então, quando se operar o *swish* em direção à imagem dissociada, ele será mais motivante.

A associação também é útil para a pessoa que não pode-se ver com opções suficientes para superar o problema. Pode-se pedir-lhe que se veja com *alguns* recursos mais criativos e levá-la a associar-se a essa imagem. "Agora que você dispõe desses recursos criativos adicionais, pode criar uma auto-imagem desejada ainda mais eficaz e adequada". Pode-se repetir o processo até diminuir o número de etapas necessárias à criação da auto-imagem.

Qualidades "versus" comportamentos específicos. A auto-imagem se refere a *qualidades* e não a comportamentos específicos. A pessoa vê-se com mais *capacidades* e *opções* e não com comportamentos alternativos específicos.

A distinção nem sempre é óbvia para alguns clientes. Uma forma de torná-la clara consiste em dizer: "Pense em algo que você faz bem, como esquiar. Se visse uma fotografia sua, você saberia que aquela pessoa do retrato sabe esquiar, embora não esteja realmente esquiando".

Outra maneira de explicar a diferença: "Imaginemos que eu lhe diga que vou jogar esta caneta para você daqui a pouco, de tal maneira que você possa pegá-la. Quando você faz uma imagem de si mesmo pegando a caneta, não sabe exatamente como a apanhará — erguendo os braços, baixando-os ou esticando-os para o lado —, pois isso dependerá da forma que eu vou atirá-la. Mas sabe que conseguirá pegá-la, mesmo que não tenha idéia de como irá fazê-lo".

"Se você se imagina pedindo uma refeição em um restaurante daqui a uma semana, não sabe o que solicitará, pois isto dependerá do apetite na ocasião, bem como do cardápio. Não obstante, você pode verificar que está confiante de pedir o melhor prato quando estiver no restaurante."

Nem mesmo essas explicações ficaram claras para um dos participantes do seminário. Apontei para uma moça bem-vestida da primeira fila que se encontrava bem alerta. "Olhe para aquela moça. Não é óbvio pela sua maneira de se vestir, sua postura, seu movimento e pela impressão que lhe dá, que se trata de alguém dotado de uma ampla gama de capacidades e opções?" Se não tivermos à mão um participante como referência, podemos apelar ao cliente para pensar em alguém que ele admira, e usar o mesmo enfoque.

A imagem de nós mesmos com as *qualidades* de opção e capacidade leva-nos a gerar uma variedade de comportamentos apropriados à situação problemática. Se quisermos programar um comportamento *específico*, é melhor usar outra técnica de PNL, como o gerador de novos comportamentos. Esse padrão é exposto em detalhe em *Usando sua mente*.

Ecologia. Existem vários elementos do padrão *swish* que o tornam ecológico. O fato de se usar uma auto-imagem desejada com *qualidades* de preferência a uma solução específica, significa que a mudança tem mais probabilidade de ser ecológica. Visto que qualquer solução específica pode apresentar problemas ecológicos associados a ela, "a imagem da pessoa (você) para quem isso já não é um problema" proporciona proteção ecológica. Se o cliente pede uma solução específica, é importante lembrar que é a sua mente consciente que fala, e talvez ele ainda não tenha a solução por se tratar de algo inconveniente e existe alguma parte interna dele ciente disso. Programando-se as *qualidades*, garante-se mais flexibilidade *para* alcançar o resultado desejado. O que se vê é uma pessoa que poderia gerar muitos comportamentos específicos alternados em resposta às exigências da situação.

Outra forma como a ecologia é construída no *swish* é que a mente inconsciente tem grande participação na criação da auto-imagem desejada. Apesar de o primeiro movimento ser consciente, a imagem final é autônoma e inconsciente: mobilizam-se recursos inconscientes para gerar uma imagem que satisfaça outros resultados inconscientes. Para comprovar isso, há uma pequena experiência: criem uma imagem e tentem mudá-la conscientemente. Talvez possa-se modificá-la temporariamente, mas em geral ela volta ao antigo estado logo que a atenção consciente tenha se deslocado.

Essa auto-imagem com qualidades e capacidades mobiliza todos os recursos inconscientes para gerar muitos comportamentos específicos que se adaptem à situação. A operação de *swish* normalmente reorganiza o comportamento da pessoa em poucos segundos e a maioria das pessoas que se submeteram ao *swish* com êxito dizem que não tem nenhuma informação consciente da sua reorganização ou da sua realização.

Embora tendam a tornar o *swish* ecológico, esses fatores dependem da capacidade da mente inconsciente do cliente. Às vezes, é necessário proporcionar ajuda e orientação.

Acesso a recursos adequados. Quando se diz ao cliente: "Veja a sua auto-imagem para quem isso não é um problema", logo algumas pessoas criam uma imagem com o tipo de recursos necessários para enfrentar a situação. Outras precisarão de ajuda que lhes permita ver o tipo de pessoa que dispõe dos recursos necessários. Muitas vezes, pode-se sugerir recursos que beneficiem o cliente. Por vezes, ele não consegue imaginar nenhum expediente que melhore a situação, mas pode-se ajudá-lo. Ao lhe sugerir recursos, deve-se observá-lo e aumentar positivamente sua reação. Se ele não reagir à proposta, convém esquecê-la.

Por exemplo, ao fazer o *swish* com alguém que se irrita com coisas "triviais", podemos dizer-lhe: "Se isso lhe parecer conveniente, você pode ser mais bondoso com outras pessoas e aceitar de antemão que elas cometam erros. Ou talvez essa sua nova imagem seja mais capaz de ver as coisas do ponto de vista da outra pessoa e compreender por que ela agiu daquela forma. Talvez aquela sua imagem não precise procurar um culpado quando algo sai errado e seja simplesmente capaz de perceber que os outros têm perspectivas diferentes, e passe logo a imaginar algo que pudesse tornar a situação válida para ambos". Pode-se agrupar uma porção de recursos em uma única imagem. A diretriz básica dessas sugestões *não* é "São esses os recursos *corretos*?", mas "Essas palavras estão ajudando o cliente a perceber algo que parece lhe proporcionar mais recursos e ser mais atraente?"

Outra abordagem baseia-se em entender que estamos acrescentando a uma auto-imagem desejada recursos específicos que satisfazem o objetivo positivo da antiga reação. Com isso, estaremos garantindo que nosso trabalho seja ecológico. Se uma pessoa fuma para se relaxar e fazer uma pequena pausa no trabalho, podemos dizer: "Veja, a sua imagem para quem fuma é irrelevante. Essa é a pessoa que tem uma *porção* de opções entre relaxar-se e fazer uma pausa no trabalho. Talvez você não saiba exatamente *como* ela (sua imagem) faz essas coisas, mas pode notar, olhando para ela, que se trata de alguém com uma porção de escolhas de relaxar-se".

Quando ocorre o funcionamento parcial do *swish*, pode-se tentar descobrir os *contextos* em que ele desempenhou sua função e deixou de fazê-lo. Se alguém diz: "Eu estava ótimo sozinho em meu escritório, mas na reunião do departamento fiquei chateado com todo mundo", com certeza é preciso dar-lhe mais escolhas no trato com outras pessoas. Algumas perguntas ajudarão a obter informações mais específicas sobre o acréscimo de qualidades e capacidades à auto-imagem desejada.

Segurança da imagem equilibrada. Às vezes, uma auto-imagem desejada é, inicialmente, exagerada demais. Se for forte *demais*, por exemplo, talvez seja preciso efetuar um reajuste, acrescentando um pouco de delicadeza, humildade e compaixão, para torná-la aceitável a todas as partes internas da pessoa. Uma mulher que desejava ter mais opções em vez de simplesmente ficar irritada viu-se "completamente calma em qualquer situação". Ela criara a imagem de alguém que estaria perfeita no céu, mas que não sobreviveria bem na terra. Sugeri-lhe que observasse se "a imagem era de alguém que tem em vista seus *resultados* com opções para zangar-se quando isso servir a seus objetivos, ou às vezes é capaz de lutar pelo que deseja, além de ser calma. Alguém que lida com assuntos irritantes, com os quais você não sabe lidar. Mas ela sabe".

Outra mulher viu uma "imagem de si própria" que parecia perfeita *demais*. Sugeri que lhe acrescentasse a qualidade de ser capaz de rir de seus erros e aprender com eles.

Verificação da ecologia. Colocar recursos adequados na representação da auto-imagem desejada preserva a ecologia. Pode-se observar explicitamente a ecologia ao desenvolver a auto-imagem desejada.

"Ao olhar a sua imagem que possui mais habilidades e já não tem aquele problema, você tem alguma objeção em ser essa pessoa?" É útil checar todos os contextos e sistemas representacionais importantes. "Como esse novo 'você' se comportará com a família? No trabalho?... Nos momentos de lazer?... Enquanto observa essa pessoa, você vê, ouve ou sente alguma coisa que o alerte para eventuais problemas?" Sempre que surgirem obstáculos, podem-se fazer acertos adequados na auto-imagem, até que ela seja satisfatória.

Exigências da realidade. Da mesma forma que a imagem de futuro impreterível, a auto-imagem deve satisfazer os critérios da pessoa sobre o que ela julga real ou possível. Ainda que a imagem lhe agrade, a pessoa não reagirá a ela se lhe parecer irreal ou improvável. Nesse caso, é necessário saber que submodalidades a tornam irreal e fazer ajustes até que ela se torne, no mínimo, uma possibilidade real.

Cerca de um ano atrás, eu (Connirae) fiz um *swish* com Kate, que havia presenciado um acidente fatal. Kate escapou por um triz do acidente. Depois desse fato, entrava em pânico sempre que dirigia e ficava obcecada, com o pensamento voltado para o acidente o resto do tempo. Seu pânico fora provocado pela imagem muito próxima de uma das vítimas; então, planejei um *swish* a partir dessa pista. Foi fácil Kate fazer uma imagem "de si mesma para quem isso não constituía problema", mas ela não se sentiu atraída pela imagem. Segundo ela, a imagem "não parecia real". Acontece que ela estava fazendo a imagem de uma pessoa que fizera o curso de primeiros socorros e que tinha profundos conhecimentos médicos. Embora aquela Kate da imagem soubesse o que fazer, parecia-lhe irreal, já que, na realidade, Kate não sabia nada de medicina. Ela se convencera de que essa era uma condição *sine qua non* para se sentir capaz.

Parecia-me desnecessário e inútil que alguém ficasse em pânico e descontrolado só por não ser médico. Muitas pessoas não têm conhecimento médico, nem por isso ficam apavoradas por causa de um acidente; portanto, sei que o pânico não é uma reação natural. Para Kate, a situação era exclusiva: ou tinha de entender de medicina, para manter o controle, ou entrar em pânico total.

A objeção de Kate informou-me exatamente o que fazer. Sugeri que, em vez de imaginar a Kate que tinha conhecimentos médicos, poderia imaginar "aquela Kate que pode não entender nada de medicina, exatamente como a Kate que está sentada aqui agora, mas que sabe lidar com uma situação difícil da melhor maneira possível, de acordo com seus conhecimentos. Talvez esta seja a Kate que se vê numa emergência e sabe imediatamente como ser útil. O pavor é irrelevante para ela, pois sabe rápida e calmamente avaliar o que pode fazer, deixando de lado sua incompetência. Kate não entende de medicina, mas sabe utilizar as informações e meios de que dispõe para agir. Pode cometer falhas uma vez ou outra — todo mundo as comete —, mas tem os recursos para aprender com elas e usar o que aprendeu da próxima vez". Enquanto eu falava, o rosto dela começou a revelar cada vez mais satisfação e a ficar atraída pela Kate do futuro que via em sua mente.

Após o *swish*, Kate ficou satisfeita por poder dirigir despreocupada com acidentes. Durante os meses seguintes, ela presenciou dois acidentes, nos quais prestou auxílio com calma.

Contextualização. Na maioria dos casos, a pretensão se resume na mudança a todas as áreas da vida do indivíduo. Isso se realiza com a utilização da auto-imagem *fora* de um contexto específico: a auto-imagem deve ter o menor contexto possível. O ideal é não especificar nenhum ambiente. Contudo, visto que algumas pessoas não gostam de se ver flutuando no espaço, talvez seja útil ter um cenário ou superfície bastante vagos onde se situar.

Se se criar a auto-imagem num contexto específico, a mudança pode ficar restrita àquele contexto e não se generalizar a outros. Um homem criou sua auto-imagem numa sala de seminário. Depois de fazer o *swish*, não tinha vontade de fumar na sala, por mais que ali permanecesse. Mas, assim que saía da sala, o desejo de fumar voltava. Algumas pessoas fazem uma generalização total, mesmo que se vejam em um contexto específico; outras, não. A contextualização inadequada é outra razão pela qual se obtêm resultados incompletos com o *swish*.

Pode-se empregar o mesmo princípio para restringir uma mudança a apenas um ou a vários contextos específicos. Contudo, é mais produtivo e ecologicamente seguro acrescentar a capacidade de discernimento à auto-imagem. "Aquela é a sua imagem que tem a capacidade de discernir quando e onde será útil usar suas novas opções, e quando e onde será útil continuar seus antigos comportamentos."

Fusão das duas imagens

Uma vez escolhida a imagem-pista e criada a auto-imagem motivadora, é necessário ligá-las, empregando as duas submodalidades de maior impacto para o cliente. As condições ajudam a fortalecer ao máximo a fusão.

Simultaneidade. Talvez a imagem-pista torne-se pequena e esmaecida para *em seguida* a auto-imagem ficar grande e brilhante. Assim, o *swish* ainda pode funcionar, mas o encadeamento é enfraquecido pela disposição seqüencial das duas mudanças. Convém que elas ocorram ao mesmo tempo, de forma que, à medida que a reação à imagem-pista diminua, aumente *simultaneamente* a reação à auto-imagem. Caso sejam usadas mudanças seqüenciais, é importante certificar-se de que haja um elemento qualquer que sirva de ligação entre as duas. Por exemplo, o quadro da auto-imagem ficaria no reverso da imagem-pista que se inclinaria, virando-se de lado para revelar a auto-imagem que seria então colocada em posição vertical. Embora as mudanças sejam seqüenciais, a primeira está ligada à segunda fazendo parte do mesmo objeto que se desloca no espaço. Se o quadro da imagem-pista se deslocasse para baixo em um local enquanto o quadro da auto-imagem virasse para cima em outro local, a fusão seria muito mais fraca.

Direcionamento. É essencial realizar o *swish em apenas uma direção:* a partir da imagem-pista para a auto-imagem desejada. Isso é feito com uma parada no final de cada *swish*, apagando a tela visual interna, ou abrindo os olhos. Existem muitas pessoas que efetuam o *swish* inverso em si próprias: imaginam-se capazes de fazer algo e imediatamente pensam em alguma falha pessoal ou infortúnio (real ou imaginário) e ficam desanimadas. Se o *swish* for realizado na direção contrária, pode tornar uma pessoa *menos* hábil. E, se o *swish* for feito em ambas as direções, o indivíduo pode acabar andando em círculos!

Velocidade. A troca real das imagens deve ocorrer rapidamente. Não há limite de tempo para se estabelecer as condições iniciais e para se apreciar a auto-imagem depois do *swish*, mas a transição entre as duas deve ser feita em frações de segundo.

Às vezes, é mais fácil ensinar o cliente a executar o *swish* lentamente, para que ele aprenda exatamente a arte. Depois, então, pode-se apressá-lo, dizendo: "Muito bem, agora faça-o mais rápido", "Mais rápido ainda", até ele atingir o ponto ideal. Se o cliente alegar incompetência, podemos dizer-lhe: "Está bem. Agora, seu cérebro já sabe o que fazer. Recomece do início, e sua mente inconsciente fará o *swish* de forma mais completa e cuidadosa do que você o faria, conscientemente. De qualquer modo, queremos que isso se torne inconsciente o mais rápido possível". Sem dúvida, é preciso observar o cliente com cuidado para se certificar de que seu comportamento não-verbal revele que ele realmente faz o que lhe foi pedido. Pode-se até dizer ao cliente para fingir que está fazendo o *swish* cada vez mais rápido enquanto observamos suas pistas não-verbais para averiguar se ele está realizando o processo comportamentalmente.

Repetição. Cinco repetições geralmente são suficientes para fazer o *swish*. Às vezes, uma ou duas bastam. Se se fizer o *swish* dez vezes rapidamente e ainda assim ele não funcionar, mais repetições provavelmente serão inúteis. Talvez sejam necessários outros ajustes para fazê-lo funcionar.

Calibração das pistas de acesso de submodalidades. A melhor maneira de se certificar de que a pessoa esteja realmente fazendo o *swish* baseia-se na calibração dos comportamentos característicos não-verbais sutis que acompanham as diferentes alterações de submodalidade. Por exemplo, quando uma imagem se movimenta rapidamente em nossa direção a cabeça tende a dirigir-se para trás, os olhos se arregalam ligeiramente e a tensão muscular aumenta. Quando a imagem se afasta, a cabeça se movimenta para a frente, os olhos se estreitam e os músculos se relaxam.

Embora seja fastidioso descrever essas pistas de acesso não-verbais, podem-se descobri-las facilmente empregando o seguinte processo: pedir a um amigo prestativo que pense em uma imagem emocionalmente neutra e observar seu rosto. Se lhe pedirmos que pense em algo forte emocionalmente, as muitas mudanças não-verbais resultantes dos diferentes níveis de emoção tornarão difícil observar as alterações associadas unicamente às mudanças de submodalidade. Depois que ele houver escolhido a imagem neutra, pedimos-lhe que altere *uma* submodalidade específica em ambas as direções: "Aumente a imagem... Agora, diminua-a...", observando as mudanças não-verbais. A mudança rápida de um extremo a outro aumentará o contraste, facilitando a observação das alterações não-verbais. Mudanças na posição da cabeça e dos músculos ao redor dos olhos são geralmente as mais notáveis, mas pode haver alterações do ritmo respiratório, mudanças do tônus muscular, etc. As pessoas têm diferentes capacidades de expressão: portanto, as pistas serão mais evidentes em algumas e mais sutis em outras. Uma pessoa expressiva aprenderá com mais facilidade o exercício.

É importante verificar se o cliente muda somente a submodalidade que lhe foi pedida. Se a imagem se torna automaticamente mais colorida à medida que aumenta, as pistas de ambas as mudanças de submodalidades aparecerão, podendo criar confusão.

Se o leitor possuir uma boa percepção de seus movimentos sinestésicos, poderá fazer a experiência ajustando uma submodalidade de uma imagem neutra em ambas as direções e sentindo as alterações musculares.

A capacidade de observar e identificar pistas de acesso às submodalidades torna o trabalho mais refinado. As pistas podem ser usadas para colher informações quando o cliente não percebe as submodalidades e não consegue descrevê-las. Como elas fornecem um *feedback* claro e contínuo dos processos internos do cliente, podem ser usadas para verificar se ele está cumprindo sua tarefa.

Direcionamento não-verbal. Utilizar nosso comportamento para demonstrar o processo é o melhor meio de facilitar o *swish* para o cliente. Podemos usar as mãos para indicar o tamanho e a localização da imagem, movimentando-as para indicar a velocidade e a direção da mudança.

Geralmente, preferimos que o cliente aprenda a fazer o *swish* em si próprio. Depois que ele o aprende, observamos sua velocidade, se ele o faz rapidamente. Entretanto, podemos empregar diretrizes não verbais para fazer o *swish* junto com o cliente. Se fizermos um som de "*swish*", movimentando simultaneamente as mãos durante a demonstração, o movimento passa a ser uma âncora para a velocidade da transição. A partir do momento da instituição do *swish* dessa forma, ele pode ser reproduzido repetindo-se os sons e movimentos realizados durante o primeiro ensaio, observando-se apenas se a reação do cliente é inconsciente. Isso é muito útil para os clientes que não desejam dirigir sozinhos suas mentes, ou quando se faz um trabalho não explícito.

Nessa atividade, *é importante certificar-se de que os gestos sejam adequados do ponto de vista do cliente*. Se o cliente estiver na nossa frente e dissermos: "Movimente essa imagem para longe de você". Se afastarmos nossa mão, ela ficará mais próxima do rosto do cliente, e isso é incompatível com nossa instrução verbal. Os gestos devem, portanto, ser adequados do ponto de vista do cliente, ainda que não o sejam do nosso. Uma forma simples de evitar esse tipo de incongruência é sentar-se ao lado do cliente, fixando os olhos na mesma direção. Assim, os gestos serão adequados para ambos.

Se o instrutor fizer internamente o mesmo processo indicado ao cliente, suas próprias pistas de acesso mostrarão ao cliente o que fazer de forma inconsciente. Nunca é demais enfatizar a importância do comportamento não-verbal. A incongruência pode arruinar uma intervenção, enquanto a congruência facilita o trabalho.

Experiências de referencial. Outro meio de facilitar o *swish* é ter acesso a uma experiência de referencial do mundo real, equivalente ao efeito que se deseja criar. Isso pode abranger desde simples figuras de linguagem, como "Diminua a *intensidade* da cor da imagem", a métodos metafóricos mais complexos:

"Você já viu uma gota de óleo ou gasolina sobre uma superfície aquosa, e observou como ela se espalha cobrindo a água com cores brilhantes? É isso que quero que faça. O pequeno ponto deve se espalhar como uma gota de óleo, transformando-se na imagem colorida de si próprio que você deseja ter."

"Imagine que a imagem-pista seja uma pálida aquarela pintada sobre um quadro a óleo que representa o que você deseja ser. Um jato d'água remove rapidamente a pintura em aquarela, revelando o quadro a óleo subjacente."

Muitas pessoas têm dificuldade em sincronizar os movimentos simultâneos de duas imagens, ao fazerem um *swish* de distância. A orientação, nesse caso, pode ser feita do seguinte modo: "Imagine que há um fio que sai da imagem-pista, passa em volta de uma roldana atrás de sua cabeça e volta à outra imagem. Enquanto a primeira imagem se movimenta para longe, o fio impele, automaticamente e na mesma velocidade, a segunda imagem em sua direção".

"Imagine que está em um quarto escuro e que há uma luz que ilumina apenas a parte de cima de sua cabeça. À medida que a primeira imagem se movimenta para longe de você e da luz, ela se torna automaticamente mais escura. À medida que a segunda imagem se movimenta em sua direção e à da luz, fica por sua vez mais brilhante."

Fazendo o *swish* à maneira do cliente. Quanto mais o *swish* for compatível com o que o cliente já pode fazer com facilidade em sua mente, mais fácil será para ele operá-lo e mais eficiente ele se tornará.

Quando o instrutor não consegue imaginar uma experiência referencial adequada, o próprio cliente pode expô-la. "Qual a maneira mais fácil de transformar essas imagens coloridas em preto e branco?" "Bem, posso fingir que a cor está sobre uma película transparente e posso descascá-la." "Se a cor fosse como um líquido, eu poderia tirar a tampa do ralo, e ela simplesmente escoaria." Empregando os recursos do cliente, o instrutor verifica que o *swish* será feito com facilidade, ao mesmo tempo que enriquece seu próprio repertório de métodos de transição.

Quando Richard Bandler ensinou pela primeira vez o *swish* padrão de tamanho/luminosidade, disse às pessoas que colocassem a pequena imagem escura de si próprias no canto inferior esquerdo da imagem-pista grande e brilhante. Um ano depois, disse que colocassem a pequena imagem no canto inferior direito. Observamos que muitas pessoas acham mais fácil colocá-las em algum ponto do centro. Também pode-se dizer ao cliente: "Imagine uma pequena área escura, como um botão ou um local sombreado, e faça com que a auto-imagem desejada brote rapidamente de dentro da área escura, como se fora uma flor". Isso elimina o trabalho de acrescentar a pequena imagem escura à imagem global, pois utiliza uma pequena área escura já existente na imagem-pista. Quanto mais usarem as preferências e habilidades dos clientes, mais fácil será para ambos.

Teste. Embora o teste confiável e determinante só possa ser feito na prática, é importante testar de maneira cuidadosa antes que o cliente volte ao seu dia-a-dia. A melhor prova é criar comportamentalmente uma situação que corresponda a um problema. Para tanto, o instrutor deve fazer um teste prévio para confirmar que conhece o número suficiente de detalhes capazes de produzir comportamentalmente a reação problemática no cliente. Se o cliente não apresentar reações adequadas a demonstrações de desprezo, pode-se fazer um comentário crítico sobre sua maneira de vestir, antes do *swish*, e depois dele, dizer que ele não se saiu bem no *swish*. Se uma mulher não suporta ser ignorada, o instrutor pode convidar uma outra pessoa a conversar com ele, enquanto os dois a deixam fora da conversação.

Embora o resultado não seja tão eficiente quanto um teste comportamental, pode-se fazer a prova pedindo ao cliente que pense na imagem-pista e observar se ele ainda sente a reação problemática. Esse tipo de teste é detalhado no livro *Usando sua mente*.

É possível também usar a fase de "teste" para estabelecer ou aprofundar a mudança que acaba de ser feita a partir de pressuposições verbais e não-verbais. Como uma das pressuposições da noção de "tentar" é o fracasso da pessoa, quando, no videoteipe "Expectativa de perda", Richard Bandler diz à sua cliente, como quem não quer nada: "Tente sentir pânico novamente", está partindo firmemente do princípio de que ela não vai alcançar êxito. E quando ele insiste: "Tente mais uma vez, só para ter certeza", está fazendo uma ponte-para-o-futuro da certeza de que ela não entrará em pânico novamente. Se quisermos provar de maneira científica, podemos recorrer a um modo bem neutro: "Crie aquela imagem de novo... O que acontece?" Contudo, se quisermos ajudar a pessoa a consolidar a mudança, podemos usar qualquer modelo, verbal ou não, que dê base à mudança.

Swishes sob medida

O *swish* de tamanho/luminosidade usa o tamanho e a luminosidade de forma arbitrária para desenvolver o *swish*. Embora seja eficiente em cerca de 70 por cento das vezes, certas pessoas não reagem de forma adequada a ele. A reação de algumas pessoas é mais intensa a uma imagem esmaecida do que a uma brilhante. Assim, usar a luminosidade de forma sistemática enfraquecerá o *swish* em vez de intensificá-lo.

Mesmo que a reação ao tamanho e à luminosidade ocorra em diversos contextos, a causa do problema pode ser uma pista *auditiva*. Uma voz, ou outro som, pode estar produzindo a reação indesejada. Nesse caso, pode-se encadear uma pista visual: "Ouça essa voz. Se fosse uma imagem, como ela seria?", e fazer o *swish* no sistema visual. No entanto, quando a pista é auditiva, o resultado será mais preciso e vigoroso se for feito um *swish* no próprio sistema auditivo.

Exemplo de *swish* auditivo. Para realizar o *swish* na forma auditiva, é necessário fazer perguntas para descobrir que modalidades auditivas (internas ou externas) tornam a pista poderosa. "O que faz com que você ignore esse som?" "Bem, às vezes o som não é muito forte e consigo ignorá-lo; porém, quando fica forte demais chego a subir pelas paredes. Quando o som aumenta, ele fica mais próximo, o que me incomoda profundamente."

O próximo passo consiste em verificar se o volume e a distância podem ser úteis para mudar a reação da pessoa. "Ouça o som e aumente o volume... Agora, abaixe o volume... Isso muda sua reação?" Como sempre, o instrutor deve dar mais atenção à reação não-verbal do cliente do que à resposta verbal. "Agora, tente mudar a distância do som. Mantenha o volume, mas aproxime-o para mais perto... Agora, leve-o para mais longe... Essa mudança altera a sua reação?"

Como quase todo mundo reage profundamente ao volume e à proximidade, imaginemos que o teste confirme a importância dessas submodalidades para o cliente. Nesse caso, já com a identificação da pista auditiva, as duas submodalidades auditivas podem ser empregadas para aumentar ou diminuir a reação do cliente.

O próximo passo: ajudar o cliente a desenvolver a representação de si próprio, com mais opções dentro do sistema auditivo. Como antes, a voz do cliente estará dissociada, de forma que ele seja levado a ela. "Ouça o som da sua voz se você tivesse mais escolhas e capacidade de forma que essa situação não constituísse um problema para você. Ouça aquela voz, um pouco distante de você, como se fosse de outra pessoa. Quais as qualidades daquela voz?" Continua-se a desenvolver as qualidades da voz até que o cliente se sinta profundamente atraído por ela.

A seguir, deve-se testar as mesmas submodalidades encontradas na pista auditiva para descobrir como a tonalidade e o volume afetam a intensidade da reação do cliente à sua voz. "Aumente o tom da voz... Isso aumenta sua reação?" "Suavize o tom da voz... Isso diminui sua reação?" Normalmente, o indivíduo reagirá de forma mais intensa à própria voz com recursos, num tom moderado. Em vez de aumentar a reação agradável, a maioria das pessoas passa a ter uma reação desagradável, se o tom da voz que possui qualidades for muito alto.

Na maioria dos casos, o padrão eficiente de *swish diminuirá a reação à pista, aumentando* simultaneamente *a reação à auto-representação desejada.* Se for possível, é conveniente descobrir duas submodalidades poderosas que funcionem da mesma maneira para o som-pista e a voz do "eu" desejada. Como exemplo, vamos partir do princípio de que a proximidade e o aumento do volume tornam mais forte a reação do cliente tanto à pista como à voz desejada.

Nesse caso, a pista começará com a intensidade máxima: volume alto e próximo. O volume diminuirá rapidamente enquanto a pista se distancia, diminuindo a reação do cliente.

A voz desejada simultaneamente começará com uma intensidade mínima, muito suave e distante, e se tornará mais próxima e mais alta à medida que se aproxima *do volume e da distância em que o cliente tem a reação mais positiva.* Como com qualquer outro tipo de *swish*, o exercício deve terminar em silêncio, ou com sons externos; em seguida o cliente repete o processo cinco vezes, antes de passar ao teste.

Às vezes, a reação das pessoas ao volume da voz desejada que possui recursos é o *oposto* da sua reação à pista. Talvez um volume mais alto estimule a pessoa a ter uma reação menor, enquanto um volume suave incite a uma reação maior. No *swish* tamanho/luminosidade, partimos do princípio de que o aumento do brilho fará crescer a reação da pessoa, tanto à imagem-pista como à auto-imagem desejada. Quando existe uma relação inversa com outras submodalidades, o *swish* deve ser ajustado, de acordo com elas.

Agora, imaginemos que, enquanto o volume alto aumenta a reação à pista, ele faz diminuir a reação à voz desejada. Em outras palavras, a voz desejada é mais incitante em baixo volume. Nesse caso, faz-se o *swish* de maneira diferente. A pista e a voz desejada deve ter um volume alto no início, tornando-se suave em seguida. Como antes, a pista se distancia, enquanto a voz desejada se aproxima. Então, a pista desaparece completamente, permanecendo apenas a voz desejada no volume e tonalidade a que a pessoa reage de forma mais intensa.

Esboço do *swish* sob medida

1. **Identificação do problema ou limitação:** "O que deseja mudar? O que o incomoda? Com o que está insatisfeito?"

2. **Coleta de informação:** a partir do modelo de "realização" de Richard Bandler: "Digamos que eu tenha de substituí-lo por um dia. Para fazer um trabalho completo, terei até de assumir suas limitações. Ensine-me a fazer isso". É preciso descobrir *quando* fazê-lo (a pista) e *como* fazê-lo (o processo). Sobretudo, é preciso conhecer *as duas submodalidades analógicas que mudam a pista, para criar o problema*. Dessa forma, o instrutor estará descobrindo basicamente que o cliente *já* faz o *swish* consigo mesmo, para usar o mesmo processo, porém levando o cliente a outra direção.

3. **Teste da pista:** ao achar que sabe repetir o processo do cliente, o instrutor deve se testar a si próprio. Se faz o mesmo que o cliente, a reação é idêntica? Talvez o cliente esteja fazendo *algo* ignorado pelo instrutor ou seja organizado de forma diferente da dele. Nesse caso, o *swish* não funcionará da mesma forma, a menos que o instrutor assuma as relações de mudança de submodalidades efetuadas pelo cliente.

Quando a reação obtida é idêntica à do cliente, isso não significa necessariamente que a informação seja a correta, mas já se considera um bom começo. Quando tentamos copiar o cliente, em geral é fácil perceber por que ele reage de determinada forma. Caso ainda não esteja claro o motivo de sua reação, é necessário reunir mais informações para descobrir o que está faltando.

4. **Criação de auto-representação desejada e teste:** em primeiro lugar, a auto-representação desejada deve ser criada no mesmo sistema representacional que a pista, para *entender* de que forma duas submodalidades analógicas idênticas a afetam. "De que maneira muda sua reação ao se ver diante de mais escolhas, enquanto diminui e aumenta aquela submodalidade específica?"

5. **Revisão das informações:** nesse ponto, temos o seguinte:
   a. **A representação da pista** que está concretamente presente e detona a limitação, e de que forma duas submodalidades analógicas poderosas podem ser usadas para modificar a intensidade da reação problemática.

b. A auto-representação desejada que está no mesmo sistema representacional da pista, e como as mesmas submodalidades anteriores podem ser usadas para aumentar ou diminuir a reação do cliente à representação da auto-imagem desejada.

6. Planejamento: como usar as duas submodalidades para ligar a pista à auto-representação. É mais fácil e seguro criar dois planos separados: um para a pista e outro para a auto-representação.

a. Pista. De que forma as duas submodalidades podem ser alternadas para iniciar com uma reação intensa à pista e em seguida diminuir essa reação.

b. Auto-representação. Como essas mesmas submodalidades podem ser alternadas para iniciar uma reação de baixa intensidade, aumentando em seguida a reação, até sua intensidade máxima.

c. Juntando a mais b para determinar o estado inicial para a pista e a auto-representação e as transições a serem adotadas para chegar ao estado final de ambas.

Swish **sinestésico.** Embora seja mais fácil para a maioria das pessoas fazer um *swish* visual ou auditivo, pode-se fazer o *swish* dentro do sistema sinestésico do momento que se preste muita atenção ao usar a sinestesia *táctil* e não a meta-sinestesia. A pista pode ser uma sensação da mão de outra pessoa tocando o corpo do cliente ou sua respiração perto do pescoço; porém, *não* a sensação meta-sinestésica de nojo ou medo. Pode-se descobrir as submodalidades tácteis — pressão, extensão, localização, textura, movimento, duração, temperatura, freqüência, etc. — a serem usadas para aumentar ou diminuir a reação negativa, para então fazer o *swish*.

A auto-representação é dissociada, como se o indivíduo estivesse alcançando e tocando seu próprio corpo no espaço à sua frente, sentindo a força relaxada e tranqüila do "eu" imaginado, com espinha reta e equilibrada, ou qualquer que seja a representação da capacidade sinestésica. Em seguida, as submodalidades são empregadas para fazer o *swish* das sensações tácteis a partir da pista das sensações tácteis da imagem de auto-representação, da mesma forma que para os sistemas visual e auditivo.

Às vezes, ao se fazer o *swish* no sistema sinestésico, convém fazer o *swish* com uma "auto-sensação" desejada, tanto associada *quanto* dissociada, em seqüência. Esse processo é diferente do que é feito no *swish* visual ou auditivo, já que neles sempre se termina com uma auto-representação dissociada. Ao fazer um *swish* sinestésico terminando com um "eu" dissociado, alguns clientes reclamam que não tinham adquirido uma nova sensação para substituir a antiga, no mesmo local em que esta se encontrava anteriormente. Quando acrescentei um *swish* às sensações sinestésicas associadas, notei que os clientes descontentes ficaram satisfeitos. Uma vez que as sensações do novo "eu" associado se estendem ao corpo todo, elas passarão a substituir as sensações originais que serviram de pista, qualquer que seja sua localização anterior.

Sistema misto de *swish*

Há dois sistemas de *swish* que se podem fazer simultaneamente, empregando, por exemplo, uma submodalidade visual e uma auditiva. Porém, não recomendamos esse procedimento, a não ser que se tenha uma prova inconteste de que as duas modalidades mais poderosas estejam em dois sistemas representacionais diferentes e de que o cliente seja capaz de fazer o *swish* com desenvoltura. O cliente encontrará mais facilidade no sistema representacional que parece mais poderoso para ele, fazendo o *swish* naquele sistema. A partir daí, verifica-se se o *swish* mudou a submodalidade também em outro sistema representacional. Caso contrário, faz-se o *swish* no outro sistema representacional.

O *swish* é um padrão incrivelmente eficaz, que pode ser utilizado em vários problemas. Embora pareça simples, na realidade é muito complexo. Dedicando-se uma atenção cuidadosa a todos os detalhes aqui apresentados, podem-se criar *swishes* eficientes que transformarão a vida das pessoas de maneira profunda e sem muito esforço.

No entanto, é importante não esquecer que tudo o que foi dito até agora se refere a um contexto real de trabalho com clientes. A experiência do cliente é a prova definitiva. Acima de tudo, o objetivo é encontrar a pista que detone o comportamento ou reação problemática e usá-la para direcionar o cérebro de maneira mais positiva. Deve-se empregar todos os meios para se atingir esse resultado.

Exemplos

1. Bobbi, o segundo cliente no nosso vídeo de demonstração "O padrão *swish*" (ver apêndice I), era muito sensível à voz da filha, em certas situações. Connirae descobriu que o volume e a panorâmica *versus* ponto de partida do som eram as submodalidades mais poderosas. No *swish*, a voz da filha começou alta e panorâmica, enquanto a voz desejada iniciou suave a partir do ponto de partida. Em seguida, a voz da menina foi diminuindo em direção ao ponto de partida e a voz desejada tornou-se panorâmica, atingindo um volume ideal.

2. Amy reagia de maneira impetuosa à voz de seu ex-marido. No momento em que pensou nela, seus olhos encheram-se de lágrimas — tornando difícil obter as informações necessárias! Steve descobriu que o volume era a submodalidade que influía em sua reação. Abaixando o volume de sua voz tornou-se mais fácil obter informações.

A segunda submodalidade mais poderosa era a localização no espaço. Segundo Amy, "O lado esquerdo é para as pessoas; o lado direito, para as coisas", uma colocação fora do comum. Ao movimentar a voz do marido, passando-a do ouvido esquerdo para o direito, sua reação diminuía bastante. A reação à sua voz desejada e capaz mudou ao mesmo tempo. Steve iniciou o *swish* com a voz do ex-marido alta e próxima ao seu ouvido esquerdo e sua voz desejada em volume baixo e próxima ao ouvido direito. Quando as vozes trocaram rapidamente de lugar, a do ex-marido diminuiu enquanto a voz desejada de Amy atingia um volume perfeito. Logo que Amy fez o *swish*, seu rosto abriu-se num largo sorriso. As submodalidades foram tão poderosas que a mudança foi permanente desde o primeiro *swish*.

3. George via duas imagens distintas, "o que é" e "o que deixou de ser", alternando-se como se estivessem numa roda-gigante. A velocidade e o tamanho aumentavam sua sensação de depressão. O grupo em que George se encontrava não sabia como fazer o *swish*, pois a velocidade de alternância das duas imagens era a submodalidade forte que criava a sensação de depressão em George, enquanto a auto-imagem desejada é geralmente uma única imagem. Connirae estimulou George a criar duas auto-imagens desejadas que se alternariam, para reproduzir a pista: uma de si mesmo como pessoa capaz de conseguir aquilo que se propõe, e outra também de si mesmo, porém com mais habilidades para atingir seus objetivos. Ao alternar as duas imagens, George teve uma reação extremamente positiva. O *swish* começou com as duas imagens-pistas grandes e alternando-se muito rapidamente. Em seguida, elas diminuíram e se encolheram à medida que a auto-imagem que havia começado pequena e fixa se tornava maior e mais rápida.

4. Quando a esposa de Daniel fazia um comentário crítico, ele pensava em algo para revidar e via as palavras "saindo de dentro dela na minha direção, como um raio *laser* que me partisse ao meio". A velocidade e o tamanho eram as submodalidades mais importantes nesse caso. Após o *swish*, a imagem-pista diminuiu, de tamanho e velocidade, até se tornar uma imagem fixa, enquanto a auto-representação começava como uma pequena imagem fixa e aumentava, transformando-se em um filme.

5. Ron queixava-se que algumas pessoas tinham o poder de irritá-lo. Quando ele criou uma imagem da outra pessoa bem próxima, notamos que a reação que ele rejeitava aumentava, e deduzimos que a distância seria uma mudança de impacto. Enquanto obtínhamos as informações que causavam sua reação, ficou claro que sua reação de irritação podia tornar-se violenta. O corpo se curvou para a frente, em posição de "ataque", e percebemos que ele tinha um passado de violência física. Pedimos-lhe que tentasse tornar tridimensional a imagem-pista. Ele teve uma forte reação, mas a *mudança foi qualitativa*, em vez de apenas aumentar ou diminuir a intensidade. Quando Ron tornou a imagem-pista tridimensional, todo o corpo se relaxou. Ele parecia mais receptivo, antes mesmo de criar a auto-imagem que lhe permitisse enfrentar a situação. Ron afirmou que a imagem tridimensional fez a outra pessoa parecer mais "inteira", deixando de ser uma imagem plana, que lhe causava mais irritação.

Quando fazemos um *swish*, normalmente empregamos as submodalidades que alteram apenas a intensidade da reação. Achamos que o uso da imagem tridimensional com Ron valeu a pena, pois revelou-se um recurso útil, por si próprio.

Logo no início do *swish* com Ron, ele objetou: "Se fizermos isso, não conseguirei manter as pessoas a distância." Sugerimos então que ele acrescentasse qualidades à imagem do "novo Ron", de forma que tivesse recursos para conviver com as pessoas, conservando a capacidade de mantê-las a distância quando isso lhe conviesse. "Veja aquele Ron que consegue ficar próximo das outras pessoas e deseja manter distância, dotado também de toda a gama de nuances entre as duas atitudes. Aquele Ron consegue ver as pessoas como um todo, reconhecendo suas qualidades positivas e negativas, capaz de entendê-las melhor e de reagir de forma mais eficiente."

Isso ajudou, mas Ron ainda fez um comentário:

"Quero ter um jeito de me sentir seguro, e vocês estão tirando minha fonte de segurança. Quero outro meio de me sentir seguro."

Ao lhe perguntarmos "sentir segurança em relação a quê?", ele não encontrou resposta. Então lhe dissemos:

"Você tem idéia do que significa a palavra 'segurança', mesmo que não consiga verbalizar (*simultaneamente empregamos o gesto que Ron havia usado ao falar de segurança*)... Agora, feche os olhos e permita-se inconscientemente ter a sensação do que segurança significa para você... E deixe que esse conhecimento inconsciente seja transferido para aquela imagem do Ron que sabe sentir-se seguro de *outras* formas. Você nem precisa saber exatamente quais são suas outras opções. Mas é capaz de reconhecer, com um simples olhar, que ele tem a capacidade de se sentir seguro... Continue até que a imagem indique que ele está seguro — tão seguro quanto qualquer ser humano pode estar. E acho que ele se sentirá até mais seguro do que o antigo Ron, pois se sentirá seguro de maneira mais concreta, mais real e tridimensional..."

Quando lhe perguntamos: "Como se sente agora? Ao olhar para aquele Ron, acha que ele se sente seguro?" Ele respondeu: "Parece muito bem, muito seguro e muitas outras coisas também".

Então o ajudamos a fazer o *swish* da imagem-pista do rosto de outra pessoa, que era próxima e plana, distanciando-se e tornando-se tridimensional, enquanto a auto-imagem desejada que começava plana e distante, se aproximava, tornado-se tridimensional. Algum tempo depois, Ron contou-nos que parecia ter mais espaço em sua vida e se sentia menos "encurralado".

A experiência interna de Ron ratifica aquilo que achamos que desencadeia a violência tanto dentro do escopo familiar como em larga escala. Quando um país entra em guerra, o inimigo é caricaturado como sendo um ser desumano. É pintado como uma figura plana, ou monstruosa. Quando enxergamos as pessoas como seres humanos tridimensionais, torna-se muito mais difícil praticar um ato de violência contra elas.

6. Mary veio ver-me (Connirae), pois queria perder peso. Disse que havia tentado tudo, mas não conseguia se livrar de alguns quilos. Estava convencida de que tinha um problema de glândulas, já que nada havia funcionado até então, mas queria tentar resolver o problema com a PNL.

Quando lhe perguntei se comia em excesso, sua resposta foi meio hesitante. Perguntei-lhe se havia algum alimento que comia de maneira compulsiva, e ela não respondeu com convicção, apesar de talvez exagerar nos "sonhos" de chocolate. Como não estava obtendo quase nenhuma reação verbal ou não-verbal, continuei com as perguntas e em seguida fiz-lhe uma explosão de compulsão seguida de um *swish*.

Na semana seguinte, Mary telefonou: "Após a nossa sessão, tornei-me uma pessoa totalmente diferente durante quatro dias. Perdi quatro quilos sem esforço e me sentia completamente outra, até que tudo foi por água abaixo". Perguntei se tinha idéia da causa dessa decaída. Ela disse que não: então, marcamos outra consulta para encontrar uma solução.

Durante a consulta, perguntei-lhe outra vez: "O que acha que pode ter acontecido para que tudo fosse por água abaixo?"

"Não sei."

"Bem, então imagine o que pode ter sido."

"Só se eu inventasse. Não vejo o que mudou na minha vida para que tudo desse errado."

"Ótimo, então invente."

"Acho que poderia ser o de sempre com meu filho, ou porque tenho pensado ultimamente que não acho nada que tenha sentido na vida. Há também o fato de que minha família está passando por uma situação incerta, pois não sabemos se vamos nos mudar para a Austrália. Acho que tudo isso tem um pouco a ver com a problema."

Ela ainda mencionou outro fator estressante do qual não me recordo. O que ela disse era assunto para anos de análise tradicional.

Comecei por lhe perguntar o que quis dizer com "o de sempre com meu filho". Respondeu com uma longa história sobre seu filho do casamento anterior, diagnosticado como maníaco-depressivo, que há anos entrava e saía de hospitais psiquiátricos. Ela sentia-se muito responsável pela vida do filho — achava-se culpada por ter posto um filho maníaco-depressivo no mundo. Estava certa de que a doença era hereditária, e como seu ex-marido era também maníaco-depressivo ela deveria ter pensado mais antes de ter um filho com ele. O filho costumava telefonar-lhe, ameaçando suicidar-se. Ela chegou a dizer: "Esse problema existe por culpa minha e nada pode ser feito a esse respeito".

Enquanto discorria sobre seus problemas, sua reação não-verbal tornava-se forte ao falar sobre o filho, e decidi partir desse ponto. Disse-lhe para imaginar o rosto dele quando lhe telefonasse. Assim que pensou no rosto do filho, entrou num estado de falta de recursos. Decidi usar essa pista para ajudá-la a fazer um *swish*. Pedi-lhe que "deixasse uma imagem emergir da Mary que consegue lidar de forma criativa com esse tipo de situação — a Mary para quem essa situação não constitui problema".

Ela disse: "Consigo ver essa imagem", mas sem muito entusiasmo. Ficou claro para mim, a partir de sua reação não-verbal, que a imagem que estava vendo não possuía os recursos necessários para lidar com a situação que acabara de me descrever. Comecei a citar alguns recursos extras que poderia acrescentar à imagem:

"Gostaria que pensasse com cuidado em outros recursos que gostaria que aquela Mary tivesse, para transformá-la numa pessoa mais atraente para você. Não sei quais os recursos que ela considera importantes, mas talvez você queira ver como se sentiria se ela tivesse a capacidade de se perdoar pelos erros cometidos no passado — a capacidade de deixar para trás o que já passou —, observando o que lhe desagrada em relação aos seus antigos comportamentos para aprender com eles. Ela não precisa ficar remoendo o passado. Ela prefere ir adiante, usando os erros cometidos no passado como recursos para se tornar cada vez mais a pessoa que deseja ser". A reação de Mary foi bastante positiva dessa vez: então, pedi-lhe que acrescentasse esse recurso.

"Talvez aquela Mary seja alguém que tenha mais escolhas para lidar com o filho. Talvez você apenas sinta isso, sem saber direito quais são as escolhas. Talvez aquela Mary seja alguém que possa deixar que o filho conte mais com os recursos dele, sem se sentir culpada quando ele ameaça suicidar-se. Ela não precisa carregar essa falta, pois isso dificulta a situação."

"Sei que você tem uma filha mais nova e seu casamento está dando certo. Talvez a Mary que tem mais recursos seja alguém que saiba mostrar à filha o que fazer quando se comete um erro. Sua filha também cometerá erros, e ela a observa para aprender a agir. Você quer que ela se sinta mal para o resto da vida por causa de um erro que cometeu no passado? Talvez aquela Mary possa mostrar à filha como lidar com os erros — perdoar-se sem esquecer — para poder aprender com eles". Dessa vez, a reação de Mary foi bem melhor. Ela ficou radiante ao observar a imagem de si mesma com mais escolhas e assim poder ir adiante com o *swish*.

Alguns meses mais tarde, Mary nos disse que dessa vez a mudança foi duradoura. Ela perdera peso sem sacrifício e estava muito feliz com o rumo de sua vida.

IV

Mudança da Importância dos Critérios

Algumas pessoas consideram tão importante divertir-se que nunca conseguem fazer nada de importante em nível de trabalho. Para outras, o sucesso é tão precioso que jamais conseguem relaxar e gozar a vida. Palavras como "diversão" e "sucesso" indicam critérios — padrões para avaliação que podem ser aplicados a grande gama de situações. *Muitas* atividades diferentes podem trazer "divertimento" e outras, "sucesso". Algumas delas podem até proporcionar os dois. Critérios são aquilo *em função de que* fazemos algo. São nominalizações como "aprendizagem", "utilidade", "beleza", etc., que podem ser empregados em contextos para a avaliação de metas. Os critérios nos fornecem um método útil de organizar a vida por meio de generalizações.

Às vezes, um critério é muito ou pouco importante. Normalmente, critérios como "ter razão", "agradar aos outros" e "poder" adquirem tal importância na vida da pessoa que criam desequilíbrio, dificuldades, causando um mau relacionamento entre as pessoas.

O padrão "Mudança de critérios" é muito forte e permite modificar a importância de um critério na vida de um indivíduo. Ao se trabalhar com crenças, normalmente muda-se a crença limitante para o seu oposto. A pessoa diz: "Acho que não consigo aprender", e muda-se isso para "Acho que *consigo aprender*" — trata-se de uma mudança digital. Entretanto, ao se lidar com critérios pessoais, nem sempre convém trocá-los por seus opostos. Uma inversão completa não é desejável, nem necessária. Em vez disso, ajusta-se a importância *relativa* dos critérios tornando-se mais ou menos importantes. Torna-se o fato de "ter razão" menos importante, ou "divertir-se", mas importante nesse caso, uma mudança analógica. Isso permite sintonizar a base do comportamento, pois todos nós assumimos comportamentos para satisfazer os critérios que julgamos importantes.

Ontem, alguém disse que as pessoas trabalham apenas para satisfazer seus critérios ou deixam de trabalhar. É uma afirmação enérgica, porém verdadeira. Se uma atividade não satisfaz nenhum dos nossos critérios, perdemos o interesse por ela. Podemos citar como exemplo as coisas que se fazem com entusiasmo e que nos parecem triviais ou ridículas. De alguma forma, essas atividades satisfazem os critérios daquelas pessoas, mas não os nossos.

Normalmente surgem problemas em situações em que há dois critérios em conflito. Por exemplo, a pessoa vê-se diante de uma opção entre agradar aos outros e fazer o que acha correto. É nessas ocasiões que a capacidade de adaptar os diferentes critérios pode ser útil.

Porém, antes de adaptar diferentes critérios, é necessário saber como o cérebro *sabe* o que é importante. Como o cérebro codifica os critérios, de forma que, ao pensar em "aprendizagem" ou "divertimento", uma pessoa saiba automaticamente o quanto isso é importante, e seu comportamento reflita automaticamente esse pensamento? O primeiro passo para descobrir isso é a eliciação da *hierarquia de critérios*: uma variedade de critérios colocados em ordem de importância. O segundo, o exame das diferenças de submodalidades entre os critérios, e o terceiro é o uso da codificação dos critérios para adaptar um critério problemático. Como o grupo ainda não sabe de que forma se faz a eliciação de critérios, faremos uma demonstração. Mesmo que alguns de vocês já tenham presenciado essa cena, pedimos que prestem muita atenção, pois algumas pessoas fazem essa eliciação de forma diferente daquela que realizamos aqui.

Eliciação da hierarquia de critérios
Quem gostaria de determinar sua hierarquia de critérios?
Chris: Eu.
Obrigado, Chris. Gostaria que pensasse em algo trivial que poderia fazer, mas que não faria. Por exemplo: "Poderia ficar de pé em cima dessa cadeira, mas não o farei", ou "Poderia atirar um pedaço de giz para o outro lado da sala, mas não o farei". Pode pensar em algo desse tipo?
Chris: Dar carona a alguém.
Ótimo. Você poderia dar carona a alguém, mas não o faria. O que a leva a não querer dar carona a alguém?
Chris: Um homem que trabalhava para mim deu carona a um cara que lhe apontou um revólver e o fez dirigir por mais de 400 quilômetros. Não quero que isso aconteça comigo.
O seu critério nesse caso pode ser chamado de "segurança" ou "sobrevivência". Trata-se de um critério elevado demais para começar. Como estamos lidando com questões de vida ou morte, nos encontramos

provavelmente perto do topo da hierarquia de Chris. Para a nossa demonstração, gostaria de mudar de contexto e que você pensasse em algo *muito* mais trivial que poderia fazer, como, por exemplo, ficar de pé em cima da cadeira ou limpar o nariz em público, mas não o faria.

Chris: Poderia tomar café, mas não quero.

Será que isso também não está no ápice da sua hierarquia? Para algumas pessoas, beber café é como tomar arsênico, pois viola um critério que envolve a saúde, a qual está no topo da hierarquia para elas, e por causa disso preferem não beber. Em seu caso, o critério de tomar café está na escala inferior?

Chris: Posso pensar em algo que se encontra ainda mais baixo. Poderia lavar pratos, mas não o faria.

Isso me parece suficientemente baixo na escala. "Lavar pratos" é um comportamento específico. O próximo passo é identificar o critério legítimo que o leva a evitar lavar pratos. Chris, o que o impede de lavar pratos?

Chris: O fato de não haver quantidade suficiente.

Como ainda não temos um critério, vou colocar a pergunta de outra forma. Chris, o que está tentando fazer ao decidir não lavar pratos?

Chris: Deixo-os acumularem até que haja uma quantidade suficiente para lavá-los todos de uma só vez.

E qual o resultado de lavá-los todos de uma vez?

Chris: Economizo tempo.

A "economia de tempo" é um critério importante. Quero que observem que ele colocou seu critério de maneira positiva, isto é, o que estaria ganhando ou realizando, e não o que estaria evitando. O mesmo critério poderia ter sido colocado como "não perder tempo". É importante reunir todos os critérios de forma positiva, sem qualquer negação. Examinaremos as razões mais tarde.

Agora, o passo seguinte. Quero descobrir o que é mais importante para Chris do que perder tempo. Chris, o que faria com que você lavasse os pratos de qualquer jeito, mesmo que estivesse "perdendo tempo"?

Chris: Se alguém que não conheço viesse me visitar.

Mais uma vez, ele está nos dando como explicação uma situação, um acontecimento, uma circunstância: "Alguém que não conheço viesse me visitar". Para Chris, esse é o contexto extra que o leva a lavar os pratos. Agora, o que você está conseguindo ao lavar os pratos nessa situação? O que é importante para você, nesse caso?

Chris: A primeira impressão do visitante em relação a mim começaria numa base neutra.

Será que você quer dizer que "Eu daria uma certa impressão"? *(Chris franze a sobrancelha.)* De que maneira você diria, para expressar o que significa isso para você? Vocês podem notar que ele não ficou contente com a maneira como me expressei. Não é o que ele queria dizer.

Chris: Não quero dar impressão alguma, positiva ou negativa. Qualquer um que venha à minha casa terá de aceitá-la como ela é. No entanto, pratos sujos estão abaixo do meu critério de neutralidade, que é o de não ser arrumado nem desarrumado em excesso.
Então, vamos chamar esse critério de "partir de uma base neutra". *(Hum-hum.)* Ele é um pouco longo e prefiro usar uma ou duas palavras se possível, mas acho que como está tem significado para ele. Seu primeiro critério é "economizar tempo", o segundo "partir de uma base neutra". (Ver gráfico abaixo.)

Comportamento	Contexto	Critério
1. Não lavar pratos.	Não há pratos em excesso.	Economizar tempo.
2. Lavar pratos.	Desconhecido vem visitar.	Partir de base neutra.
3. Não lavar pratos.		

Agora, queremos descobrir um critério ainda mais elevado. A partir do mesmo contexto, vamos negar mais uma vez o comportamento. Observem que o contexto é *cumulativo:* há uns poucos pratos sujos na pia *e* um desconhecido vem visitá-lo. Podemos *acrescentar* novos pontos, mas não se pode modificar o que já foi especificado. Chris, mantendo esse contexto, o que o faria *não* lavar os pratos, mesmo que nesse caso não pudesse partir de uma impressão neutra?
Chris: Se eu estivesse cozinhando.
Nesse caso, o que estaria realizando ao deixar de lavar os pratos?
Chris: Se alguém viesse me visitar e eu estivesse preparando uma refeição, não iria lavar os pratos para deixar tudo limpo, porque prefiro servir a comida enquanto está quente.
Perfeito. E qual a importância de servir a comida enquanto está quente? Ainda não especificamos o critério.
Chris: Está ligada à arte da culinária — sou um bom cozinheiro.
Agora, temos um critério. Acho que para você a questão da "arte" em geral é mais importante do que dar uma impressão neutra às pessoas, o que, por sua vez, é mais importante que "economizar tempo".
Recapitulando, existem alguns pratos sujos na pia, alguém que não é um amigo íntimo vem visitá-lo *e* você está preparando uma refeição. Nesse contexto, o que o faria lavar os pratos, mesmo que isso significasse violar seu critério de "arte da culinária"?
Chris: Se fosse anti-higiênico deixá-los sujos.
"*Anti*-higiênico" é uma negação; portanto, quero que o troque por algo positivo, como "preservar a higiene", contanto que ache isso bom, Chris. *(Acho.)* Perfeito. O que o faria deixar os pratos sujos, mesmo que isso significasse violar o critério de higiene?

Chris: (longa pausa) Se houvesse um problema grave na vizinhança, como, por exemplo, se o apartamento do vizinho estivesse pegando fogo.

Estamos atingindo um critério mais importante. Tudo bem, o que você estaria fazendo ou a que objetivo estaria obedecendo ao enfrentar o problema grave da vizinhança?

Chris: Fazendo algo para conservar a vida.

Chegamos ao nível de "preservação da vida". Normalmente, isso se encontra bem alto na escala das pessoas.

Chris: Na verdade, "preservar a vida" é alto demais. Acho que tem mais a ver com "manter a segurança", a segurança de outras pessoas.

Muito bem. Você está "preservando a segurança" ao deixar de lavar os pratos para enfrentar um problema grave. Os riscos de se lavar ou não os pratos estão ficando bastante elevados! Chris, o que o faria lavar os pratos de qualquer jeito, mesmo que houvesse um problema grave e, mesmo que quisesse, não pudesse preservar a segurança de outras pessoas?

Chris: Se a gravidade da crise estivesse além da minha capacidade de ajuda.

É interessante observar que a reação de Chris não passou para um estágio mais alto; nesse caso, "preservar a segurança" tornou-se irrelevante ao modificar o contexto atual. Chris passou a perceber o problema como algo sobre o qual ele não tem influência. O que *mais* você poderia acrescentar ao contexto que temos até agora — uns poucos pratos sujos, a visita de uma pessoa estranha, a preparação de uma refeição e um problema grave — que o fizesse violar a "preservação da segurança"?

Chris: Acho que não lavaria os pratos se pudesse de alguma maneira ajudar a resolver o problema.

Isso já ficou claro. O que o faria *lavar* os pratos mesmo que pudesse ajudar a resolver o problema?

Chris: Se alguém mais competente do que eu aparecesse de repente para resolver o problema. Nesse caso, eu lavaria os pratos.

É interessante notar que Chris ainda não passou para um critério superior. Ele continua a fazer com que seu critério de "preservação de segurança" seja respeitado. Sabemos que está passando a um estágio superior quando ele pensa em algo *mais* importante pelo qual ele *sacrificaria* a questão da "preservação de segurança". Normalmente, peço à pessoa que pense em algo, antes de fazer qualquer sugestão, mas nesse caso estamos chegando perto do topo da hierarquia. A maioria das pessoas dá mais valor à sua *própria* vida do que à segurança das outras pessoas. Então, Chris, imagine que alguém lhe apontasse um revólver e dissesse: "Se você for resolver esse problema, estouro seus miolos!" Isso faria com que você lavasse os pratos?

Chris: Talvez.

Talvez?! *(risos.)* E se sua família fosse ameaçada se você não lavasse os pratos?
Chris: Não tenho família próxima e moro sozinho. E, mesmo que alguém me apontasse um revólver, não sei se ainda assim lavaria os pratos.
E se você recebesse um telefonema dizendo que, se você não lavasse os pratos, a cidade de Nova York iria pelos ares? Você os lavaria e deixaria o problema imediato de lado, senão a cidade de Nova York explodiria.
Chris: Nesse caso...
Não vou pressioná-lo mais porque já chegamos a um nível bastante alto. Pouco importa se chegamos ou não ao *alto* da hierarquia dele, mas estamos no ponto perfeito para o nosso propósito. Estou convencido disso, com base nas suas respostas. Para outras pessoas, este não seria o ápice. Para elas, a segurança das pessoas não é importante e só passam a se preocupar se a sua vida estiver em jogo! Muitas vezes, a vida de alguém pode nem ser importante, e sim os princípios, como "honra", "fazer a coisa certa" e a "moral". É por causa disso que o autosacrifício e a guerra tornam-se possíveis. Sem dúvida, Chris tem muitos outros critérios que podem se encaixar na lista que elaboramos agora. No entanto, para o nosso objetivo atual, não é necessário eliciar cada uma dos critérios em ordem, pois só são necessários três ou quatro para cada uma das etapas desse exercício: um de pouca importância, um de importância média e um muito importante. Após a eliciação, mostraremos como mudar um critério.

Exercício
Reúnam-se em grupos de três para eliciar uma hierarquia de critérios, como fiz com Chris. Certifiquem-se de começar com algo trivial. Perguntem ao parceiro sobre algo insignificante que ele poderia fazer, mas não o faria. Sua reação não-verbal dará uma idéia da importância do comportamento escolhido. É importante não impor ao comportamento da pessoa o critério do entrevistador. As hierarquias dos outros são às vezes muito diferentes das nossas, e é preciso descobri-las para a pessoa que está sendo *entrevistada*. A partir do momento em que ela tenha escolhido um comportamento trivial, passem a transpô-lo para eliciar sucessivamente seus critérios mais elevados.
O importante é estimular a pessoa a continuar a subir na hierarquia, descobrindo o que é primordial para que ela sacrifique o último critério eliciado. Perguntei a Chris: "O que o faria lavar os pratos de qualquer maneira, *mesmo que,* ao fazê-lo, você estivesse violando o critério que acabamos de eliciar?" Em seguida, Chris acrescentava outro elemento ao contexto. Eu continuava a fazer perguntas para descobrir o critério que se aplicava àquele novo contexto: "O que *ganharia* ao fazer isso?" Em seguida, passei a reverter a pergunta: "O que você ganharia se *não* lavasse os pratos, mesmo que estivesse violando seu último critério?"

O esquema da hierarquia de critérios de Chris revela como o contexto é *cumulativo*. A cada etapa, um novo contexto é *acrescentado*, mas nenhuma parte do que fora incluído antes é retirada. Essa é uma forma de descobrir o que seria importante o suficiente para que Chris decidisse violar o critério anterior.

Comportamento	Contexto	Critérios
(–) Pode lavar os pratos, mas não o faria	Poucos pratos sujos.	Economia de tempo
(+) Lavaria os pratos.	Poucos pratos sujos e visita de estranho.	Primeira impressão neutra.
(–) Não lavaria os pratos	Poucos pratos sujos e visita de estranho e preparação da refeição.	Arte (da culinária).
(+) Lavaria os pratos.	Poucos pratos sujos e visita de estranho e preparação da refeição e falta de higiene.	Preservação da higiene.
(–) Não lavaria os pratos.	Poucos pratos sujos e visita de estranho e preparação da refeição e falta de higiene e problema grave no edifício.	Preservação da segurança dos outros.

Homem: Não se poderia simplesmente passar para o critério seguinte perguntando: "Qual a coisa mais importante para você, depois disso?"

Claro, mas muita gente responderia:"Muita coisa!" Quando pedimos a alguém para pensar de forma tão abstrata, ele é obrigado a adivinhar, mas como não tem um contexto concreto, nem sempre vai acertar. Ao estabelecermos um contexto específico, as pessoas poderão identificar com mais facilidade os critérios que *realmente* influenciam seu comportamento, ao invés dos critérios que elas *acham* que o influenciariam. Um contexto específico aproveita os recursos inconscientes e evita a intelectualização.

Vocês devem certificar-se de que todos os critérios estejam colocados de forma *positiva*. Perguntem ao parceiro o objetivo de preservação ou atualização do critério que estão examinando, em vez de perguntar o que ele evita. Isso pode ser descoberto perguntando-se o resultado daquele comportamento específico para a pessoa. "O que torna esse critério importante?" "*Para* que você está fazendo isso?"

Às vezes, as pessoas dispõem seus critérios meio desordenadamente, pois estão pensando em algo que violam ou satisfaz apenas uma pequena parte do critério, ao contrário de uma grande parte dele, e isso pode afetar sua ordenação em relação aos outros critérios. Uns poucos pratos sujos não violam a "limpeza" da mesma forma que faria um motor de carro desmontado em plena sala de jantar. Contanto que tenham uma ordem correta de hierarquia, selecionem três critérios para serem usados na etapa seguinte. Escolham um critério insignificante, um médio e um importante, sempre observando a congruência verbal e não-verbal. No caso de Chris, escolhi "economia de tempo", "arte da culinária" e "preservação da segurança". Tenho certeza de que estão na ordem correta: portanto, posso utilizá-los.

Observem também como esses critérios estão representados para determinar as diferenças de submodalidade que os caracterizam. Se estivéssemos fazendo isso com Chris, eu lhe pediria para pensar no seu critério de "economia de tempo". De que forma ele representa o tempo? E no caso de "arte da culinária" e "preservação da segurança dos outros"? De que forma ela vê/ouve/sente o que pensa de cada um desses critérios? A partir daí, ele pode comparar as três representações entre si como foram comparados o passado, o presente e o futuro, quando estávamos tentando estabelecer a linha de tempo. Queremos que descubram as submodalidades usadas para colocar os três critérios em um *continuum*. Pode ser que existam diferenças digitais, mas não é isso que nos interessa agora. Devemos apenas detectar as submodalidades analógicas que variam de forma contínua. Talvez apareçam duas ou três submodalidades diferentes entre si, mas normalmente uma das submodalidades será mais poderosa que as outras.

Por enquanto, devem-se observar as submodalidades analógicas que são importantes para a codificação da importância relativa dos três critérios. Somente *depois* que o parceiro decidir o critério a ser modificado, serão testadas as submodalidades. É muito fácil modificar critérios, e não desejamos fazer isso fortuitamente.

Se algum grupo terminar antes dos outros, aproveite o tempo para examinar as diferenças de submodalidades existentes entre os mesmos critérios expressos de forma positiva e aqueles que o são de maneira negativa.

Homem: Quando diz expressos de forma positiva, você quer dizer "economizar tempo", em vez de "não perder tempo"?

Exatamente. As pessoas vão em direção a critérios expressos de forma positiva e se afastam daqueles manifestados de forma negativa. Talvez a pessoa fique confusa se ela tiver critérios que se encaixem em ambas as categorias. A codificação de submodalidades relacionadas a "ir em direção" e "afastar-se de" são interessantes, mas diferentes da forma que as pessoas classificam hierarquicamente seus critérios. Quando os efeitos de "ir em direção a" e "afastar-se de" são eliminados através da formulação idêntica de todos os critérios, há mais chances de descobrir *apenas* aquelas submodalidades que se relacionam à hierarquia.

Homem: Que pessoas são motivadas pela repulsão em vez da atração? O que acontece quando alguém se motiva evitando que coisas lhe aconteçam? Algumas pessoas acham mais fácil manifestar seus critérios de forma negativa. Aconselho a fazerem isso se for muito difícil reorientar a pessoa para a forma positiva.

Gostaria de ampliar a estrutura fazendo a seguinte pergunta: É melhor deixar uma pessoa continuar a ser motivada pela repulsão ou reorientá-la para atingir suas metas? Sempre que nos afastamos de algo, estamos indo *em direção* a outra coisa. Se toda a nossa atenção está voltada para aquilo que queremos evitar, não podemos observar aonde estamos indo. A expressão "sair da lama para cair no atoleiro" revela bem o que acontece quando não prestamos atenção aonde estamos indo. Focalizar a atenção no que se deseja atingir é muito mais criativo e útil do que mudar a hierarquia do que se quer evitar.

Existem coisas que devem ser evitadas. Às vezes, é oportuno usar a estratégia de "se preparar para o pior", e quem não o faz pode enfrentar graves problemas. Porém, em geral, em PNL as metas bem-formuladas são expressas de forma positiva, pois é mais fácil chegarmos aonde queremos se soubermos aonde estamos indo. Essa é a regra básica número 1 dos seminários de treinamentos em PNL. Somente *depois* de se ter formulado a meta em termos positivos é que se pode "preparar-se para o pior", a fim de atingir o objetivo desejado de maneira ecológica.

Algumas vezes, as pessoas têm dificuldade em distinguir se algo é um critério ou apenas faz parte de um contexto. Para tomar a melhor decisão, lembrem-se: critério é uma nominalização que pode ser usada em *diferentes* contextos. Um dos critérios a que se recorre para comprar um carro pode ser os assentos móveis. Trata-se de um conceito específico demais para se mapear o contexto, porém "conforto físico" ou "a aprovação dos outros" pode tanto ser aplicado à compra do carro como a uma grande variedade de outros contextos. O critério também deve ser expresso da maneira mais concisa possível. Em geral, bastam uma ou duas palavras. Conheci uma pessoa que tinha o critério de "se adaptar aos outros". Apesar de ser um conceito meio longo, pode ser aplicado a diversas situações e comportamentos. Já dei instruções demais. Agora, façam o exercício.

* * * * *

Discussão

Sejam bem-vindos! O que descobriram? Alguns com certeza começaram a observar conexões interessantes. Por exemplo, vários grupos observaram conexões entre a hierarquia de critérios e a linha do tempo.

Neville: É verdade. A linha de tempo de Tom e sua hierarquia de critérios eram exatamente as mesmas. As coisas menos importantes para ele estavam no mesmo local do passado na sua linha de tempo e quanto mais importante era algo, mais se encontrava no futuro. Seus critérios seguiam sua linha de tempo.

Certo. Mesmo sem conhecer o conteúdo, isso indica que ele é bastante voltado para o futuro. Sou parecido com Tom. Sou inclinado a ignorar o passado, de forma que minha hierarquia de critérios começa onde coloco o presente e continua direto para o futuro. É de se esperar que uma pessoa valorize o futuro se ela usa as mesmas submodalidades para codificar o futuro e os critérios mais valiosos, como Tom e eu fazemos.

Por outro lado, alguém que codifique o passado e os critérios mais valiosos com as mesmas submodalidades provavelmente vive de reminiscências e fala em voltar aos "velhos bons tempos". "Os tempos não são mais os mesmos". (*Risos*.)

Joe: Descobrimos que é difícil eliciar um critério para dinheiro, pois parece que ele já é uma medida de valor.

Sem dúvida, o dinheiro pode ser convertido em muitas coisas. Ao mesmo tempo, o dinheiro significa algo muito específico para as pessoas. Podemos perguntar: "O que você consegue com dinheiro? Qual a importância de ter dinheiro?" Para muitos, dinheiro significa "segurança", e esse é o valor que lhe dão. Para outros, significa "poder" ou "liberdade". Descobrindo a importância e utilidade do dinheiro, teremos o critério. Às vezes, a pessoa deseja o dinheiro por si próprio, esquecendo-se de que o dinheiro serve para se obter algo. Os avarentos são assim, economizam dinheiro sem jamais usá-lo. Outras vezes, o dinheiro passa a ser o critério básico da pessoa: "Desejo apenas ter dinheiro". Nesse caso, deve-se reorientá-lo para atingir suas metas.

Bill: Connirae, já que sua linha de tempo e seu sistema de valores se correlacionam, o critério associado com o presente na linha de tempo tem primazia sobre seus outros valores?

Não no meu caso. O meu comportamento atual é muito mais motivado pelo futuro e mais ainda pelo futuro a longo prazo do que pelo futuro imediato. Aceito as dificuldades que possam surgir no presente para atingir minhas metas a longo prazo.

Muitos observaram que existe uma ordenação de local para a hierarquia de critérios. Os critérios são localizados no espaço, de cima para baixo, de perto para longe, da esquerda para direita, etc. Muitas pessoas falam de seus critérios como sendo "altamente" valiosos, e dispomos nossas hierarquias dessa forma. Certos critérios são superiores; outros, inferiores. No entanto, algumas pessoas revertem essa colocação: o que se encontra embaixo é o mais importante. Elas se referem a seus valores como "fundamentais" ou "básicos".

Rita usou a proximidade. Alguns de seus valores estavam mais "à frente" do que outros, e ela se referia a eles como sendo valores "seguros". Uma outra pessoa classifica seus critérios por tamanho. Todos se encontravam no mesmo lugar, mas, quanto *maior* a imagem, mais valor possuía.

Carol: Acho que sou uma exceção. Minha linha de tempo parte da esquerda para a direita; porém, todos os meus critérios partem em uma linha direta à minha frente.

Eles estão no mesmo local ou se perdem a distância?

Carol: Estão no mesmo local.

Como você distingue o mais importante?

Carol: Meu critério menos importante é como uma folha de papel. O do meio é um filme colorido associado e o mais importante é auditivo — não vejo nenhuma imagem nesse caso.

Parece que esses três critérios não têm submodalidades em comum. Para que haja uma *hierarquia*, é necessário que as submodalidades estejam colocadas em uma espécie de *continuum*. Alguns têm apenas duas categorias digitais: uma coisa é *importante* ou *não*. As pessoas que pensam em termos de "preto no branco" ou "certo e errado" normalmente estruturam sua experiência em categorias do tipo ou isso/ou aquilo. Outras pessoas chegam a ter três ou mais categorias. Conheci uma mulher que tinha apenas três níveis de critério. Ela tomava decisões naturalmente, pois todos os critérios do mesmo nível tinham a mesma importância. Quando ela tinha de optar entre alternativas que satisfizessem dois critérios diferentes ao mesmo tempo, ela escolhia simplesmente ao acaso.

Talvez Carol tenha apenas três categorias digitais da importância de alguma coisa, mas acredito que ela não seja esse tipo de pessoa; portanto, tenho minhas dúvidas. Carol, gostaria que experimentasse o seguinte. Pegue os três critérios e certifique-se de que se encontram no mesmo sistema representacional. Para descobrir a submodalidade que varia ao longo do *continuum*, seus critérios devem estar representados no mesmo sistema. Não é possível ter um *continuum* se os critérios passam de auditivo a visual, por exemplo. Pode haver um modo de ordenar os critérios de forma auditiva e outro de forma visual, mas gostaria que não misturasse os dois sistemas nesse exercício.

Bob: Começamos a descobrir as submodalidades visuais de cada critério e tudo ficou meio confuso. Não conseguimos descobrir nada; então decidimos abandonar tudo e passar ao sistema auditivo. Usamos também linguagem hipnótica, do tipo "Sinta essa experiência". Nosso parceiro sentiu diferenças auditivas, que nos demonstrou através da voz e do ritmo. Mas ele tinha também um *continuum* definido, e seus olhos ficavam vagos e se moviam de cima a baixo, sempre que não estavam se concentrando nas imagens.

Bem observado. Então vocês se viram com uma bela hierarquia, mesmo que ele não estivesse consciente disso. Por isso, é importante sempre manter os olhos abertos e ouvidos atentos.

Tom: Achamos interessante a congruência entre a localização dos critérios e a linguagem verbal e corporal usada para descrevê-los. É verdade. Essa informação pode ser usada de duas formas poderosas: identificar de maneira dissimulada como a pessoa ordena seus critérios e usar a linguagem corporal para ajudar a pessoa a ajudar seus critérios, como veremos a seguir.

Seleção de um critério que vale a pena mudar
Agora que todos identificaram que submodalidades ajudam o cérebro a reconhecer os critérios mais ou menos importantes, o próximo passo consistirá no uso dessa informação para ajustar o critério deslocado.
Vou lhes dar alguns exemplos de coisas válidas feitas com esse padrão. Um psicólogo efetuou uma mudança importante no relacionamento com sua esposa. Ele ficava corrigindo-a o tempo todo. Se ela dissesse: "Bem, quando fomos ao cinema, na última quarta-feira...", ele corrigia: "Foi na quinta..." Sempre que fazia isso, ele percebia que estava sendo chato e irritando a esposa sem necessidade, mas as palavras pareciam saltar de sua boca! Apesar de reconhecer o mal que estava causando, não conseguia se modificar. Grande coisa, a percepção consciente!
Ao examinar seus critérios, ele descobriu que estava reagindo a seu critério altamente valorizado de "correção". Queria que a esposa estivesse certa. É claro que corrigindo-a o tempo todo ele só fazia com que esta estivesse *errada*, mas normalmente essas coisas funcionam assim! Sua representação de querer que ela estivesse certa era uma imagem de um dedo apontado, que ele tornou menos importante virando-o para baixo. Quando a imagem foi abaixada, ela espontaneamente clareou e se transformou em uma imagem de figuras que dançavam. Sua postura física ficou mais suave, e seus olhos se encheram de lágrimas. A representação do critério mudou de forma espontânea para um contexto totalmente diverso. E ele ficou surpreso com a sensação diferente que experimentava em relação à esposa quando pensava nela cometendo um erro.
Fiz uma série de mudanças de critério em mim mesma. Por exemplo, certa vez tinha de ir a Boston para dirigir um seminário e senti os primeiros sintomas de um resfriado ou gripe. Sabia que estava ficando doente e também que não podia ficar doente naquela hora. Tentei fazer uma remodelagem. Fui para dentro de mim e tentei prometer ao meu corpo: "Tudo bem, vou descansar assim que voltar — só preciso desses quatro dias para o seminário. Deixe-me em paz e depois prometo descansar". (*Risos*.) Esse tipo de abordagem já havia funcionado antes, mas sabia que agora era outro contexto, pois meu corpo não estava reagindo.
Ao procurar a objeção — o que me impedia de ficar boa —, o que surgiu foi a importância do meu relacionamento com Steve. Tínhamos muitas coisas para fazer. Era importante que ele as fizesse, e eu deseja-

va executar minha parte. *Eu* achava que ele queria que eu fizesse tudo sem parar para descansar. Na realidade, ele com certeza teria dito para eu ir com mais calma e cuidar da minha saúde. No entanto, inconscientemente eu pensava que meu relacionamento com Steve era mais importante do que minha saúde física; portanto, minha promessa de descansar se meu corpo ficasse bom para o seminário em Boston entrava em conflito com o meu desejo de trabalhar ainda mais para concluir a tarefa assim que voltasse de viagem. Com essa informação, fui para dentro de mim e modifiquei o nível de importância da minha saúde física, tornando-a *mais* importante do que meu relacionamento com Steve. Logo senti uma reação física diferente e percebi imediatamente que iria ficar boa.

Homem: Essa mudança de critério foi temporária, apenas até o final do seminário?

Não, ela foi permanente. Achei que minha saúde física devesse sempre ser mais importante. Estando bem de saúde, o meu relacionamento com Steve ficaria melhor a longo prazo. É impossível ter um relacionamento com alguém quando se está doente, ou trabalhando tanto até morrer de exaustão, antes do tempo. Portanto, temos aí outro exemplo da utilidade da mudança de critério.

Agora, vamos examinar a seguinte situação. Para um dos participantes do seminário, "estar com a razão" era um critério altamente valorizado que lhe causava problemas. Ele estava sempre tentando mostrar sua esperteza e seu acerto a respeito de tudo. Ao mesmo tempo, sabia que isso lhe causava problemas, e decidiu ajustar a importância de "estar com a razão", tornando-o menos importante.

Para modificar critérios, podemos ajustar *um* dos critérios, ou tornar um deles menos importante ao mesmo tempo que tornamos o outro mais importante. Isso é fundamental sobretudo quando a pessoa percebe o outro critério como sendo um oposto complementar. Por exemplo, muitas pessoas acham que "agradar aos outros" está em equilíbrio com "agradar a mim mesmo". Como eliminar algo não é muito ecológico, o que poderíamos tornar mais importante quando tornamos "estar com a razão" menos importante para alguém?

Homem: "Ser útil".

Talvez. Pode-se pedir à pessoa que reflita sobre a importância de "estar com a razão" e criar uma representação dessa idéia. Em seguida, pedir-lhe que abaixe ou afaste a representação, ou torne-a menor, ou o que quer que seja que a torne menos importante, ao mesmo tempo que eleva a representação de "ser útil". Isso funciona em alguns casos. Que outra coisa poderia funcionar?

Homem: "Estar com a razão" parece que precisa de aprovação externa para seu comportamento. E se ele fizesse uma mudança de forma a saber internamente que estava com a razão, mesmo que os outros não lhe dissessem nada?

Acho que você está no caminho certo. Um dos perigos dessa abordagem é que poderia terminar "sabendo" que estava com a razão e não ficar receptivo a informações externas, quando estivesse sem razão.

Mulher: E se a idéia de "estar com a razão" fosse substituída por "um relacionamento equilibrado com os outros?"

Assim, em vez de precisar controlar uma situação estando com a razão, seria mais importante cooperar com os outros — ter relacionamentos simétricos.

Homem: E se "estar com a razão" fosse substituído por "ser amado"?

É possível, apesar de "ser amado" exigir a necessidade de ter confirmações de outras pessoas. Assim, o cliente ficaria numa posição bem vulnerável. O que mais poderia ser feito? O que vocês estão fazendo intuitivamente é pensar em uma *meta* diferente, que poderia ser útil para ele. Uma maneira de descobrir isso seria perguntar ao cliente: "Que resultado você consegue quando está com a razão?" Isso fornecerá um critério a ser colocado no lugar de estar com a razão. Ou pode-se perguntar a *ele* o que deseja que seja mais importante para ele.

Mulher: E que tal substituir "estar com a razão" por "ser apropriado"?

Sim, ou talvez "obter reações por parte dos outros" ou "ter impacto de maneira elegante". Ele poderia também diminuir a importância de precisar *provar* que está com a razão. Quando alguém passa o seu tempo *provando* que está com a razão, fica menos capaz de ter razão, já que fica tão ocupado perdendo tempo em prová-lo.

Homem: "Estar com a razão" parece um estado de espírito, enquanto "provar que está com a razão" lembra um processo. Que tal substituir por um processo diferente?

Em vez de provar que está com a razão, ele poderia concentrar-se na importância de aprender — e até mesmo aprender com prazer. Às vezes, podem-se acrescentar critérios como "prazer", "divertimento" e "empolgação" ao critério principal que está sendo ajustado.

Existem *inúmeras* coisas que poderiam substituir a questão do "estar com a razão". Quando ajudamos outras pessoas a ajustarem seus critérios é importante ficar atento para não impor o que *nós* achamos ser essencial. Às vezes, uma pessoa chega com uma meta e pensamos: "Nossa, isso não tem o mínimo valor!" Quando isso acontece, é bom lembrar que a mudança de critério tem como objetivo ajudar as pessoas a ajustarem *seus* próprios critérios para conseguir o que *elas* desejam. E isso pode ser muito diferente do que aquilo que nós desejamos. Contanto que a mudança não seja contrária ao nosso senso ético e congruente com outras metas e critérios que a pessoa possa ter, devemos ajudá-la a realizá-la.

Quando trabalho com alguém, não tenho a pretensão de indicar o que ela deve colocar no lugar do critério que será substituído. Faço sugestões e comentários para ajudar a descobrir o que é mais ecológico, e examinamos as questões de ecologia. Por exemplo, se a pessoa escolhe "ser amada", eu digo: "Você quer ficar completamente à mercê do comportamento de outras pessoas?" Então ela talvez se decida a examinar outro ponto. Não existe uma resposta pronta, pois ela será determinada pela pessoa desejosa de mudança. Se levantarmos uma série de responsabilidades, podemos observar a melhor reação do indivíduo a uma delas. Os elementos examinados aqui mostram diferentes maneiras de ajudar o cliente a fazer uma mudança apropriada.

Demonstração de mudança de critérios

(Esta é a transcrição de um seminário realizado por Connirae em Dallas, no Texas, em janeiro de 1986. Ela está disponível também em videoteipe: [ver apêndice 1]. Fez-se uma rápida edição de texto para facilitar a leitura.)

Gostariam que eu demonstrasse rapidamente como se faz uma mudança? Queria que alguém que já tenha classificado a hierarquia e queira tornar algo mais ou menos importante viesse até aqui. Enquanto vocês decidem, quero que pensem em todas as informações pessoais de que dispõem e no que outras pessoas lhes disseram. Existe alguma coisa dita por outras pessoas que gostariam de tornar mais ou menos importante? Isso não significa que *precisem* fazer isso, mas deve ser usado como fonte de informação. Reflitam nisso e decidam por *vocês mesmos* se é ou não uma boa idéia.

David (rapidamente): Vamos então?

Esse homem toma decisões rapidamente! Qual é a sua hierarquia? Como você a classifica do ponto de vista das submodalidades?

David: Do ponto de vista das submodalidades, tenho "divertimento" (*gesticulando com a mão esquerda para diante, ligeiramente à esquerda*). Depois tenho "sucesso pessoal" (*gesticulando cerca de 30 centímetros para a frente*) e por fim "família" (*gesticulando com ambas as mãos, próximo ao tronco*). É tudo.

Qual é a mais importante?

David: A família.

Foi o que pensei. Ele tem critérios bem "seguros". Sempre falo em critérios "altamente valiosos" porque é uma maneira normal de falar de critérios. Algumas pessoas têm valores bem "seguros" e outras, valores "básicos". Muito bem, os critérios dele estão em uma linha ligeiramente à esquerda, com o primeiro a distância e os mais importantes, mais próximos. Você tem algo que gostaria de tornar mais ou menos importante?

David: Tenho.

Você quer nos contar? Não é obrigado a fazê-lo e não fará diferença alguma.

David: Bem, é meio complicado. Quando você estava falando há pouco, lembrei-me de algo que vem me perturbando. Trabalho demais, a ponto de ficar exausto e deixar de cuidar das minhas necessidades pessoais. Preciso *aumentar* a importância delas (*gesticulando com ambas as mãos*).

"Cuidar das minhas necessidades pessoais." (Isso mesmo.) Antes de mais nada, é preciso ter uma idéia de onde a pessoa queira colocar esse critério, senão ele vai se tornar mais importante do que a própria vida, até que a pessoa se dê conta. "Calma, é tão importante assim!" Você quer que ele se torne tão importante quanto ou mais importante do que o quê?

David: Mais importante do que me matar de tanto trabalhar.

Boa escolha. (Risos.) Não tenho nada contra.

David: Não consigo dizer "não" quando se trata de trabalhar. Posso estar morto de cansaço, mesmo assim continuo trabalhando.

Vamos fazer uma verificação ecológica. À primeira vista, me parece que está tudo bem. Mas quero ter certeza de que a maneira como *ele* interpreta o seu desejo será positiva para ele. Bom, se você imaginar que o cuidado com suas necessidades é mais importante do que o trabalho e o sucesso pessoal, como isso mudaria sua vida? Veja bem. Há algum tipo de problema com sua nova escolha?...

David: Tudo vai ser muito *diferente*. É como se houvesse um lado meu que dissesse: "O que vai *acontecer?*"

"Fico imaginando." É verdade, você ainda não sabe e isso pode significar que mais tarde, após termos feito essa mudança, você queira fazer pequenas adaptações, o que poderá ser realizado sem problemas. Sempre se pode voltar atrás e fazer uma adaptação, acrescentar, tirar ou mudar algo de lugar.

David: Bem, o que me vem à cabeça é a quetão da eficiência. Se eu cuidar mais de mim, serei mais eficiente no trabalho.

Tem razão. Então, não existe conflito, na realidade. (É verdade.) Quando você pensa em cuidar das suas necessidades pessoais, onde se localiza a imagem?

David: Ali. (*Ele aponta para frente e para cima, com a mão direita.*) Lá longe. (*Ambas as mãos*)

Lá longe. É uma indicação. Acha que está alinhado ou não com seus outros critérios?

David: Está mais para o centro e para cima e...

Perguntei se está alinhado...

David: ... está mais ou menos onde se encontra Allen. (*Allen está sentado no fundo da sala*), porém para cima, perto do teto.

Agora entendo por que você quer tratar dessa questão! (*Allen levanta as mãos.*)

David: Obrigado! (*Ele faz um sinal para Allen que está tudo bem.*)

Allen, você pode se deslocar quando eu lhe fizer um sinal? (Brincando.)

David: Levante as mãos e traga-o para mim. (*Risos*)
Tudo bem. Onde está localizada a "reação ao trabalho"?
David: Mais ou menos aqui. (*Aponta para a frente e para baixo, ligeiramente à direita.*) A que distância?
David: Daquele lado do aparelho de tevê. Exatamente ali. Ali, perto da televisão. Vamos fazer um pequeno teste. Esses dois critérios estão em lugares diferentes dos três anteriores. Não é uma linha reta. Quero fazer um teste para saber se o movimento para cima ou para baixo faz alguma diferença. Vamos começar com o critério de trabalho. (Tudo bem.) Se você o movimenta ligeiramente para cima — depois o colocamos no antigo lugar —, portanto, se o movimenta para cima (*David sacode a cabeça*) temporariamente, fica mais ou menos importante?
David: (*Sua mão se movimenta para a esquerda e a direita, em direção do critério de trabalho.*) Há um grande... está indo... (*Ele ri e faz um gesto para fora e para longe com a mão direita*) está se afastando e subindo. (*Gesticula em direção ao critério de "cuidar das necessidades pessoais".*) Fica mais ou menos ali.
Ah! Então está na mesma trajetória daquele outro critério. Ponha-o de volta ao antigo lugar. (Tudo bem.) Agora, quero que pegue o critério de necessidades pessoais. (*Allen levanta as mãos e David ri e aponta para ele.*) Este é o sinal, Allen!... E agora quero que traga esse critério mais para perto. Essa técnica deve ser feita lentamente — não a faça rápido —, para que possa observar o impacto que sente enquanto descoloca o critério. Assim, você pode fazer uma verificação ecológica. Normalmente, as pessoas sentem quando o critério está no lugar correto. Você também tem um alvo final. Sabe que gostaria que ele fosse mais importante do que o trabalho. Assim, deixe que a imagem se movimente gradativamente, e observe o impacto que sente, à medida que ele se torna mais importante, sentindo quando ele chegar ao lugar correto... (*David emite um som que expressa dúvida.*) Ah, ah. (*Ele movimenta a sua mão esquerda demonstrando que está em dúvida.*)
Movimente-o para a frente e para trás se não estiver se sentindo seguro. Experimente.
David: Se eu colocar mais para longe, fica melhor.
Ótimo. Uma das coisas interessantes que acontecem quando se chega ao ponto certo é que o critério parece se encaixar (*David balança a cabeça, em assentimento, e faz um gesto com ambas as mãos para dizer "sem dúvida"*), sobretudo quando dizemos às pessoas que vai ser assim. (Risos.) (*As mãos de David se movimentam como se estivessem colocando algo no lugar.*) Parece realmente que se encaixa... no lugar certo. É a técnica do "encaixe". Diga-me se já chegou ao lugar certo.
David: Mais ou menos. ("Mais ou menos?") Bom, não estou muito acostumado (*movimenta seu corpo para trás*) com ele tão perto. É

como se... Bem... (*Adota uma posição "pensativa".*) Estou notando outras coisas também.
Você está notando coisas que deseje modificar? Talvez possa enxergar melhor se colocá-lo aqui. Talvez você não conseguisse distinguir o que estava na imagem quando se encontrava mais distante.
David: É o que estou observando agora.
Talvez você deseje modificar um pouco o conteúdo agora que está mais próximo e consegue ver melhor...
David: Humm... É muito complicado.
É bom ou...?
David: Surpreendente.
Complicado em que sentido?
David: Quando eu estava pensando nas "necessidades pessoais", pensava em doença física, e, no entanto, parece que é uma ínfima parte apenas. (*Faz um círculo com o polegar e indicador esquerdos.*) Sabe, é... (*Sua mão esquerda esboça um grande círculo ao redor do gesto anterior.*)
Uma parte do seu cérebro colocou um monte de coisas lá...
David: É porque o conteúdo, por exemplo, da saúde física (*esta é uma das partes*) está em baixo deste... (*Os dedos indicadores formam um retângulo no centro do círculo.*)
Quero que verifique as outras partes que você não percebeu que estavam presentes, para saber se está satisfeito por elas ocuparem esse lugar de importância.
David: Elas começaram a se misturar, quando você disse.
Pode haver partes dessa imagem que você deseje levar para longe e outras que você queira trazer para mais perto.
David: (*Concordando.*) É verdade. Agora está mais claro.
Olhando para esse novo arranjo você acha que vai funcionar para você? Ou serão ainda necessários outros ajustes?
David: Sinto que há algo que não está correto... está perto, mas não totalmente correto.
Espere um pouco até que elas comecem a ter sentido para você. Para que você tenha uma idéia geral de conjunto.
David: (*Ri.*) Oi, Allen! Você ainda não está exatamente no lugar, mas... Vou usar seu ombro direito como ângulo...
Enquanto você faz isso, vou explicar ao grupo algumas coisas que você já sabe... Gostaria de comentar que, se incluírmos padrões de linguagem hipnótica ao fazermos esse tipo de processo, ele se torna mais fácil. Podemos dizer, por exemplo: "Você pode *permitir* que a imagem chegue mais perto e *observar* quando ela encontra o lugar certo" (*David concorda*), de forma que estamos pressupondo certas coisas que não desejamos colocar em questão, que tornariam todo o processo mais difícil para a pessoa. Agindo dessa forma, é muito mais fácil do que dizer: "Você já achou o lugar certo?", porque a pessoa pode começar a se perguntar...

David: À medida que fui deixando que as coisas entrassem nos eixos, a tela aumentou (*ele esboça um grande retângulo com as mãos, à sua frente.*), transformando-se em um grande retângulo, dividido em segmentos. (*Faz movimentos verticais da esquerda para a direita*)... É como se... (*Sua mão direita se desloca da esquerda para a direita, à sua frente, enquanto assovia baixinho.*) Então, espalhou-se.

David: Ficou mais nítido.

Você achou...

David: Depois que eu deixei que... (*abrindo os braços*) Ele se expandisse. (*É*) Tem sentido, pois assim você pode ver bem que está ali.

David: (*Concorda com a cabeça.*) Estou sentindo um monte de sensações estranhas (*suas mãos movimentam-se em círculos próximo ao estômago.*), meio incríveis! (*Sua cabeça e tronco movem-se para trás*).

Agora vamos examinar essas "sensações estranhas", estranhas no sentido de "Isso é novo para mim. Nunca senti isso antes". *(David concorda com um movimento da cabeça.)* Mas se elas forem uma sensação do tipo "algo está errado", talvez seja necessário que você faça algumas modificações. David está respondendo congruentemente que a sensação corresponde a "Elas são novas para mim". Chegamos ao fim da mudança.

Agora, vou testar. Essa mudança em especial traz mais dificuldade do que a média. Se for possível criar algo comportamental, convém que o teste seja feito nesses moldes. Por exemplo, uma pessoa diminuiu a importância da opinião de outras pessoas e aumentou a importância de fazer o que achava certo. Logo a seguir, alguém do seu grupo lhe disse: "Faça isso com suas submodalidades", e sua reação imediata foi: "Não acho que essa seja a coisa certa a ser feita. Preciso fazer outra coisa". Não foi um ato proposital, mas todos acharam que foi um ótimo teste. Portanto, essa é uma das boas maneiras de fazer um teste. Não podemos executar isso com a mudança que acabamos de fazer, mas temos condições de fazer o teste na nossa imaginação. Imagine que você esteja num contexto em que a mudança faça uma diferença. *(David fecha os olhos.)* Trata-se do teste mais comum. A pessoa deve escolher um contexto em que a nova configuração faça uma diferença...

David: *(Ele assente e sorri, desembaraçado.)* Entendi.

O que você acha? Para mim, parece razoável.

David: Disse "não" com muita facilidade. Era um daqueles telefonemas em que a pessoa diz: "Preciso de você agora", e após um rápido raciocínio eu respondi: "Acho melhor você procurar outra pessoa". (*Ele estala os dedos.*)

Parabéns! Esse é o tipo de mudança automática que pode ser feita quando os critérios das pessoas estão num alinhamento diferente. Não é necessário *forçar-se* a agir de forma diferente, pois a pessoa está sendo ela mesma. Vamos tentar num outro contexto; quero ser muito minuciosa com esse teste. *(David fecha os olhos. "Outro contexto agora.")* Outro contexto no qual sua reação será diferente a partir dessa nova configuração... (Tudo bem.) Como foi esse?

David: Surpreendente. *(Risos)* Surpreendente e delicioso, ou...?

David: Surpreendente e delicioso. Escolhi uma opção em que alguém me deu a oportunidade de fazer algo só para mim. Antigamente, eu recusaria, dizendo: "Não tenho tempo". Comecei a reagir como antes e me ouvi dizendo: "O que estou fazendo?" *(Olha à sua volta.)* "Isso não é normal." Achei interessante.

Perfeito. Agora, se puder pensar em um terceiro contexto... O número 3 é considerado mágico em PNL...

David: (Inclina a cabeça para cima e para a direita.) Nossa, essa eu não via há muito tempo. (Risos.) Não tiro férias há sete anos.

Você é pior do que nós!...

Essa ficou muito clara. Acabei de marcar minhas férias na agenda.

Acho que está perfeito, e três contextos satisfazem meus critérios de um bom teste. Muito obrigada.

David: Eu é que agradeço.

Uma das coisas que exigem muito cuidado nesse caso específico é que ele não seja drástico demais, como, por exemplo: "Agora tiro férias trezentos dias por ano e trabalho 65". *(Risos.)* Não notei nenhum indício que me indicasse essa decisão. Ele disse: "Estou marcando minhas férias, pois não faço isso há sete anos". É diferente de dizer: "Vou tirar cinco anos de férias". Nesse caso, começaria a me perguntar: "O que foi que eu fiz?" Assim, convém testar os limites quando se faz uma mudança com alguém, para verificar se não fomos longe demais. Se ele parar de trabalhar e de ganhar dinheiro, terá dificuldades para tirar as suas férias.

Exercício de mudança de critérios

Gostaria de rever rapidamente as etapas de mudanças de critério, e depois que vocês as experimentassem.

1. Em primeiro lugar, com os códigos de submodalidades que já eliciaram, identifiquem como essas submodalidades criam um *continuum*. No caso de David, a submodalidade mais importante era a distância. Quanto mais importante o critério, mais próximo ele se encontrava.

2. Ajudem sua parceira a identificar o critério que ela deseja tornar mais ou menos importante e observar o lugar desse critério na sua hierarquia de critérios. Não se esqueçam de verificar a ecologia.

3. Após terem identificado o critério a ser modificado pela sua parceira, especifiquem onde ela deseja que ele acabe. Ela quer torná-lo *mais* importante, *tão* importante ou *menos* importante do que outro critério

qualquer? Descubram em que parte da hierarquia se encontra o segundo critério.

4. Em seguida, lentamente, modifiquem o critério da maneira adequada (proximidade, tamanho, brilho, cor, etc.). Ajustem as submodalidades de forma que o critério seja codificado segundo a importância que a pessoa dedica a ele. Por exemplo, se estar no alto significa que algo se torna mais importante, e sua parceira quer tornar algo mais importante, providencie para que ela pegue a representação daquele critério e suba-o lentamente, até que se encaixe no lugar correto. Se a parceira classifica por tamanho, ela pode deixar que a imagem aumente lentamente, até que atinja a dimensão que corresponda à sua importância. Se ela estiver classificando pelo volume auditivo, deixe que o som aumente, até chegar ao nível desejado.

Mesmo que a pessoa não tenha identificado aquilo que deseja ser mais ou menos importante do que o critério, ao lhe pedirmos para colocá-lo no "lugar certo", ela descobrirá intuitivamente o lugar. Algumas pessoas disseram que, se movimentassem o critério rápido demais, percebiam imediatamente quando haviam passado o lugar correto e o recolocavam no lugar onde se sentiam mais à vontade. As pessoas pressentem quando o critério está fora do lugar, e essa sensação normalmente indica uma preocupação ecológica.

Lembrem-se de que a mudança deve ser feita lentamente. Podem-se usar gestos para ajudar o cliente, mas nunca mais rápido do que ele. Se o cliente estiver levantando um critério, não façam nenhum movimento para torná-lo a coisa mais importante do mundo. Se fizerem algum movimento muito rápido, o critério de "arrumar a casa" pode se tornar mais importante do que "viver"! *(Risos.)* Isso não seria ecológico!

Ao pedirmos a alguém para "trazer mais para perto o critério", isso será feito *em relação a outros elementos da sua hierarquia de critérios*. É por isso que a coisa funciona. Às vezes, acrescento às minhas instruções preliminares: "Muito bem, agora você pode sentir que todos os seus outros critérios também estão presentes e fazem parte daquele *continuum*". Vocês entenderão melhor o seu funcionamento durante o exercício.

Teste

Existem várias maneiras de testar o trabalho. A primeira delas consiste em fazer uma pausa e se dedicar a outra atividade. Algum tempo depois, peça ao cliente para pensar no critério que ele modificou. De que forma ele o sente agora? Está no lugar em que ele acha ser correto? Está suficientemente alto, perto, ou qualquer coisa da modificação desejada?

A segunda maneira é muito importante, pois funciona também como uma ponte-para-o-futuro. Peça ao cliente para pensar numa situação onde o novo critério seja importante, coloque-o naquele contexto e descubra seu tipo de experiência. É realmente isso o que ele queria? Foi o tipo de teste que realizam com David. Qualquer que seja o teste, deve-se esperar uma confirmação não-verbal de que a intervenção tenha funcionado. Se surgirem dúvidas, ou se vocês quiserem ser mais escrupulosos, façam o teste em diferentes contextos.

A terceira é estabelecer um teste comportamental. Criem uma situação em que a mudança de critério deva ser notada e observem a conseqüência.

Agora, façam o exercício. Depois, a gente discute.

Resumo do exercício
1. Identificar a submodalidade mais importante que cria um *continuum* para a hierarquia de critérios.
2. Identificar o critério a ser ajustado e o local onde se encontra atualmente no *continuum*.
3. Determinar um lugar-alvo geral no *continuum*.
4. Ajustar lentamente o critério na direção do lugar-alvo, até o cliente sentir ser o lugar correto.

Discussão
Parabéns! Observei que *muitos* de vocês estavam obtendo bons resultados. Vamos ouvir alguns depoimentos. (*Risos*) David me disse que sua mente ainda estava fazendo outras mudanças e ajustes para alinhar a modificação que fizemos de modo mais consciente.

David: Continuo fazendo teste. Tudo está mudando de lugar. E a modificação persiste congruente com minha linha de tempo, em ambas as direções. Tenho um cinturão de tempo que vai em direção ao passado (*faz um gesto para a esquerda*) e ao futuro (*outro gesto para a direita*). Em seguida, meu dia vai de cima para baixo, e tudo está se ajustando ao longo do *continuum*.

Ótimo. É bom estar consciente dessas mudanças contínuas. Ao fazer esse tipo de mudança, em si próprio ou em outra pessoa, convém dar um tempo para futuros ajustes — não se deve passar imediatamente para outra atividade que seja incongruente com o que foi feito — ou deixar que o inconsciente cuide dessa parte, como faz David. Certifiquem-se de que a mente consciente esteja disponível e alerta para o que venha a fazer a seguir.

Leah: Depois que especificamos o *continuum* de todos os membros do nosso grupo, cada um de nós decidiu o critério a ser mudado, e sua direção. Em seguida, demos instruções ao nosso inconsciente para fazer os ajustes adequados. Testamos, e os resultados foram positivos.

É uma boa adaptação.

Ben: O meu critério menos importante estava muito próximo, enquanto o mais importante estava bem longe! Eu reagia ao que estava próximo e deixava de reagir ao que realmente era importante, pois estava longe demais! Quando percebi, disse a mim mesmo: "Que loucura!", e troquei tudo de lugar.

E isso realmente mudou seu estado de espírito. Eu assisti ao trabalho do grupo de Ben. Vocês perceberam o que ele fez? Em vez de simplesmente mudar a posição do critério dentro da linha de critérios, ele virou a linha inteira de trás para a frente, para ficar em harmonia com o que ele deseja que seu cérebro reconheça como importante. O importante está próximo e os critérios triviais, mais afastados. Isso é ótimo!

Ben: Acho que entendi por que a linha de critérios estava ao contrário. Há muito tempo tive uma experiência desagradável, que me fez virar meus critérios de trás para a frente.

Quando Ben me contou isso, pedi-lhe que fizesse uma checagem ecológica antes de modificar seus critérios. Minha intenção era verificar se havia algo na antiga organização que *tinha criado* a experiência desagradável, pois nesse caso não seria ecológico colocar seus critérios no antigo lugar.

Ben: E não era esse o caso. Os critérios estão bem colocados no seu novo lugar.

Vou lhes dar um exemplo interessante. Chris diminuiu a importância de "ter de estar com razão", e sem nenhum planejamento prévio o critério de "senso de humor" surgiu para tomar seu lugar. Achei isso muito interessante. É bom ter senso de humor, e muita gente poderia fazer mudanças úteis aumentando sua importância na vida.

Fred: Eu estava modificando a importância do critério de "flexibilidade". Quando estava tornando-o mais importante, a "flexibilidade" começou a se infiltrar em todo o sistema, do começo ao fim da hierarquia. Passei a ter flexibilidade em *todos* os lugares.

Você colocou a flexibilidade em muitos critérios diferentes. Muito bem! Isso é semelhante ao que o grupo daqui fez com "divertimento". É uma variação interessante: mudar não apenas um critério, mas deixá-lo fluir em toda a hierarquia.

David: Em nosso grupo, usamos a correlação entre os critérios e a linha de tempo. Se Tim quisesse tornar uma coisa mais importante, ele a colocava mais para o futuro e automaticamente ela se punha no lugar correto. Quando ele queria tornar algo menos importante, jogava-o no passado.

Bill: Quando eu fiz isso, tornei o fato de comer cenouras mais importante e recebi uma ordem de "dever". Senti que "devia" comer cenoura, e apesar de ser muito importante não gostei.

Comer cenoura não é um critério e sim um *comportamento*. O que você acha importante no fato de comer cenouras? Tem algo a ver com saúde ou aptidão física? (*Tem*.) Nesse caso, talvez seja melhor tornar a saúde mais importante. Esse é o critério. Se tentar agir dessa maneira, acho que não receberá uma ordem de "dever" de volta.

Observei que várias pessoas do grupo estavam tentando aumentar a importância de um comportamento específico, em vez de identificar o critério geral que o comportamento satisfaz, e tornando o *critério* mais importante. Um comportamento é algo específico e contextualizado, como, por exemplo, comer cenoura, ou desempenhar uma tarefa qualquer. O valor da identificação e mudança de um critério é que haverá uma mudança que afetará a pessoa em diversos contextos, e ela terá mais liberdade para escolher comportamentos específicos que satisfaçam o critério.

É interessante pensar no nível de generalização com que se deseja trabalhar. Se queremos mudar um comportamento específico, é relativamente fácil preservar a ecologia. Porém, critérios ficam em um nível mais alto de generalização. Como eles permeiam vários contextos, fazer uma mudança em nível de critérios terá um impacto maior. Em virtude disso, convém ter muito cuidado para checar a ecologia de uma mudança de critério.

Pode-se também fazer uma ponte-para-o-futuro da mudança de critérios em alguns contextos *específicos*. Se eu quiser modificar um critério apenas durante o trabalho com meus clientes, por exemplo, posso me imaginar naquela situação específica e fazer a mudança de critérios usando como fundo aquele contexto. E para me certificar de que a mudança de critério não se generalizou a outras situações, posso me ver em outro contexto e examinar meus critérios, para verificar que estão na ordem desejada. Um novo critério é generalizado como qualquer outra mudança: imagine-se aplicando o novo critério em todos os contextos onde ele seria útil e *não* em outros.

Mary: Como descobrir o momento apropriado para se usar esse método?

É preciso muita sensibilidade para determinar o momento de fazer uma mudança de critério. Quando um cliente queixa-se de alguma coisa, é raro ele dizer: "Quero diminuir a importância desse critério". Normalmente, ele se queixa de estar sentindo um vago mal-estar. À medida que o cliente nos dá as informações, pode-se ver surgir um tema. Podemos observar que ele não está levando sua saúde a sério ou acha muito importante ter razão ou controlar a situação. Talvez o momento apropriado para uma mudança de critério seja aquele em que vemos um padrão se repetir em vários contextos.

Uma maneira de fazer isso consiste em reunir as informações pertinentes e se perguntar: "Quais são os critérios importantes?" O que aconteceria se alguns deles fossem mais ou menos importantes? O que poderia ajudar nosso cliente a resolver o seu problema?

Neste seminário, estamos sendo propositadamente minuciosos em relação aos detalhes — pedindo ao grupo que consiga informações específicas sobre inúmeras modalidades, e testando-as cuidadosamente. Achamos essa experiência muito valiosa, pois nos permite ter uma representação completa do funcionamento desses padrões. Quando vocês tiverem adquirido prática suficiente em reunir informações relevantes, se tornará irrelevante obter muitos detalhes dos clientes para ajudá-los a mudar.

Uma maneira mais simples (porém, menos segura) de fazer isso com os clientes é fazer a seguinte pergunta: "O que considera pouco importante? O que considera mais ou menos importante? O que considera muito importante?" A seguir, é só verificar os critérios e observar como o cliente os representa.

Geralmente, peço à pessoa que pense em algo muito importante, e assim que ele consiga ter acesso àquela representação observo suas pistas não-verbais. Em seguida, enquanto fico observando-o, peço-lhe que pense em algo pouco importante. A pessoa quase sempre olha para dois pontos diferentes, e isso é suficiente. Como a maior parte das pessoas tem uma classificação de localização para sua hierarquia de critérios, faço uma rápida verificação, evitando perder meia hora reunindo informações detalhadas.

Esses padrões podem ser efetuados de maneira "rápida e rasteira" quando nos achamos em uma situação real, depois de estarmos familiarizados com eles. Se encontrarem dificuldades, é possível voltar atrás e colher mais informações. Mas, se vocês quiserem aprender a usar esses padrões, fazendo o processo de maneira "rápida e rasteira", seu trabalho será descuidado e ineficiente em vez de preciso e rápido. O exame cuidadoso e repetido de um padrão é uma experiência valiosa, que mantém o trabalho claro e sistemático.

Critérios positivos *versus* negativos

Quem conseguiu examinar a diferença entre ir em direção a algo e afastar-se dele? Vamos fazer isso rapidamente em grupo. Gostaria que vocês pensassem em vários de seus critérios positivos, o que os atrai, como, por exemplo, "aprendizagem", "felicidade", "segurança pessoal" ou "preservação da vida". Observem as submodalidades dessas representações... Agora, contrastem-nas com as representações dos mesmos critérios expressos de forma negativa, como "ignorância", "miséria", "perigo", "morte". Quais são as diferenças de submodalidades entre os dois grupos de imagens? Qual dos dois é mais agradável de se observar? O primeiro grupo, não é?

Joe: As coisas que me atraem são mais luminosas, mais coloridas, e em três dimensões. E são filmes, em vez de *slides*.

Isso se aplica também ao resto do grupo? Vejo que muitos concordam. Geralmente, todas essas distinções combinam com as representações daquilo que os atrai. As positivas são coloridas e em três dimensões e têm mais movimento. Enquanto os critérios expressos de forma negativa — aqueles que estão evitando e dos quais tentam se afastar — são mais esmaecidos, estáticos, menos coloridos. Normalmente, são imagens em preto-e-branco, sem gradações analógicas. Quando as pessoas se sentem ameaçadas, costumam passar a pensar de forma rígida, "preto no branco", perdendo a capacidade de pensar de maneira contínua. A maioria dos recursos de imaginação, como, por exemplo, examinar outras opções, ou notar variações de continuidade, simplesmente deixam de estar disponíveis, até que a pessoa se sinta mais segura. Quando estamos diante de um perigo mortal, que exige uma ação urgente, é útil que o cérebro nos apresente opções simples em preto-e-branco. No entanto, quando não estamos em perigo, esse tipo de pensamento é muito limitativo.

É por isso que tem sentido expressar metas bem formuladas de forma positiva. Pensem na incrível mudança da experiência interna de um indivíduo quando mudamos sua estrutura de metas ao lhe pedirmos simplesmente para pensar no que ele deseja, o que o atrai, em vez de lhe perguntarmos o que está tentando evitar.

Foi muito interessante descobrir os relacionamentos entre os critérios estipulados de forma positiva e negativa e suas distinções de submodalidades. À medida que aplicarem essas mudanças de critérios à sua vida e à de outras pessoas, esperamos que descubram outras diferenças vantajosas a serem acrescentadas a esse útil padrão.

V

Eliminando Compulsões

Existem pessoas que têm um tipo de comportamento ou sentimento que acham que *devem ter* em um contexto qualquer. Por exemplo, algumas pessoas *têm* de ajeitar um quadro torto na parede. Elas não *conseguem* deixá-lo como está, mesmo em casa de outra pessoa. Outras sentem a compulsão de comer chocolate e não conseguem *deixar* de fazê-lo se houver chocolate à mão. E, numa situação adversa, saem para comprá-lo! Há ainda aquelas que têm de tomar sorvete ou comer batatas fritas. Umas abaixam-se para apanhar moedas que vêem na rua ou entram em todas as cabines telefônicas, para verificar se há fichas perdidas. Outras ainda se sentem compelidas a ler todo o jornal, mesmo quando não o desejam.

A maioria dessas compulsões são comuns, mesmo que as compulsões relativas à alimentação *possam* ter sérias conseqüências. O que chamamos de "explosão de compulsão" permite que sejam eliminadas compulsões intensas e fortes — às vezes, em poucos minutos —, tratando-se, portanto, de um padrão muito poderoso. Queremos que experimentem esse padrão com uma compulsão bem simples. Após aprenderem o método, poderão aplicá-lo a comportamentos e reações mais profundas. A explosão de compulsão é perfeita em comportamentos e reações que sejam intensas demais para serem eliminadas com facilidade por outras técnicas, como o padrão *swish*.

Após a interrupção de uma compulsão, ainda é *possível* voltar a ter o comportamento anterior, porém com uma diferença: a pessoa não se sente mais *compelida* a fazê-lo. Se a compulsão de comer chocolate for interrompida, a pessoa ainda poderá comê-lo, sem que se sinta forçada a fazê-lo. Certa vez, demonstramos esse método com um homem que queria eliminar a compulsão de responder a todos os recados telefônicos imediatamente. Depois ele ainda ligava de volta para as pessoas que tinham lhe telefonado, mas não ficava tenso se adiasse um telefonema menos importante.

Pode-se empregar esse padrão para eliminar compulsões de ter acessos de raiva ou violência. No entanto, é melhor não escolher uma reação que envolva violência, durante a aprendizagem do padrão. É importante saber o que se está fazendo, antes de usá-lo para tal objetivo.

Demonstração: eliciando os "condutores" de submodalidades
Vamos demonstrar e depois examinar como e quando usar esse método de maneira ecológica. Queremos que escolham, tanto para a demonstração como para o exercício a seguir, uma compulsão bastante simples. Algo que seja compulsivo, mas que sua ausência não faça falta.

Em primeiro lugar, demonstraremos como eliciar as submodalidades que impulsionam a compulsão. Após terminarem o exercício, demonstraremos como usá-las para eliminar a compulsão. Quem gostaria de descobrir como funciona sua compulsão?

Muito bem, Rachel, qual é a sua compulsão?
Rachel: Tenho de comer bombons. Sinto-me realmente atraída por eles.

Existe algo parecido com os bombons pelos quais não se sinta atraída?
Rachel: Não me sinto atraída por biscoitos. Posso comê-los ou não.
Perfeito. E você não se importaria de destruir essa compulsão, não é?
Rachel: Nem um pouco.
Ótimo. Quero que pense nos bombons de chocolate e observe sua aparência ao pensar neles... Agora, pense nos biscoitos, observando sua aparência, na sua mente...

Quero que examine as diferenças de submodalidades. Qual a diferença entre visualizar os bombons e os biscoitos?
Rachel: Os bombons parecem mais próximos. Parecem saltar do prato. Acho que não é a imagem total que está próxima, apenas os bombons. Isso não acontece com os biscoitos.

Que outras diferenças observa?
Rachel: Os bombons são mais brilhantes e parece que têm uma luz viva ao seu redor. Só consigo notar isso.

Há alguma diferença no som ao seu redor?
Rachel: Não ouço nada em nenhum dos dois casos.

Há outras diferenças no sistema sinestésico, *além* da sensação de compulsão?
Rachel: Sinto-me atraída por eles.

Isso faz parte da sua reação: a sensação de compulsão. Estamos interessados somente em descobrir sensações sinestésicas que possam ajudar *a criar* a reação.

Temos aqui várias diferenças de submodalidades que nos dão uma idéia de como o cérebro de Rachel codifica "Tenho de conseguir algo". Nesse caso, são todas visuais. Ao codificar suas imagens de uma maneira específica, o cérebro de Rachel sabe imediatamente, apenas olhando para a imagem, as coisas que ela tem de ter, no caso bombons, e as outras sobre as quais ela tem opções, no caso biscoitos.

O próximo passo consistirá num teste, para descobrir qual dessas diferenças de submodalidades é o "condutor" mais importante que cria a sua reação compulsiva.

Rachel, olhe para a imagem dos bombons. Tente trazê-la mais para perto. Faça com que saltem do prato. Isso faz com que se sinta mais ou menos levada a comer os bombons?

Rachel: (*A cor de sua pele se acentua, e ela movimenta os lábios.*) Meu desejo aumenta.

Agora, coloque os bombons de volta na travessa. Isso modifica sua reação?

Rachel: A intensidade do meu desejo diminui.

Vamos mudar a luminosidade. Faça-os ficar menos brilhantes. Isso modifica sua reação?

Rachel: Sim, mas não tanto. Acho que, quando os bombons saltaram da travessa, tornaram-se simultaneamente mais brilhantes. Mas, se apenas os torno mais brilhantes, minha reação não se modifica.

Isso indica que a proximidade é uma submodalidade indutiva. Ela induz a reação de Rachel e modifica a luminosidade ao mesmo tempo. Vamos testar um pouco mais. Tente intensificar a luz...

Rachel: Isso faz com que os deseje mais, porém não tanto quanto quando os faço saltar da travessa.

Tente reduzir a luz...

Rachel: Minha reação aos bombons diminui, mas ainda os desejo.

Agora sabemos que a submodalidade-chave que "induz" a reação de Rachel é fazer com que a imagem dos bombons venha em sua direção, afastando-se do fundo da cena.

Exercício

Agora, façam até este trecho uns com os outros. Não ultrapassem este ponto. Escolham uma compulsão que não se importem de perder, pois após o exercício, ela terá desaparecido. Perguntem-se: "Estarei perdendo algo importante sem essa compulsão?" Já que vão libertar-se dela, é melhor estarem seguros de que se sentirão melhor.

Após escolherem a compulsão, pensem num comportamento semelhante que *não* se sintam impulsionados a ter. Se por acaso se sentirem *forçados* a ler todas as tiras cômicas do jornal, talvez não sintam o mesmo no caso da seção de esportes. Se se sentirem compelidos a tomar café, talvez não sintam o mesmo em relação ao chá — podem tomá-lo ou não. Se acharem que têm de lavar todos os pratos da pia, talvez não sintam o mesmo em relação a lavar o chão da cozinha. Quanto mais próximos forem os dois comportamentos, melhor.

Escolham algo *neutro*, no caso do comportamento não-compulsivo. *Não* escolham algo *repulsivo*, pois a repulsão e a atração são muito semelhantes. São formas de compulsão, com a diferença de que o *direcionamento* da compulsão é distinto —- distante, em vez de próximo. Se a compulsão for comer chocolate, escolham outra comida que poderiam comer, sem que *tenham* de fazê-lo. Não escolham um alimento que detestem.

Depois de escolherem as duas experiências — compulsão *versus* neutro —-, façam uma análise dos contrastes. Quais são as diferenças de submodalidades e qual delas é a condutora da compulsão? Observem todos os sistemas representacionais. Achem a diferença que faz a diferença.

Há várias maneiras de descobrir as submodalidades condutoras. Poderíamos ter feito com que Rachel olhasse para os biscoitos, que era o elemento neutro, e os fizesse pular da travessa. Assim descobriríamos se isso a levava a comer os biscoitos. Ao fazerem o teste dessa forma, é importante se certificarem de que a pessoa muda apenas um pouco de cada submodalidade, e bem lentamente. Porque, se o fizerem rápido demais, poderão adquirir outra compulsão! É mais seguro testar mudando a experiência da compulsão em si, como o demonstramos antes. Testem cada uma das diferenças de submodalidades entre a experiência neutra e a compulsiva. É interessante testar de duas formas — aumentando... e em seguida diminuindo a luminosidade da imagem.

Helen: O objetivo é encontrar uma simples submodalidade?

No caso das compulsões, em geral uma submodalidade funciona como condutora, em relação às outras. Se encontram dois condutores, perfeito.

É importante descobrir uma submodalidade *analógica* que impulsione a compulsão — que possa ser variada continuamente, dentro de uma mesma categoria. Uma submodalidade digital não funcionaria nesse padrão. Analisaremos com mais detalhes, adiante.

Após identificarem as diferenças de submodalidade e testarem para descobrir o(s) condutor(es), façam algo que não revelamos durante a demonstração. Descubram se conseguem eliminar a compulsão pela simples *redução* do condutor. Digamos que descubram que a submodalidade condutora da sua parceira seja o tamanho: quando o sorvete fica maior, ela quer mais. Descubram se podem eliminar essa compulsão apenas com a diminuição do tamanho do sorvete. A partir do teste que fizeram, vocês já sabem que o sentimento de compulsão diminuiu temporariamente. O problema agora é saber se a compulsão pode ser *permanentemente* eliminada dessa maneira. Peçam ao parceiro que visualize o sorvete diminuindo de tamanho, até que possa olhar para ele e dizer: "Agora, não estou com vontade", ou então "Poderia até tomar o sorvete, mas não sinto que tenho de fazê-lo". Mudem de assunto por alguns momentos, e depois voltem a testar. Peçam ao parceiro que pense no sorvete e observem se ele se sente impulsionado a tomá-lo ou se o que sente é neutro. Descubram se a diminuição da submodalidade condutora elimina a compulsão.

O exercício deve ser feito em dez minutos; depois, passaremos ao próximo passo.

Esboço do exercício
1. Escolher uma compulsão insignificante.
2. Pensar em algo semelhante, que provoque uma reação neutra.
3. Identificar as diferenças de submodalidades.
4. Testar para descobrir a submodalidade "condutora" mais poderosa.

* * * * *

Discussão
Tom: Eu estava trabalhando com Bob, e quando lhe perguntei sobre as diferenças de submodalidade ele disse não ver nenhuma.

Se o parceiro não notar diferenças, há várias outras maneiras de descobrir as submodalidades importantes. Pode-se perguntar: "O que você pode fazer com a imagem da compulsão, para que ela se torne ainda *mais* desejável? Em geral, a pessoa dirá: "Se eu aumentar o tamanho da imagem, o desejo aumenta".

Outra maneira é fazer com que ele tente *resistir* à compulsão. Em primeiro lugar, deve-se criar o contexto. Em se tratando de chocolates, pode-se dizer: "Imagine um prato cheio de chocolate à sua frente. Agora, vire-se e vá embora... O que acontece? A vontade de comer chocolate aumenta? Como você sabe que a vontade aumenta?" Normalmente, o desejo da pessoa aumenta ao se afastar, e então pode-se pedir-lhe que observe o que acontece com a imagem à medida que o desejo aumenta. Normalmente, quando a pessoa se encontra em um contexto que exagera o desejo, o condutor torna-se mais evidente. Algumas pessoas cedem às compulsões tão rapidamente, que nem têm tempo de observar o que as leva a conduzir-se dessa forma.

Uma das formas de ajudar outra pessoa a ter acesso a uma compulsão para obter as informações necessárias consiste na criação de um estado de compulsão em nós mesmos. Se tivermos uma atitude fria e distante, como se não nos importássemos com o objeto de sua compulsão, nosso comportamento não-verbal dissociaria nosso parceiro da experiência, reduzindo sua reação. Isso dificultaria o acesso do parceiro à reação compulsiva. Se conseguirmos comunicar um "estado compulsivo" através do comportamento não-verbal, a tendência é que o parceiro nos acompanhe. "O que você precisa fazer com a imagem, para que passe a desejá-la ainda *mais*, sentindo *água na boca*, só de pensar no chocolate?"

Normalmente, o condutor deriva de uma diferença de submodalidade do tipo "figura/plano". No caso de Rachel, os bombons se aproximavam, enquanto o prato continuava no mesmo lugar. Os bombons eram envolvidos por uma luz viva, separando-os do segundo plano.

Se a pessoa não descobrir nada que lhe seja visualmente compulsivo, devem se observar outros sistemas representacionais. Aparece algo que seja auditivo ou sinestésico? Durante o exercício, Charles dizia: "Não entendo. Não consigo perceber diferença alguma. Não sei como mudar a maneira como isso me impulsiona". Criei alguns contextos para ele, como os que acabei de descrever, mas não pudemos identificar o que quer que fosse. Testei algumas das submodalidades-padrão: "Aumente-o, aproxime-o mais", mas nada dava resultado. Então, resolvi perguntar: "Você ouve algo?", e imediatamente ele percebeu um som. "Aumente-o." "Ah, *agora*, sim!" Portanto, se a pessoa não observar diferença visual alguma, peça-lhe para verificar os outros sistemas representacionais.

Ruth: Bebo café sem parar. Tenho a impressão de que é sinestésico. Acha que pode ser isso?

É possível, mas pouco provável. Normalmente, quando alguém diz: "É sinestésico", está falando sobre a sensação em si, do desejo. Sabemos que *isso* é uma sensação. Precisamos saber "como o cérebro está criando a sensação do desejo? Provavelmente, você não tem a mesma sensação em relação a ingerir óleo lubrificante, não é? Qual a diferença, nesse caso?" Em geral, a imagem do café é diferente.

Se é uma sensação sinestésica que a leva a beber café, é necessário identificar não a meta-sensação do desejo, mas, sim, a sensação tátil ou proprioceptiva — a sensação do café em sua língua, ou em sua boca.

Um fumante tinha uma sensação tátil que começava no pescoço, subia até a cabeça e começava a tomar conta do corpo. A submodalidade principal era a *extensão* da sensação; à medida que a sensação se tornava mais extensa, a compulsão de fumar aumentava. Quando eu experimentei o que ele sentia, também detestei aquela sensação! Em seu lugar, acho que também fumaria! (*Risos*.) Essa sensação tátil era diferente da sensação de desejo. No caso de uma sensação corporal, deve-se testar para ter certeza de que a sensação é *responsável* pelo desejo em si, e não apenas uma descrição da reação a ele.

O que aconteceu quando tentaram diminuir a submodalidade compulsora, para eliminar a compulsão? Alguém conseguiu eliminá-la?

Homem: Consegui diminuí-la durante algum tempo, mas a sensação da compulsão voltava sempre.

Normalmente acontece isso. Se for possível eliminar de vez a compulsão com a simples diminuição da submodalidade condutora, provavelmente não se trataria de uma compulsão real. Talvez fosse algo mais leve, como um desejo. Caso um de vocês tenha conseguido eliminar uma "compulsão" com a diminuição do condutor, deve escolher outra compulsão para continuar o exercício.

A maior parte das pessoas do grupo conseguiu identificar exatamente o condutor da compulsão, de maneira muito cuidadosa, uma atitude apropriada durante a aprendizagem da técnica. Deve-se fazer isso de maneira lenta e cuidadosa. Após estabelecerem o padrão algumas vezes,

serão capazes de identificar a submodalidade mais rapidamente, ao observar o cliente, sem precisar testar uma lista completa de submodalidades.
As perguntas sobre submodalidades devem ser feitas de modo preciso. Deve-se perguntar exatamente o que se deseja descobrir. Não se deve perguntar: "Aumente-o. O que acha?" "É isso aí". Não é isso que queremos descobrir. O que queremos saber é: "Quando você o aumenta, sente o desejo aumentar? Sente-se ainda mais impulsionado?" Devemos buscar a resposta. Não é preciso preocupar-se com o tipo de reação produzido pela mudança. Ann *gostava* mais da imagem do sorvete quando a aumentava, mas não se sentia mais impelida a tomá-lo. Às vezes, a pessoa modifica a imagem e de repente sente tristeza ou outra emoção qualquer. Talvez essa seja uma reação mais intensa, porém *não é o que queremos descobrir*.

Compulsões
Geralmente, as compulsões seguem uma seqüência com quatro elementos:
1. *Representação* do objeto da compulsão. Na maior parte das vezes, ela é visual, e com menos freqüência auditiva ou sinestésica. Isso leva a pessoa a sentir que é o momento de ter a compulsão.
2. *Distorção da submodalidade da representação*. O indivíduo altera sua representação de maneira específica. Mesmo que exista mais de uma submodalidade, em um ou todos os sistemas representacionais, geralmente há uma submodalidade analógica, geralmente visual, que induz à compulsão e a torna atraente.
3. *Sensação de compulsão*. Trata-se da meta-sensação sinestésica de ter de fazer algo, sem escolha a esse respeito.
4. *Comportamento compulsivo*. A sensação de compulsão geralmente leva ao comportamento de *dever fazer algo*, como roer as unhas, comer chocolate, etc. Se a reação examinada for mais geral, do ponto de vista emocional, como a raiva, é possível que a pessoa não sinta nenhuma reação comportamental específica.

Demonstração: eliminando uma compulsão
Façamos a demonstração da explosão de compulsão. Usaremos a informação já reunida para eliminar a compulsão. Quem tem uma compulsão da qual gostaria de se livrar?
Fred: Eu.
Você já identificou os condutores de submodalidade? (Já.) Venha até aqui. Podemos saber o conteúdo?
Fred: Claro. Adoro pistache. Só de ouvir falar, fico com água na boca!
O que o faz desejar comê-lo? Você tem prática no assunto, não é? *(Fred suspira e olha para cima.)* Você está vendo alguma coisa, não é? O que está fazendo com a imagem para desejar ainda mais os pistaches?

Fred: Focalizo-os cada vez mais.

E isso funciona? Parece que sim! O seu parceiro testou outras submodalidades?

Mulher: Testamos. Quando lhe pedimos para fazer um *close* de apenas um pistache e aumentar seu tamanho, houve uma diferença.

Muito bem. Foram mencionadas três submodalidades: o foco, o *close* e o tamanho. Precisamos descobrir se uma delas faz com que as outras aconteçam automaticamente ou se há uma que seja mais importante que as outras submodalidades. Fred, o que você vê em primeiro lugar? Uma imagem com um ou vários pistaches?

Fred: Um prato cheio.

Um prato cheio de pistaches. Gostaria que fizesse um *close* de um dos pistaches... Dá para se ver que a aproximação provoca uma grande reação.

Agora, volte à distância anterior e aumente a imagem. E observe sua reação.

Fred (em voz baixa e sussurrante): Você quer... que eu aumente o número de pistaches?

Não foi isso que eu quis dizer, mas você pode experimentar isso. O que acontece quando o faz?

Fred: Estou surpreso porque não fez grande diferença.

Não houve a mesma reação não-verbal, não é? Ele não me parece tão atraído. Fred, aumente o tamanho de cada um dos pistaches do prato... Isso tampouco faz reagir da mesma forma que quando faz o *close*. Volte ao tamanho normal dos pistaches e torne a imagem do prato de pistaches mais nítida...

Isso também não faz diferença. Vamos verificar outra submodalidade. Aproxime o prato de pistaches mais para perto de você, sem fazer um *close*.

Fred: Consigo até sentir o cheiro deles!

Mas isso o faz querer comer mais? Não desejamos saber se pode ou não sentir o cheiro deles...

Fred: Não, não fico com mais vontade.

O *close* é que desperta o seu desejo, certo? Todo mundo está com água na boca! Deveríamos ter feito isso antes do almoço.

Fred: No almoço, comi um sanduíche de pistache! (*Risos.*)

Antes de explodirmos essa compulsão, você deve entender que ainda poderá continuar a gostar de pistache e comê-lo sempre que o desejar. A diferença é que não se sentirá forçado a fazê-lo. Pergunto-lhe se tem certeza de que quer eliminar essa compulsão, ou gosta tanto dela que apreciaria mantê-la para sempre?

Fred: Não, não e não. Nem consigo comprar pistaches, pois como tudo de uma só vez. Gostaria de poder tê-los em casa.

Bem, então Fred, você tem a imagem do prato de pistaches, certo? Faça o seguinte: pegue a imagem do prato e faça um *close* de um dos pistaches, muito rapidamente, para que você aumente *muito* o seu desejo. Em seguida, veja novamente o prato todo de pistaches e faça mais um *close* em apenas um deles.

Aviso-o que estará aumentando sua sensação de compulsão. Se sentir um desejo tão intenso que não consiga suportar, isso significa que está fazendo a coisa certa e ainda tem um pouco mais a fazer.

Repita o *close* sem cessar, até que deseje aquele pistache mais do que tudo na vida. Faça isso até sentir uma mudança qualitativa em sua reação... Mais e mais rápido... Isso mesmo, mais rápido, até que chegue no ponto máximo... Isso. Muito bem! Alguma coisa mudou, não?

Fred: Ficou grande demais. Fica grande demais e desaparece. Não existe mais nada para pegar.

Essa é uma das maneiras como a coisa funciona. Agora, vamos conversar um pouco para em seguida testar.

Fred: Será que alguém pode ir comprar pistaches? (*Risos.*)

Boa idéia, assim poderemos ter um teste de verdade! Quando você pensa em pistaches agora, ainda os deseja?...

Fred: Não. Não consigo fazer o *close*. Só consigo ver o prato inteiro. Normalmente, vejo o prato e faço um *close* de um único pistache e o pego. Mas agora só consigo ver o prato.

Tem certeza? Repita a experiência.

Fred: Vou tentar com mais força. (*Risos.*)

Sally: E se houvesse um prato de pistaches bem perto de você?

Fred: Alguma coisa mudou.

Sally: A localização da imagem mudou. Era diferente antes de ele fazer o *close*.

Bem observado. Quando ele visualiza os pistaches *agora*, está olhando em uma direção diferente da anterior. É mais uma confirmação do que foi mudado. Os pistaches se encontram em um local onde a imagem não-compulsora estava. Alguém sabe onde se pode comprar pistaches?

Fred: No primeiro andar do hotel.

Ótimo. Vamos comprar alguns e fazer outro teste mais tarde! Alguém quer fazer perguntas a Fred?

Bill: Fred, quais foram suas sensações internas quando fez a explosão?

Fred: Eu via o prato e fazia um *close* em um dos pistaches mais nítidos. E quanto mais fazia o *close*, mais sentia que algo estava me impedindo.

E o que aconteceu depois?

Fred: Não foi uma sensação confortável. Aquele pistache em especial ficou cada vez maior e de alguma forma chegou a um tamanho que não me parecia natural.

Essa é a descrição típica da ultrapassagem do ponto-limite. O cérebro tem um ponto-limite em ambas as extremidades do espectro. Usando o exemplo de alguém que se sente compelido a comer chocolate, no caso em que o tamanho é a submodalidade condutora, se a imagem do chocolate for pequena *demais*, será simplesmente como um ponto, e o efeito será mínimo. Ao aumentar um pouco a imagem, ela ultrapassa um limite inferior, enquanto o cérebro reconhece a imagem como sendo algo atraente. Aumentando-se ainda mais a imagem, a pessoa torna-se cada vez mais impelida, até que o chocolate parece grande *demais*, e a reação da pessoa passará a um limite superior. Quando a imagem se torna grande *demais*, o cérebro já não a reconhece como algo por que se sinta atraído. Agora, o cérebro olha para a imagem e a coloca em uma categoria diferente, como, por exemplo, "ridículo" ou "exagerado". Se isso for feito com a velocidade necessária, a mudança se torna permanente.

Quando aprendemos esse método, Steve o usou para quebrar sua compulsão de ler as tiras cômicas dos jornais. Ele *tinha* que lê-las todas, mesmo aquelas de que não gostava. Se ele tentasse saltar uma dessas, parecia que uma substância acinzentada crescia em torno da tira. Quanto maior a distância da tira, maior se tornava a substância, de forma que a compulsão de Steve crescia. Então, ele fez a substância crescer mais e mais rapidamente, até que não exercesse mais a compulsão. Depois, ele fez o teste. Quando pulava a tira de que não gostava, era como se houvesse uma pequena porção de substância preta naquela parte específica da tira. A experiência que ele tinha anteriormente mudara por completo.

A explosão de compulsão é um exemplo do padrão do limite, no qual uma reação muito intensa é *aumentada*, em vez de se tentar reduzi-la ou eliminá-la. Ela é tão aumentada e de maneira tão rápida, que a um certo momento ela ultrapassa um limiar e "explode". É como encher uma bexiga. Durante um certo tempo, quanto mais sopramos a bexiga, maior ela fica. Mas, se continuarmos, ela acabará explodindo. E, quando isso acontece, não se pode reconstituir a bexiga simplesmente retirando o último sopro de ar! Outro exemplo é a flexão de um pedaço de metal ou arame, até que ele se quebre. A partir daí, é impossível fazer o metal voltar ao que era antes.

Há duas maneiras de fazer uma explosão:
1. Aumentando uma única submodalidade.
2. O método da alavanca.

No primeiro caso, aumentamos rapidamente a submodalidade propulsora, a tal ponto que a resposta sinestésica ultrapassa um limite superior e explode — foi o que Steve fez. Se a submodalidade propulsora de Fred tivesse sido o tamanho, ele poderia ter aumentado rapidamente cada vez mais o prato de pistaches, até que sua reação explodisse.

O método da alavanca, usado com Fred, é na verdade o anterior, feito de maneira repetida, em rápida sucessão. Nesse método, a submodalidade propulsora é aumentada em alta velocidade. Em seguida, recomeça-se com a imagem original e aumenta-se mais uma vez a submodalidade. Isso é feito sucessiva e rapidamente para ampliar a reação sinestésica da compulsão. Por exemplo, digamos que o aumento da luminosidade aumenta a compulsão. Peço à pessoa que veja a imagem e rapidamente aumente sua luminosidade. Depois, digo-lhe que veja a imagem com a luminosidade original, tornando-a gradativamente mais luminosa. Isso é feito rápida e sucessivamente, até que algo exploda. Após a explosão, a reação da pessoa muda e ela deixa de se sentir coagida.

É como quando usamos um macaco-jacaré para trocar o pneu do carro. Abaixa-se a alavanca do mecanismo e o carro se eleva. Abaixa-se mais a alavanca e o carro sobe mais um pouco. Cada vez que a alavanca é acionada, o carro é suspenso. A alavanca do macaco-jacaré pode ser comparada à submodalidade que está sendo acionada: tamanho, cor, luminosidade. O movimento ascendente do carro corresponde ao aumento da sensação sinestésica de compulsão. Em ambos os métodos, a reação de desejar algo é ampliada até que a pessoa ultrapassa o limiar, e sua reação é rompida. No momento em que a compulsão explode, é possível perceber uma mudança na pessoa. Sua reação não-verbal vai se intensificando, até que pára de aumentar e começa a decrescer.

Com ambos os métodos, varia-se a submodalidade em uma escala, para aumentar a sensação sinestésica. É por isso que se deve utilizar uma submodalidade analógica, em vez de uma digital.

O que faz o método da alavanca funcionar é a inércia, ou lapso de tempo, do sistema sinestésico. Imagens ou sons internos se modificam rapidamente, transformando aqueles que existiam anteriormente. Porém, no caso de uma sensação muito intensa, leva-se mais tempo para transformá-la em outra sensação. Acontecem muitas mudanças hormonais e químicas durante a transformação de estados emocionais intensos, e o corpo necessita de um certo tempo para voltar a um estado neutro. Digamos que uma pessoa esteja convencida de que se encontra em perigo mortal e seu corpo passa a produzir adrenalina. Ao se dar conta de que não existe perigo algum, é preciso um certo tempo para que ela se acalme, do ponto de vista sinestésico.

Como as sensações duram um certo tempo, pode-se voltar rapidamente à pequena imagem inicial e torná-la maior, de maneira contínua. Cada vez que se amplia o tamanho da imagem, o nível da sensação começa do estado original e aumenta um pouco mais.

Sam: É por isso que esse método não dá resultados se for feito devagar?

Certo. A intensidade da compulsão será aumentada, podendo mesmo piorar!

Fred: Se tivesse sido feito mais devagar, acho que minha vontade de comer pistaches teria aumentado, porque cada vez que usávamos as submodalidades eu ficava com água na boca e tinha vontade de trazer a imagem mais para perto.

Muita gente comete o erro de ir muito devagar. Se essa técnica for feita devagar demais, a compulsão pode até aumentar, até o ponto de se chegar a dizer: "Ah, agora quero *mesmo* aqueles pistaches!"

Fred: Você também?! (*Risos.*)
Se a explosão não funcionar, talvez seja porque a pessoa não a esteja fazendo rápido o suficiente. Então, como aumentar a velocidade?
Dennis: Falando cada vez mais rápido.
Isso mesmo. Se falarmos muiitoo deevaagaaaaar, a pessoa talvez não chegue a ultrapassar o ponto-limite. Pode-se também indicar a velocidade desejada com um gesto rápido ou um som. Estalando os dedos ou dizendo: "Mais rápido", ou fazendo qualquer coisa que indique que "rápido" significa *uma fração de segundo*! "Rápido" não significa cinco segundos em contraste com cinco anos. Um gesto não-verbal pode indicar a mudança específica de submodalidade, e também a velocidade desejada. Para que o cliente traga a imagem mais para perto de si, podemos colocar a mão onde a imagem deve iniciar, com a palma da mão que representa a imagem virada para o cliente, e movimentar rapidamente a mão em sua direção, dizendo: "Deixe a imagem ir rapidamente em sua direção, dessa maneira". Para que ele aumente a imagem, podemos usar ambas as mãos para criar a moldura de uma pequena imagem, e ampliar rapidamente o espaço entre as mãos, aumentando a moldura. Os gestos e sons podem ser usados como âncoras para ajudar a pessoa a fazer isso de forma bem rápida. Também é útil usar os padrões de linguagem hipnótica para persuadir a pessoa que o processo será cada vez mais rápido, por si mesmo.

Podemos agir de forma um pouco bizarra, ao demonstrar o processo a outra pessoa, para que ela possa fazer o mesmo. Talvez seja necessário agir de forma estranha para conseguir cruzar o limite.

Bill: Como optar entre as duas técnicas: a do aumento simples ou a da alavanca?

Algumas submodalidades aumentam indefinidamente. O tamanho é uma delas. Teoricamente, pode-se continuar a aumentar o tamanho de algo até o infinito. É possível explodir esse tipo de compulsão simplesmente aumentando a submõdalidade mais importante, até que a reação exploda.

No entanto, outras submodalidades têm um limite de mudança. O *close* é uma delas. Com uma submodalidade desse tipo, o método da alavanca talvez seja o mais indicado. Pode-se tentar um aumento simples, aguardar um momento e em seguida testar. Se a compulsão não tiver desaparecido, usa-se o método da alavanca.

É primordial usar o método da alavanca *em uma única direção*. Havia uma mulher que desejava parar de se sentir impelida a ler o jornal *New York Times*. Ela ouvia uma voz interna que se tornava cada vez mais suave, e isso aumentava seu desejo de ler o jornal e não conseguia chegar ao ponto de explodir de desejo. O que ela estivera tentando fazer era o usar o método da alavanca diminuindo o volume da voz, em seguida aumentando-o repetidas vezes. Neste caso, o desejo aumentava, depois diminuía, para em seguida aumentar de novo. Percebi o que ela estava fazendo a partir dos gestos de suas mãos, que iam lentamente para a frente e para trás, enquanto descrevia a tentativa de explodir sua reação. Em geral, pode-se perceber a partir de seus gestos não-verbais se a pessoa está fazendo uma ida e volta com a submodalidade, em vez de ida apenas. No exemplo acima, o resultado positivo foi obtido ao tornar a voz mais suave; em seguida, ampliando-a, para depois torná-la gradativamente mais suave. Voltar a ouvi-la mais alta e torná-la mais suave, e assim por diante.

Dennis: A compulsão não pode ser trazida de volta, simplesmente passando-se um filme da explosão de trás para a frente?

Não se pode desfazer esse padrão simplesmente passando-se o filme de trás para a frente. Se esse método for usado para explodir a reação de alguém, é impossível trazê-lo de volta fazendo o caminho inverso. Portanto, antes de explodir a compulsão, o indivíduo deve ter certeza de que *quer* eliminá-la. É importante que se examine como seria sua vida sem a compulsão, pois a partir do momento que se cruza o ponto-limite, não se pode reavê-la. É como passar por uma porta estreita carregando uma árvore de Natal. Fica difícil puxar a árvore de volta. A seguir, ensinaremos a criar compulsões, depois de aprenderem a eliminá-las.

Teste

Após a explosão, deve-se esperar um ou dois minutos, antes de fazer o teste. Às vezes, o indivíduo não nota imediatamente que houve uma mudança, pois a sensação da compulsão leva algum tempo para se dissipar. Quando fazemos a pergunta: "Ainda se sente coagida?", talvez a pessoa responda: "Acho que sim". Como a inércia do sistema sinestésico é bastante ampla, talvez a pessoa deixe de notar que já tenha ultrapassado o limiar.

Um teste imediato nem sempre constitui uma boa experiência. Isso depende do nível que a intensidade das sensações sinestésicas deve atingir, antes de se alcançar o limiar. Se a sensação da compulsão desaparecer de imediato, pode-se ter certeza de que explosão da compulsão funcionou. Porém, se a sensação estiver presente, deve-se esperar alguns momentos antes de se refazer o teste.

Alguns minutos são suficientes para que o sistema sinestésico tenha tempo para se aquietar, e a pessoa poderá perceber que não está mais gerando a sensação de compulsão. A ligação entre a imagem e a reação cinestésica foi rompida. Está quebrada, diferente.

Façam o exercício. Avisem se tiverem dificuldades e precisarem de ajuda.

Esboço do exercício

1. Certifiquem-se de que a submodalidade propulsora foi identificada.

2. Usem um dos métodos, o do aumento simples ou o da alavanca, na direção da submodalidade, até que o limite seja cruzado.
3. Esperem um momento e façam o teste.

* * * * *

Discussão
Existem muitos aspectos de ecologia e eficácia no uso desse método que gostaríamos de examinar.
Sam: Em nosso grupo, tivemos a impressão de estar lutando para atingir um orgasmo que nunca acontecia.
Por assim dizer. A compulsão ficou diferente quando fizeram o teste?
Sam: Desapareceu. Mas sem nenhuma explosão ou coisa parecida.
Acho boa essa descrição. Muita gente deixa de notar quando cruza o ponto-limite, sobretudo quando a reação deve se tornar muito intensa pouco antes de explodir. Porém, se esperarmos um momento, para que o sistema sinestésico volte ao normal, será mais fácil perceber que a compulsão desapareceu.

Cadência
Mulher: Pode haver excesso de rapidez?
Geralmente, as pessoas o fazem *devagar* demais, sendo necessário apressá-las. Porém, de vez em quando, alguém faz rápido demais. Se esse for o caso e a técnica não estiver dando resultado, a pessoa deve diminuir o ritmo, até que possa gerar uma forte reação sinestésica. Nas muitas vezes em que usei esse método, precisei pedir a apenas duas pessoas que diminuíssem o ritmo. Elas estavam modificando as submodalidades com tanta rapidez, que não havia tempo para uma reação sinestésica plena.
Bob: Minha compulsão estava aumentando tão rapidamente que me perguntei se estava fazendo da maneira correta e se conseguiria chegar *em algum momento* a explodi-la. Finalmente, já não conseguia mais controlar a velocidade do processo. Escutei um ruído e cheguei mesmo a ouvir "Bum!"
É bom se lembrar disso quando estiver trabalhando com outra pessoa. Quando a sensação começar a ficar realmente intensa, e se a pessoa ficar tensa e tentar diminuir a sensação, o processo não vai dar certo. Convém adverti-la do que pode acontecer, de forma que, quando a sensação de compulsão aumentar, ela saiba que está agindo de maneira correta e não bater em retirada. Quando uso esse método com meus clientes, normalmente explico o que vai acontecer, usando as analogias do estouro da bola de gás e o dobramento do arame. Isto prepara a pessoa para continuar a aumentar a sensação, até que estoure. Quisemos demonstrar que o método também funciona com pouca explicação, e observamos se Fred dava qualquer sinal de desistência.

É importante não deixar o cliente num estado de compulsão *ampliada*. Se a pessoa for levada a aumentar a reação, mas não o suficiente para estourá-la, a compulsão pode ficar ainda maior. Isso geralmente significa que a velocidade usada não foi o suficiente. Talvez o indivíduo não consiga usar bem o método da alavanca ou ela pare um pouco antes de estourar sua reação. Certa vez, uma pessoa me contou: "Estou fazendo uma imagem do tamanho do mundo, e não está funcionando". "Do tamanho do *mundo*" dá a impressão que existe um ponto final à imagem, de maneira que eu lhe disse: "Repita a experiência, desta vez fazendo com que a imagem se torne maior do que o mundo". Ao fazê-lo uma única vez, sua reação explodiu.

Sarah: O que "explode" quando se usa esse método? O que "estoura"?

O que explode é a relação entre a imagem — ou som ou sensação — criada pela pessoa e sua reação sinestésica. Ela ainda será capaz de criar uma imagem, porém não se sentirá impulsionada como antes.

Reações emocionais fortes

Pedimos ao grupo que fizesse o exercício com uma compulsão menos importante para facilitar o aprendizado, mas esse método é igualmente eficaz com compulsões mais complexas, dando bons resultados no caso de fortes reações emocionais. Esse padrão tem sido usado para eliminar compulsões de comer em excesso, fumar, ligações emocionais excessivas com outras pessoas, raiva, etc. É um método excelente para aquelas reações tão intensas que a pessoa não consegue diminuí-las, forçando-a a tentar outra saída para lidar com elas.

Embora esse método dê bons resultados com emoções como a raiva, deve-se ter cuidado ao usá-lo para esse fim. Existem pessoas que podem ficar violentas se sua raiva for exacerbada. A maioria delas reagiria com violência mesmo que ficassem com muita raiva, mas é necessário muita cautela ao se lidar com a raiva. Pode-se evitar a violência fazendo com que a pessoa cruze o ponto-limite tão rápido que não tenha tempo de quebrar qualquer coisa. Se ela for tão devagar que ficar bloqueada em um estado intermediário, talvez se torne violenta. Em caso de dúvida, convém contar com a ajuda de alguém de grande porte físico para auxiliá-lo.

Um de nossos alunos tem usado esse padrão com pessoas que têm compulsões suicidas e homicidas, e afirma que jamais tornou uma compulsão mais forte. No entanto, como existe o perigo real de se deixar o cliente num estado de compulsão aumentada, deve-se ter *muito cuidado*. A menos que se tenha muita experiência com o método e com pessoas violentas ou suicidas, aconselhamos *insistentemente* que essas pessoas sejam enviadas a um profissional mais experiente.

Reações desagradáveis

Quando esse método é usado em reações agradáveis — vontade de comer, fazer sexo, fumar, etc. —, não é difícil levar o cliente a intensificar sua reação. Já ao usá-lo com reações desagradáveis, torna-se difícil fazer o cliente intensificar sua reação, pois em geral ninguém aprecia sentir raiva, intensa, por exemplo. Nesse caso, é importante utilizar a estrutura de futuro. As pessoas só aceitarão sentir uma intensa raiva *agora* se tiverem certeza de nunca mais se sentirem incontrolavelmente irritadas depois. Ainda terão a possibilidade de sentirem raiva, mas não serão levadas por algo que lhes escapa ao controle. A pessoa deve compreender que ao sentir um instante de raiva agora evitará que se sinta incontrolavelmente irritada no futuro.

Esse efeito de ponto-limite tem sido usado com o nome de "terapia da implosão". No entanto, os terapeutas que adotam esse método desconhecem o uso das submodalidades. Eles tentam acabar com as fobias, usando o *conteúdo* em vez de aumentar a submodalidade principal. Assim, os terapeutas criam cenários onde ratos sobem pelos braços do cliente, entrando em sua boca. Com o uso do conteúdo, ao invés das submodalidades, o processo é muito mais primitivo. Não se pode ir tão rápido, nem chegar aos extremos das submodalidades, e, pelo que eu saiba, os que usam a terapia de implosão não conhecem o método da alavanca nem a necessidade de rapidez. Por causa disso, é mais provável que os clientes fiquem bloqueados em um estado intensificado, sem *cruzarem* o ponto-limite. A razão dada pelos terapeutas para explicar as terapias de implosão também é diferente. Os terapeutas acham que eliminam a reação por fornecerem o estímulo, sem as conseqüências encontradas no mundo real. Se isso fosse verdade, todas as fobias terminariam por si mesmas!

Ecologia

Vamos falar um pouco sobre ecologia. Que considerações ecológicas podem ser deduzidas desse padrão?

Al: Para dar um exemplo do exercício de hoje, uma participante do meu grupo se sentia compelida a comer coisas salgadas à noite. Seu marido gosta de ficar jogando vídeo-game e quer que ela fique acordada, ao seu lado. Então, ela ficava sonolenta, na poltrona, sem nada para fazer.

Comer era algo que podia fazer para passar o tempo, ficar acordada ao lado do marido.

Al: Exatamente.

O que aconteceria se a compulsão fosse eliminada e ela passasse a dormir?

Al: O marido poderia ficar chateado por ela não ficar acordada junto com ele.

Certo, e o relacionamento entre os dois poderia se deteriorar. Na

verdade, *nada* existe no padrão de explosão da compulsão que tome cuidado com a ecologia. É um dos poucos padrões da PNL que elimina uma reação sem colocar nada em seu lugar. O que poderia ser feito nesse caso, em relação à ecologia?
Al: Que tal empregar o padrão *swish*?
Perfeito. É o momento apropriado de usar o *swish* para levar o seu cérebro a uma direção mais adequada.
Al: O que você usaria como imagem-pista, já que a imagem da compulsão foi eliminada?
É melhor usar a imagem que criou originalmente a compulsão e a mesma submodalidade propulsora, embora essa imagem já não elicie a reação compulsiva. Se o tamanho compelia a pessoa, deve-se usar um padrão *swish* de tamanho. Sempre que haja alguma indicação de que uma compulsão tem um efeito qualquer positivo para a pessoa — no caso dessa mulher, sua compulsão em relação à comida a fazia ficar acordada com o marido —, é imperativo fazer o *swish* depois da eliminação da compulsão. Faça-a ver a si mesma tendo várias outras escolhas para melhorar o seu relacionamento com o marido. Mesmo quando não conhecemos a intenção positiva da pessoa, é bom fazer um *swish* por razões de segurança. Não é algo demorado, e pode ser essencial. Nós fazemos sempre o *swish* após realizar uma explosão da compulsão.
Sarah: Por que não usar apenas o *swish*? Por que é necessário fazer também uma explosão da compulsão?
Por vezes, a reação da pessoa é tão forte que se torna difícil fazer com que o método *swish*, ou qualquer outro, funcione. Com uma reação muito intensa, é necessário, antes de mais nada, eliminar a compulsão. Isto quebra o antigo padrão e abre o caminho para o funcionamento do *swish*. Foi isso que Richard Bandler fez com um de seus clientes, e que pode ser visto no videoteipe intitulado "Expectativa de perda" (ver apêndice 11). Enquanto ele usou apenas o *swish*, não surtiu efeito. Quando ele fez com que a cliente "apagasse" a imagem que causava o problema, aplicou o padrão *swish*. O resultado foi positivo.
Quando aprendemos a usar o padrão *swish*, Steve levou dez minutos usando o *swish*-padrão com nossa datilógrafa que fumava um maço e meio de cigarros por dia. Ela passou a fumar um cigarro por dia. Nos meses seguintes, ela voltou gradativamente a fumar dois ou três cigarros. Foi nessa época que aprendemos a usar a explosão de compulsão. Connirae levara um trabalho para a moça fazer e aproveitou para ficar vinte minutos com ela, identificando submodalidades e explodindo-as. Apesar de as submodalidades mais fortes, nesse caso, serem as auditivas, Connirae explodiu algumas das visuais, como precaução. Ao fazer o teste, nenhuma das duas podia dizer se a reação estava modificada. Mais tarde, porém, quando a datilógrafa tentou fumar, viu que "sequer podia terminar o cigarro".
Homem: Um dos participantes do meu grupo hesitou em explodir sua compulsão, até que encontrou algo para substituí-la.

É uma ótima idéia! Quando alguém hesita em explodir uma compulsão, ou se sente desanimado com a idéia, convém ficar alerta. Isso pode significar que há problemas de ecologia. É interessante averiguar: será que há uma finalidade útil nesse comportamento compulsivo? Nesse caso, é necessário que a pessoa entenda que ela terá outros comportamentos que servirão à mesma finalidade. É interessante ajudar a pessoa a ter novas escolhas, antes mesmo de fazer a explosão de compulsão.

Generalização

Mulher: Tivemos receio de explodir a compulsão da nossa colega de grupo porque eu achava que isto poderia acabar com toda a sua motivação, não apenas a compulsão. Não acha que teria sido terrível explodir sua motivação?

Trata-se de uma questão de generalização. Depende do que o cliente está achando da sua experiência. Em um outro seminário, pedimos a todos que escolhessem algo bem trivial para a experiência de explosão de compulsão, e um dos participantes escolheu "limpeza". Ele queria eliminar a mania de limpeza. No entanto, ao falar sobre seu objetivo, ele se referiu à explosão da sua *mania de ser metódico*. Ao ouvir esse tipo de afirmação — caso o seu parceiro se refira à *motivação* ou use outro tipo de nominalização que possa abranger vários contextos, como um critério, deve-se ser *muito* cuidadoso com o uso da explosão de compulsão. "Ser metódico" é vasto demais e pode ser generalizado, causando problemas. Foi o que aconteceu com ele!

No dia seguinte, ele voltou e disse: "Ontem fiz a explosão de compulsão da mania de ser metódico. Foi algo simples, mas percebi que não consegui dirigir bem, ao voltar para casa". Outro participante confirmou: "Eu estava atrás dele e posso confirmar suas palavras". No caso dele, a capacidade de ser metódico incluía poder dirigir — sua maneira de dirigir era "metódica". Quando alguém fala sobre sua compulsão usando uma nominalização importante, nossas campainhas ecológicas devem soar um alarme. Devemos nos certificar de que a pessoa está se desfazendo *apenas* daquilo que quer eliminar. Se houver qualquer tipo de dúvida, é importante pedir à pessoa que especifique o contexto. "Em que situações deseja continuar metódico?" "Bem, quando estou dirigindo." "Então, é apenas quando está lavando pratos que deseja ser menos metódico? Você quer fazer a explosão de compulsão *apenas* no contexto de *lavar pratos*, certo?" "Eu também limpo demais meu banheiro. Quero diminuir isso também." Isso faz com que a pessoa visualize duas categorias: uma, na qual ela deseja eliminar sua compulsão, e outra, em que ela deseja mantê-la. Quando ela conseguir manter esses dois contextos bem separados será capaz de fazer a explosão de compulsão *apenas* nos contextos em que ela deseja se livrar da compulsão.

A explosão de compulsão é uma técnica a ser usada de maneira bem circunscrita. Já que esse método não indica o que colocar no lugar da compulsão, não é bom generalizá-lo na vida do indivíduo.

Bill: Isso quer dizer que a explosão não é geradora?
Não da mesma forma que o *swish*. Ela apenas elimina uma compulsão. Essa técnica pode ser muito útil e pode permitir fazer muitas outras coisas, mas não é geradora. Inclusive porque não queremos que seja.
Bill: O que aconteceu com o homem que era metódico?
Fizemos com que recolocasse a compulsão de método num contexto em que se encontrasse dirigindo. Mais tarde, vamos ensinar-lhes a *criar* compulsões, mas queremos antes ter certeza de que sabem como eliminar compulsões, para que possam se livrar daquelas que venham a criar sem querer. Insistimos em que sejam muito cuidadosos ao usarem esses padrões, enquanto não tiverem aprendido outras técnicas básicas de PNL.

Condutores auditivos e sinestésicos
Alguns de vocês observaram que, mesmo quando a compulsão foi eliminada visualmente, ainda podiam ter acesso a ela. Às vezes, isso acontece através de outro sistema representacional. Quando começamos a tomar conhecimento de compulsões, vimos uma mulher que explodiu visualmente sua compulsão e, apesar de não poder mais vê-la, podia ter acesso a ela auditivamente, através de uma voz. Ao explodi-la auditivamente, ela descobriu que ainda podia ter acesso a ela, usando um ritmo sinestésico. Porém, ao explodir o ritmo sinestésico, toda a compulsão desapareceu. Ela então explodiu outra compulsão usando apenas o ritmo sinestésico e descobriu que não conseguia ter mais acesso a ela, a partir dos sistemas visual ou auditivo. Os outros sistemas desapareceram quando ela explodiu a compulsão usando o sistema sinestésico.
Pode-se entender isso de duas maneiras. Pode-se testar cuidadosamente todos os sistemas representacionais, para descobrir a submodalidade mais poderosa que produz a compulsão. Ou usar uma submodalidade que se saiba ser o iniciador da compulsão, explodi-lo e em seguida testar. A pessoa ainda tem acesso à compulsão de outra maneira qualquer? Se conseguir ter acesso à compulsão através de uma sensação, a explosão será repetida também nesse sistema. Dessa forma, pelo menos, ficará claro qual dos sistemas representacionais usar da próxima vez!
Um dos participantes do nosso seminário podia recriar sua compulsão fazendo um *swish* de volta ao estado propulsor. Resolvemos seu caso fazendo um *swish* para outro lugar.
Mulher: Pode dar exemplos de explosão de sensações?
Se a cadência sinestésica, como, por exemplo, o bater dos pés, criar uma compulsão e se quanto mais rápido eu bater com os pés, mais compelido eu me sentir, posso bater cada vez mais rápido os pés — de verdade, ou apenas na imaginação —, até que consiga explodir a compulsão. Se o que traz a reação da compulsão é a *extensão* da sensação tátil, poderei obter um pequeno sinal da sensação e fazer com que se ele espalhe por todo o meu corpo até que a compulsão exploda.

Havia uma mulher que não gostava que o marido a tocasse. Quanto mais perto de um lugar "específico" do corpo ele tocasse, mais repulsa ela sentia. Para eliminar essa reação, seria necessário que ela iniciasse o toque bem longe daquele local e trazê-lo para mais perto, usando o método da alavanca.

É importante verificar a ecologia nesses casos. "Tem certeza de que quer acabar com essa compulsão? Talvez seu marido a esteja tocando de uma maneira insensível e grosseira, e convém que esteja consciente disso." Na época, ela respondeu: "Sua maneira de tocar é perfeita. Sinto que não preciso sentir tanta repulsa." Eu a ajudei a eliminar a compulsão. Mais tarde, ela me contou que tudo funcionou durante um certo tempo, mas depois a sensação de repulsa voltou e ela percebeu que essa sensação *continha* uma mensagem importante sobre o relacionamento dos dois.

Esse é um ponto em que muita gente acha que fracassou com o cliente. Achamos que é o início do sucesso. A mulher de quem falei e vocês, também, passaram a ter informações importantes sobre o ganho secundário que precisa ser examinado, antes de conseguir que uma intervenção funcione de forma permanente. A mulher não estava consciente da informação, mas, quando conseguiu passar algum tempo sem sentir repulsa, fez com que sua atenção se voltasse para a informação. A questão da ecologia fez com que ficasse alerta para a possibilidade de um problema e a levou a observar o momento em que ele aparecesse. Somente então é possível planejar algo que funcione de verdade e que seja também ecológico. Um exemplo desse fato foi apresentado no final do capítulo sobre *swish* (Mary).

Fora da consciência

Uma pessoa com quem trabalhei não conseguia ter uma representação consciente do que a compelia. Fiz com que agisse *como se* algo aumentasse sua compulsão. Para que se preparasse, inicialmente dei vários exemplos de outras pessoas que haviam cruzado o ponto-limite. Esse tipo de preparação é muito importante. Fiz com que *fingisse* que estava aumentando a submodalidade propulsora e obriguei-a a realizar isso cada vez mais rápido. No seu caso, funcionou.

Polaridades

Lembram-se de quando aprenderam a lidar com as polaridades no curso de *Practitionner*? Por exemplo, uma pessoa bulímica tem sempre uma parte que quer se empanturrar, enquanto outra não quer comer nada e ser magro. O que acham que aconteceria se a explosão de compulsão fosse usada em apenas uma das partes?

Sarah: A outra parte iria provavelmente assumir o controle.

Exatamente. Se eliminarmos sua compulsão por comida, restaria a outra parte, que quer matar a pessoa de fome, e a pessoa se tornaria anoréxica. Bulimia e anorexia estão muito próximas e com freqüência as pessoas passam de uma para outra de maneira "espontânea". Se alguém tiver ao mesmo tempo atração e repulsa por algo, é preciso ter cuidado em eliminar também a *repulsa*. Uma forma de testar as duas partes é procurar uma reação *neutra* após ter eliminado a atração. Se eliminarmos uma atração por batatas fritas e a pessoa passar a sentir repulsa por elas, o trabalho não está terminado. Resta outra parte a ser lidada. Se o indivíduo passa a ter uma reação neutra depois da explosão de compulsão — ele olha as batatas e reage como se tivesse escolhas —, então, sim, o objetivo foi atingido.

Outra forma de verificação é através dos sinais comuns de incongruência ou partes múltiplas, descritas no livro *Remodelando*.

Tornando algo importante

Uma compulsão por algo muitas vezes serve para organizar o comportamento. Como todos os tipos de motivação, a atenção e os esforços são direcionados para a obtenção daquilo que se deseja. Ao mesmo tempo, uma forte compulsão restringe enormemente as escolhas e pode criar o que é chamado de "visão de túnel".

A motivação em relação a um *objetivo final* nos dá muito mais flexibilidade para encontrar uma maneira de atingi-lo. Uma compulsão, porém, é dirigida a algo específico que a pessoa *espera* que vá ajudá-la a atingir o(s) objetivo(s). E ao atingir o objeto do seu desejo, muitas vezes descobrimos que não nos proporciona todos os benefícios que esperávamos. Se achamos que precisamos de algo, talvez esqueçamos de nos dedicar a coisas que nos dariam mais satisfação. Os esforços para atingir nossos objetivos podem até tornar nossos amigos infelizes e afastá-los de nosso convívio. Muitas pessoas que quiseram enriquecer a qualquer custo aprenderam uma lição amarga. Todos nós provavelmente temos experiências de alguma compulsão com conseqüências desastrosas.

Os bons vendedores são mestres em criar compulsões. Um dos objetivos do próximo exercício é treiná-los para serem capazes de eliminar suas próprias reações, quando o desejarem, e de imediato. Isso lhes dará maior capacidade de guiar seu próprio cérebro, livres da influência indesejável dos outros. O próximo exercício deve ser usado para descobrir o que torna algo importante. Depois, a compulsão recém-criada será eliminada. Esse exercício é em geral feito em grupos de dois ou três, para que uns ajudem os outros, mas pode ser feito individualmente.

Exercício
   1. O que é importante. Pensem em algo que não os atraía antes, mas que agora se tornou de suma importância. Nesse exercício, pensem em alguma *coisa* (em contraste com uma atividade) que acham que *devem ter*. Pensem algo que desejam intensamente. Talvez ter um quadro, ou uma jóia. Ou ainda um computador, uma lembrança ou um carro.

2. **O que não é importante.** Pensem em algo que não tem importância para vocês. Escolha algo que seja *neutro*, não algo repulsivo — isto é importante de forma negativa. Se pensarem em um objeto negativo, será necessário eliminar a compulsão antes, para torná-lo neutro. Escolham algo trivial, como por exemplo, um copo plástico, um lápis ou uma revista.
3. **Análise de contraste.** Encontrem as diferenças de submodalidades entre os números 1 e 2 acima, fazendo um teste para identificar a mais poderosa em tornar importante o objeto pouco importante. Se estiverem em grupo, as mudanças não-verbais do parceiro, enquanto ele fala do que é importante, devem ser calibradas, para serem contrastadas com o que não é importante.
4. **Criando uma compulsão.** Descubram o que deve ser feito para dar ao objeto pouco importante uma importância *duradoura*. Façam uma mudança de submodalidade de cada vez e vejam se a mudança é temporária ou duradoura. Descubram o que torna o objeto importante de maneira *duradoura*.
5. **Teste.** Verifiquem se chegaram a esse ponto imaginando que alguém não permitiria que possuíssem o objeto, ou ainda que pertencendo a outra pessoa seria possível adquiri-lo, caso estivessem dispostos a pagá-lo.
6. **Explosão de compulsão.** Agora, façam a importância do objeto "explodir" de uma dessas duas maneiras: com as mesmas submodalidades que foram usadas para tornar neutro o objeto importante, ou, se isso não funcionar, com as mesmas submodalidades usadas no exercício para eliminar compulsões.

Se desejarem entender melhor por que algo se torna importante e adquirir mais prática em eliminar rapidamente suas compulsões, repitam várias vezes as duas últimas etapas. É uma maneira de criar uma resistência a vendas "à prova de bala".

Quando algo se torna importante de forma duradoura, é porque algumas submodalidades poderosas atingiram um limite inferior. Quando esse limite for atingido, não é mais possível torná-lo pouco importante apenas reduzindo as submodalidades que haviam sido aumentadas. A explosão de compulsão aumenta as submodalidades, obrigando-as a ultrapassar um segundo, e mais importante, limite para poder chegar ao estado de neutralidade.

Quando percebemos que submodalidades criam uma compulsão para uma pessoa em particular, é possível criar uma compulsão usando apenas o tom de voz. Quando aprendemos a usar esse padrão com Richard Bandler, há três anos, ele fez uma demonstração com um homem a quem chamaremos Ted. As submodalidades que criavam uma compulsão para Ted eram luminosidade e a altura em seu campo visual. Quando Ted ouvia uma voz (interior ou exterior) descrever algo num arrastado sotaque texano, isto tornava sua representação maior e mais brilhante. Richard passou a descrever uma cadeira comum amarela, falando com o arrastado sotaque texano: "Ted, gostaria que pensasse em comprar aquela cadeira. Acho que seria uma idéia *brilhante* colocar essa cadeira *lá* no seu escritório. É *altamente* interessante *refletir* em como, ao possuir essa cadeira, os seus clientes poderiam *ver* que você está *subindo* na vida. Fico imaginando como as luzes do seu escritório ficariam mais brilhantes com essa cadeira. O que *surge* em sua mente quando pensa numa cadeira amarela?"

Ao falar, Richard fazia gestos com a mão e a cabeça, que aumentavam o impacto das palavras. Por exemplo, ao usar a palavra "lá" (no seu escritório) ele levantava uma das mãos cerca de 15 centímetros e virava levemente a cabeça para cima e para trás. Logo, a cadeira amarela tornou-se *muito* importante para Ted. Ele é capaz de desenvolver uma compulsão por praticamente *tudo* o que imagine alto e brilhante em sua mente. Para outra pessoa, poderia ser algo com um halo colorido em volta.

Algumas pessoas são mais resistentes a vendas por causa da *estrutura* usada para criar compulsões. Lara, por exemplo, vê o objeto que está considerando comprar no centro de várias outras imagens que indicam de que maneira ela poderia usar aquele objeto. Como ela não vê o objeto fora de contexto, fica mais difícil pensar arbitrariamente em algo como sendo importante. No seu caso, é preciso criar várias conexões funcionais válidas entre o objeto e outros objetivos, e isso deve ser feito de forma a realmente obedecer a seus critérios. Uma pessoa como Lara tem necessidade de poucas coisas, e elas geralmente satisfazem seus critérios. Alguém que tenha uma estrutura mais simples de construção de compulsão sentirá necessidade de possuir mais coisas, muitas das quais não satisfazem seus critérios e podem acabar atulhando armários ou a garagem da casa.

Normalmente a representação de um objeto entra na categoria de submodalidades "importantes", quando se acha que ele satisfaz o critério de "importância". Por exemplo, quando imaginamos que um objeto é bastante útil, ele poderá passar para o primeiro plano. Se ele for engraçado, ele sobe; e se tiver prestígio, pode aparecer com um halo ao redor. Ao pedirmos diretamente à pessoa que veja o objeto mais luminoso, mais alto, etc., estaremos passando por cima dos critérios da pessoa e indo diretamente à codificação de submodalidade que faz com que ela saiba que algo se adapta ao seus critérios.

Como estaremos passando por cima dos critérios da pessoa, ao construir uma compulsão duradoura, é necessário ter muito cuidado com a ecologia. Assim como na explosão de compulsão, não há nada na construção de compulsões que proteja a ecologia. Embora a ecologia não seja ensinada nos treinamentos de vendas, sempre que organizamos um desses seminários, ressaltamos que o produto mais importante a ser vendido é a *satisfação*. A satisfação tem como resultado mais negócios e boas referências. Com técnicas fortes e de grande pressão, é possível vender geladeiras a esquimós — durante um certo tempo. Mas, quando alguém fica satisfeito, com certeza contará a seus amigos, já que é uma experiência rara — quer tenhamos ou não lhe vendido algo.

Incluímos essa seção sobre criação de compulsões por várias razões. Primeiro, porque é interessante por si só. Segundo, porque ajuda a compreensão do papel das submodalidades nas compulsões. Terceiro, podem surgir *algumas* ocasiões em que realmente se deseje criar uma compulsão para alguém — sabendo o que fazer caso se tenha eliminado a compulsão errada.

Entretanto, na maioria dos casos, algum outro tipo de intervenção de PNL será mais geradora e útil para a pessoa do que criar uma compulsão cega por algo específico. As compulsões específicas geralmente restringem as escolhas, tornando a pessoa uma espécie de robô. A maioria das intervenções de PNL, ao contrário, *acrescentam* escolhas e flexibilidade ao comportamento, tornando a pessoa mais humana.

VI

Padrão de Limite: "A gota d'água"

Vocês conhecem a história da gota que fez transbordar o copo? Há outras frases que descrevem esse tipo de situação. "Isso já foi longe demais", "Estou com isso por aqui!", "Não vou mais engolir isso!" Quando as pessoas ultrapassam esse limite, é como se dissessem: "Chega!", a alguma coisa. Por exemplo, quando uma mulher decide divorciar-se, ela tem um longo passado de problemas com o marido. Talvez ela perdoe um, dois ou três problemas criados pelo marido, mas os incidentes se acumulam, como a água no copo, e a mulher acaba dizendo: "Agora chega. Quero o divórcio".

Isso pode acontecer com hábitos como fumar, beber e comer em excesso. A pessoa acorda todo dia com uma tosse seca ou tem problemas com os outros. Um dia, ela se diz: "Chega! Vou parar de fumar". A pessoa que come em excesso tem a sensação de estar inchada, ou estourou mais uma vez a costura da sua roupa e decide finalmente: "Nunca mais vou agir assim".

Uma participante de um de nossos seminários saiu com um homem que a esbofeteou no primeiro encontro. Imediatamente, ela construiu imagens dele esbofeteando-a com mais vigor e freqüência, se ela continuasse a se encontrar com ele: o relacionamento terminou na hora. Ela chegou ao ponto de "Isso não!", a partir de um único exemplo. Isso se chama "padrão de uma *única* gota d'água. Nesse caso, uma única experiência real levou-a a cruzar a linha do ponto-limite, e seu cérebro se encarregou do resto. Outras pessoas adicionam várias experiências até chegar a um "número mágico", e aí atingem o limite. Por outro lado, há pessoas que nunca atingem um limite, pelo menos em alguns contextos.

Se conhecemos a estrutura daquilo que a pessoa faz internamente para chegar ao "chega!" final, pode-se repassar conteúdos dentro do mesmo padrão, para providenciar uma mudança comportamental. Algumas pessoas têm problemas em cruzar o ponto-limite. O conhecimento desse fato permite que se atinja esse limite espontaneamente. Livrar-se de hábitos indesejados é uma das aplicações óbvias desse padrão, mas existem outras. Por exemplo, pessoas que executam trabalhos que não lhes dão satisfação, quando a melhor solução seria estabelecer e cruzar a linha do ponto-limite, sair do emprego e encontrar outro mais satisfatório.

Pessoas envolvidas em relacionamentos negativos sabem que deveriam deixá-los, mas nunca tomam iniciativa nesse sentido. Elas se deixam maltratar e se tornam prisioneiras porque nunca dizem "chega!" Se compreenderem como chegam ao limite em outros contextos, poderão fazer o mesmo com os maus-tratos e dizer, coerentemente: "Chega. Não vou aceitar mais isso".

No padrão da explosão de compulsão, toma-se a vontade de fumar um cigarro ou de comer chocolates, intensificando-o até que ultrapasse o ponto em que o cérebro identifica a vontade como motivação para fumar ou comer. Pode-se também *intensificar o desejo ou necessidade* de ter um comportamento até que ocorra a reação.

O padrão da última gota d'água é também um padrão de limite, mas o caminho para se chegar ao limite é revertido. Em vez de aumentar o desejo de ter um comportamento, aumenta-se o desejo de *não* tê-lo, até que o limite seja atingido. Isso geralmente é feito a partir do acúmulo das representações de descontentamento em continuar a ter aquele comportamento.

Como exemplo da eficácia do padrão, vamos fazer uma demonstração de eliciação do padrão de limite.

Demonstração de eliciação do padrão de limite

Há alguém presente que já tenha vivido a experiência de colocar um "ponto final" e que queira descobrir como fez isso? Precisaremos saber o conteúdo: portanto, seria conveniente escolher uma experiência que possa ser compartilhada com outros. Não é preciso entrar em detalhes, apenas o suficiente para dar uma idéia do fato.

(A transcrição a seguir foi editada a partir de uma fita de vídeo do Seminário Avançado de Submodalidades, de outubro de 1986. Esse segmento, assim como o debate a seguir, encontra-se disponível em videoteipe ainda não editado: ver apêndice 1. Bobbi vivera quatro anos com um homem, até o dia em que disse "Chega!" Depois disso, nunca mais lhe dirigiu a palavra.)

Connirae: Você já havia pensado em abandonar esse homem antes? (*Bobbi*: Já.) E havia chegado ao ponto de pensar em abandoná-lo, sem chegar a tomar uma atitude?

Bobbi: Sim, cheguei até a sair de casa algumas vezes, mas ele pedia para voltar — e eu concordava.
Connirae: Muito bem. Agora pense em uma das vezes em que você pensou "Chega!", mas concordou que ele voltasse, e também na vez em que tomou finalmente a decisão definitiva. Vamos pedir a Bobbi que nos dê informações sobre as atitudes que a levaram internamente a atingir o limite, sem voltar atrás. Observem que isso geralmente acontece num longo espaço de tempo e torna a eliciação um pouco difícil. Mas não é necessário saber tudo o que a pessoa fez do início até o fim.
Steve: Isso se parece com a eliciação da estratégia de procrastinação. Perde-se muito tempo para se obter todos os detalhes.
Connirae: Às vezes, perdem-se anos fazendo isso!
Steve: Já que, para se alcançar e ultrapassar um limite, são necessários vários anos, às vezes dividimos propositalmente o processo em três estágios. O primeiro, quando se atinge o limite, e a pessoa pensa: "Não quero mais ver esse cara", mas continua a vê-lo. O segundo, quando se ultrapassa o limite — o processo que leva a pessoa a cruzar a linha e dizer "Chega! Agora chega!" O terceiro estágio é aquele em que se precisa saber o que fazer depois. Que tipo de comportamento pode-se assumir, agora que o ponto-limite foi cruzado?
Connirae: Bobbi, gostaria que voltasse ao momento em que ainda estava apaixonada. Vamos colocar essa experiência dentro de um quadro, só para você saber que ela já não existe, está bem? Volte ao momento em que se sentia feliz em estar apaixonada, e deixe rapidamente que sua experiência chegue ao limite e ultrapasse-o, apenas para saber como isso aconteceu. Observe o que acontece...
(Bobbi fecha os olhos e fica silenciosa algum tempo.)
Connirae: O que você notou, nessa experiência, que a levou a cruzar a linha do ponto-limite?
Bobbi: Fico fazendo comparações. (*Sua cabeça move-se da esquerda para a direita.*)
Connirae: Entre o quê?
Bobbi: Entre o que ele diz (*acenando levemente para a esquerda*) e o que ele faz (*acenando para a direita e abrindo os olhos*). Entre o que ele diz (*gesticulando para a esquerda*) e o que ele faz (*gesticulando para a direita*).
Connirae: Você ouve o que ele diz...
Bobbi: Suas palavras eram doces (*gesticulando para a frente*) e seus atos, nojentos (*gesticulando bem à direita*).
Connirae: Ao ouvir o que ele diz, você faz uma representação do que isso significa?
Bobbi (fechando rapidamente os olhos): Deixe-me ver... Faço, sim. Internamente.
Connirae: Ela gesticula de um lado para outro, como se tudo estivesse dentro do mesmo sistema representacional. Ela menciona palavras,

mas é como se estivesse vendo imagens. Tenho a impressão de que ela cria imagens do que significam essas palavras.
Bobbi: Palavras e imagens.
Connirae: Na verdade, ela compara dois conjuntos de imagens: as imagens internas criadas por ela, a partir do que diz o namorado, e as imagens do que ele faz, na realidade. Você passa de uma para outra, comparando representações, em seqüência.
Bobbi: É verdade. É como se ele dissesse uma coisa (*sua mão gesticula* para a frente), e suas ações não acompanhassem as palavras, ou como se ele modificasse o que disse (*gesticulando para a direita*). Então, conversávamos novamente, e ele dizia outra coisa, mas o que fazia era diferente. (*Sua mão gesticula bem para a frente, indo depois para a direita, porém mais para cima.*) Isso foi se repetindo (*repetindo o gesto, mais alto ainda*), até que um dia estourei.
Connirae: Observem que seus gestos estão se tornando cada vez mais altos.
Steve: O que provoca essa mudança? O fato de ele fazer, ou dizer, algo que lhe agradasse ou, ao contrário, algo que lhe desagradasse?
Bobbi: O fato de ele fazer algo que me desagradasse. Ele fazia algo (*levantando a mão direita*) que não combinava com a imagem daquilo que dizia que ia fazer (*levantando a mão esquerda*). Sempre que acontecia uma discrepância entre o que ele dizia e fazia, nós brigávamos. Então ele se desculpava e prometia não repetir aquilo (*gesticulando a mão para esquerda*), mas não mantinha a promessa (*fazendo um movimento circular com a mão direita*). Eu via esse lado das coisas (*olhando e gesticulando para a direita*) e pensava: "Ele não está fazendo (*gesticulando para a direita*) o que disse que ia fazer" (*olhando e gesticulando com a mão esquerda para o lado esquerdo*), e eu ficava com mais raiva ainda.
Connirae: E depois?
Bobbi: Eu subia de nível (*levantando levemente a cabeça e as mãos*). As brigas ficavam cada vez mais intensas.
Steve: Quando você diz "eu subia de nível", isso significa que o nível subia realmente no seu campo visual?
Bobbi: Subia, sim (*gesticulando com a mão direita*).
Connirae: Você consegue visualizar os incidentes anteriores, ou apenas o último?
Bobbi: Consigo vê-los todos. Eles vão se acumulando, uns sobre os outros.
Connirae: Então, cada vez que ele criava um incidente, você não só via o atual, mas o anterior também, por baixo do último.
Bobbi: É verdade, era como um *continuum*, acumulado.
Steve: Quando você faz esse gesto circular da esquerda para a direita, o que está dentro dele? É uma imagem, depois outra e em seguida outra coisa? Ou apenas duas imagens distintas?

Bobbi (fazendo o gesto circular para a direita): São imagens de várias situações. Sempre que brigávamos, conversávamos e estabelecíamos uma espécie de imagem (*gesticulando com ambas as mãos para a esquerda*), uma estrutura na qual ambos trabalharíamos, um com o outro, entendeu? Chegávamos a um entendimento e isso era bom — tínhamos um plano e uma imagem criada por nós. Aí tudo recomeçava. Ele começava a agir de uma maneira (*gesticulando levemente para a direita do quadro imaginário*) que não se encaixava na imagem que havíamos criado. Surgia uma discrepância, em seguida outra e mais outra (*gesticulando cada vez mais para a direita, a cada exemplo*).

Connirae: Bem, então existem várias imagens de discrepâncias nesse ponto (*gesticulando para o lado direito de Bobbi*). Há um limite dentro do padrão de limite. Quando você possui uma imagem positiva, quantas imagens de discrepância são necessárias antes de você pensar. "Esse nível já encheu. Agora, chegamos a um nível superior"?

Bobbi: Muitas. Menos, à medida que eu ficava mais velha, mas muitas, antes disso.

Connirae: Como você sentia que era hora de discutir de novo? Era o número de imagens, ou a qualidade das imagens mudava, e você pensava: "Temos de conversar de novo e criar uma nova imagem"?

Bobbi: Eu começava a me sentir "presa".

Steve: O que provocava essa sensação?

Bobbi (movendo a cabeça da esquerda para a direita): Acho que era esse movimento de olhar de um lado para o outro. Vendo-o fazer promessas (*gesticulando para a esquerda*) e não cumpri-las (*gesticulando para a direita*). Era como se a cada vez ele quebrasse (*ambas as mãos fazendo movimentos como se quebrasse uma vara*) suas promessas. Chegava a tal ponto — havia tantas quebras de promessa que, bem, era como se a imagem se despedaçasse (*gesticulando em direção à mão esquerda, que representava a imagem do "plano"*). E então passávamos ao nível superior.

Connirae: Muito bem. Normalmente, esse tipo de mudança digital, uma espécie de mudança qualitativa, é encontrada no nível em que a pessoa ultrapassa um limite. Bobbi vai acrescentando suas imagens das discrepâncias, uma a uma, até que a imagem completa se desintegre e ela passa ao nível superior.

Steve: Nesse ponto, havia uma nova conversa e surgia um novo plano. Então, a seqüência era refeita no novo nível, correto?

Bobbi: Correto. Era horrível.

Connirae: Em que momento percebeu que chegara a hora de dar um "basta" ao relacionamento? Quando viu o número acumulado de níveis?

Bobbi: Não sei. Nunca pensei nisso... Deixe-me ver. (*Ela fecha rapidamente os olhos e movimenta a cabeça da esquerda para a direita, várias vezes*). Ele deu "aquele olhar" de desculpa e eu fiz... (*As mãos esboçando um gesto como se estivessem movimentando um grande par de tesouras.*) Nós nem chegamos a conversar.

Steve: Imagine o olhar dele (*Bobbi*: Está feito). O que você fez em nível interno que a levou ao ponto de nem querer mais conversar com ele?

Bobbi: Só um instante... Vi todas as fissuras. (*Mãos fazendo um círculo para cima.*)

Connirae: Todas elas ao mesmo tempo?

Bobbi: Todas. E tudo isso também (*fazendo um círculo para a direita*).

Connirae: E o que aconteceu em seguida?

Bobbi: Em cada uma das imagens despedaçadas, vi seu rosto. Ele dizia "Vou mudar", e pedia desculpas.

Connirae: Qual a diferença entre esse momento e aquele em que vocês brigaram, terminaram o relacionamento e depois voltaram?

Bobbi: Antes, eu não tinha olhado todas as imagens simultaneamente.

Connirae: O que você viu naquela vez?

Bobbi: Eu olhei cada uma, juntamente a que vinha pouco antes. As outras estavam guardadas, e não as olhei. Eu não cheguei a olhar de verdade e pensar: "Que sujeira!" Simplesmente olhava a última imagem e pensava: "Bem..." Eu era muito flexível, queria que as coisas dessem certo e não queria olhar toda a série de incidentes, mesmo tendo consciência de que tudo estava ali, guardado. Mas, no momento em que fez aquela cara de desculpas, eu vi tudo o que ele havia feito até então, e tomei a decisão.

Steve: O que aconteceu logo *depois* disso? Foi nesse instante que Bobbi ultrapassou o limite.

Bobbi: Houve como que um estalo, e me desliguei dele.

Steve: De que forma você desligou?

Bobbi: Eu me ligo às pessoas com uma espécie de cordão umbilical de fibra leve (*gesticulando à altura do umbigo*) — aliás, é assim que me ligo a tudo que gosto.

Connirae: Então, o cordão rebentou.

Bobbi: Aí, ele rebentou *completamente.* Quase sempre conservo um pedaço do fio, que segura a imagem, se a situação se resolver.

Steve: E quando o cordão rebentou, houve uma mudança na sua representação visual?

Bobbi: Tudo mudou.

Steve: O que aconteceu, a imagem foi embora em direção ao infinito, ou ficou branca?

Connirae: Ou se quebrou, ou sumiu?

Bobbi: Ela perdeu a luminosidade. A imagem é iluminada a partir do cordão, e quando eu o rebento a imagem fica escura e desaparece. Ele não existe mais na minha imaginação.

Connirae: O cordão rebentou e a imagem escureceu. Como sabe o que vai acontecer depois?

Bobbi: Eu me lembro de ter dito: "Não quero que isso aconteça de novo com mais ninguém". E logo depois pensei — eu me lembro muito bem: — "Eu mereço muito mais do que isso, vou passar a investir em mim mesma".
Connirae: Qual é a sua representação dessa nova atitude?
Bobbi: Eu estou diferente (*olhando para frente e levemente para cima*).
Steve: Continue a descrever um pouquinho mais. Então você se viu?
Bobbi: Eu me vi com mais recursos, mais bem-sucedida (*gesticulando com as mãos*, a nível do tórax).
Connirae (para o grupo): Isso não lembra nada a vocês?
Steve: O que ela fez?
(*Vários participantes respondem: Um swish*)
Connirae: Pois é, ela cria a imagem de quem ela passará a ser.
Bobbi: Depois, a imagem fica muito clara e brilhante — minhas submodalidades prediletas.
Connirae: Exatamente! Ela vê uma imagem de si mesma, tendo acesso a mais recursos, como alguém que poderá ter relacionamentos bem-sucedidos. Essa imagem ajuda-a a levá-la para um caminho diferente.
Bobbi: Assim que a imagem ficou bem clara, surgiram as etapas para eu chegar até o meu objetivo (*gesticulando para uma série de imagens, que partia dela em direção à sua auto-imagem*) — essa é a maneira como eu me motivo. Em seguida, todas as pequenas imagens desceram — como se fossem degraus para chegar até onde eu queria —, e ficaram muito brilhantes.
Steve: E, a partir daí, fica bastante fácil conseguir. Fantástico. Nunca tinha visto isso antes. Muito obrigado, Bobbi.
Connirae: Esse é um padrão de limite muito interessante, porque é muito aninhado.
Steve: O primeiro limite acontece quando a imagem do que é idealizado se despedaça e Bobbi confronta seu namorado, e eles elaboram um novo plano. O segundo limite acontece quando ela repassa todas as imagens e elas escurecem.

Exercício

Queremos que façam o que realizamos com Bobbi: descubram como *vocês* usam as submodalidades para cruzar a linha do ponto-limite, de forma irreversível. No caso de Bobbi, usamos uma área de conteúdo — o seu relacionamento — para descobrir como ela *chegava* ao seu limite. Continuamos a usar a mesma área de conteúdo, para entender como ela atingia o estágio posterior: o processo de cruzar a linha do ponto-limite e ir em direção a uma nova alternativa.

Também pode-se usar diversas áreas de conteúdo em cada um dos estágios, para coletar as informações necessárias. Pode-se lembrar de uma situação na qual a pessoa *atingiu* a linha do ponto-limite. Por exemplo, a pessoa decidiu parar de fumar, mas continua a fazê-lo. E então surgiu uma situação diferente que a fez *cruzar* a linha do ponto-limite permanentemente. Outro exemplo seria o da pessoa cujo carro vivia na oficina, até o dia em que decidiu comprar um novo, ou ainda o da pessoa que teve sua confiança traída por um amigo e decidiu nunca mais confiar nele.

Vocês devem examinar incidentes passados, para descobrir que mudanças de submodalidades ocorreram durante o processo de atingir e cruzar a linha do ponto-limite e como surgiu a nova alternativa. O objetivo consiste em entender muito bem a *estrutura* de submodalidade desse processo, a fim de poder utilizá-la com *qualquer tipo* de conteúdo.

Depois de eliciarem o padrão de limite do seu parceiro, testem esse padrão, usando-o com um novo conteúdo. Escolham uma situação em que a pessoa *queira* cruzar a linha do ponto-limite — talvez ela queira parar de tomar café — e ajudem-na a usar o processo da linha do ponto-limite com esse novo conteúdo. Se ela ainda sentir vontade de tomar café depois do processo, alguma coisa foi omitida. Nesse caso, será necessário descobrir o que ela deve modificar para cruzar a linha do ponto-limite de forma permanente.

Deve-se ter cuidado ao escolher o novo conteúdo, tendo certeza *absoluta* de que a qualidade de vida será melhor quando se cruzar a linha do ponto-limite. Esse padrão é irreversível. Ninguém quer arruinar um relacionamento feliz ou fazer uma pessoa deixar o emprego de que ela gosta, ou precisa. Não neste seminário! Se não puderem pensar em nada que valha a pena ser usado no exercício, é melhor não fazer o teste com o novo conteúdo.

Aqui vão algumas diretrizes para facilitar a tarefa do grupo. Normalmente, existem três estágios no padrão do limite. A maioria das pessoas tem uma ou outra maneira de acumular incidentes, uma forma de dizer "chega!" a eles, e o terceiro estágio, muito importante, é a criação de algum tipo de representação de uma nova vida.

Embora os três estágios geralmente sejam encontrados, não se deve esperar descobrir o mesmo padrão de Bobbi. Nunca vimos duas pessoas que passam por esse processo exatamente da mesma maneira. Há muitas variações, no que diz respeito a submodalidades e sistemas representacionais, em como, exatamente, os incidentes se acumulam, como a linha do ponto-limite é cruzada e o que ocorre em seguida. Há pessoas que não acumulam incidentes múltiplos para chegar a cruzar a linha do ponto-limite e usam outra forma de aumentar a intensidade, como aumentar cada vez mais o tamanho de uma *única* imagem.

Enquanto se coletam as informações, deve ser lembrado que esse padrão de limite geralmente acontece em um lapso de tempo. Não é necessário saber tudo o que aconteceu, apenas as mudanças de submodalidades que se relacionam às transições, durante o processo em que se cruza a linha do ponto-limite.

Gostaria de dar ainda um outro exemplo de uma pessoa que cruza a linha do ponto-limite, para mostrar a grande variedade de maneiras. Um homem obeso tentara várias dietas, medicamentos e estratégias para perder peso, sem nenhum sucesso. Em algum momento, porém, ele decidiu: "Já chega. Não vou comer mais dessa maneira". A partir daí, ele não teve mais dificuldades em seguir uma dieta, e chegou rapidamente a um peso razoável. O processo aconteceu em uma noite de "reflexão": ele nem chegou a consultar um terapeuta. Ele chamou o fato de "força de vontade", mas em PNL sempre nos perguntamos: "Qual a *estrutura* dessa força de vontade?" Se funcionou com ele, pode funcionar também com outra pessoa. Ele criou uma série de imagens. Na primeira, ele se viu como estava — grande e pesado. Depois, criou uma imagem de si mesmo, algumas semanas depois, ainda maior e mais pesado. Continuou a criar essas imagens de si mesmo, no futuro, cada vez maior e mais pesado. Na última imagem, ele se viu morto, como uma grande baleia encalhada na praia, e sua filha, parecendo muito triste, parada ao seu lado. Ao ver a última imagem de si mesmo, ouviu uma voz poderosa dizendo "Não!", e atravessou a linha do ponto-limite.

Nesse exemplo, pode-se ver o tipo de processo de acumulação que geralmente ocorre. A etapa de acumulação é uma mudança analógica. A pessoa continua a acumular as imagens, até chegar a um ponto crítico de "densidade", literalmente falando, no caso acima! Sempre há uma tipo de mudança digital quando a pessoa chega ao momento de cruzar a linha do ponto-limite. No caso de Bobbi, o cordão de fibra leve rebenta e a imagem escurece.

Façam o exercício. É longo. Tentem levar meia hora para cada pessoa.

Resumo do exercício
1. Descobrir as submodalidades analógicas que mudam para que o limite seja *atingido*.
2. Descobrir as mudanças digitais de submodalidades que ocorrem quando a pessoa *cruza* a linha do ponto-limite e diz "chega!"
3. Observar como é representada a nova alternativa de vida, quando a pessoa continua o processo.

✳ ✳ ✳ ✳ ✳

Debate
Então, esse exercício não "encheu" a paciência de vocês? (*Risos.*) Vamos ouvir alguns exemplos do que vocês descobriram.

Hank: Talvez pareça meio bobo, mas, em um certo momento da minha vida, decidi que não ia mais comer cachorro-quente.

Conte-nos exatamente como atravessou a linha do ponto-limite, no caso de cachorro-quente.

Hank: Um grupo de colegas meus costumava reunir-se no meu es-

critério da União Estudantil da Universidade, para o que chamávamos de "sexta-feira especial de cachorro-quente de 25 *cents*". Eu comia um ou dois e, meia hora depois, os cachorros-quentes voltavam para se vingar — dores no estômago, gases e outras coisas mais. Finalmente, cansei-me de passar por isso e disse "chega!"
Como atingiu esse ponto?

Hank: Criei uma imagem dissociada de mim mesma — um filme em cores, para ser mais exato — com os efeitos nocivos causados pelos cachorros-quentes. O filme começava bem próximo, mas, enquanto eu olhava, ia se distanciando até o ponto em que eu sentia o quanto estava sendo idiota em continuar comendo aquelas porcarias. Naquele momento, ouvi minha própria voz dizendo: "Isso é loucura. Nunca mais vou comer cachorro-quente!" E nunca mais comi.

Você precisou passar o filme mais de uma vez?

Hank: Não, acho que a parte em que o filme vai se distanciando foi bastante impressionante. Até que por fim eu havia tomado distância suficiente para ver o quanto aquela situação era ridícula.

Você refez esse processo com outro conteúdo?

Hank: Refiz. Preciso separar-me desse grupo, de cujas reuniões eu participava. Como o meu relacionamento com aquelas pessoas já não atende aos meus interesses básicos, quero passar menos tempo com o grupo e mais tempo com os meus projetos pessoais. Há algum tempo venho pensando nisso, sem conseguir tomar a decisão.

O que você fez?

Hank: Criei um filme de mim mesmo em uma daquelas reuniões, morto de tédio, mas ainda fazendo o necessário para que a reunião corresse bem. Afastei a imagem até chegar ao ponto em que vi o quanto era inútil continuar freqüentando o grupo. Nesse momento, eu disse mais ou menos o seguinte: "A próxima reunião será a minha despedida". Foi assim que tomei minha decisão: vou cair fora.

Ótimo! Observem que no caso de Hank não há um acúmulo de imagens. O distanciamento do filme funciona como a parte analógica de ultrapassagem da linha do ponto-limite. Quando a imagem chegou a uma distância suficiente, a voz digital diz: "Isso é loucura. Chega!"

Esse método talvez não funcione para todos, mas sabemos que Hank identificou os elementos necessários para que funcionasse no seu caso, porque ele conseguiu usá-lo com sucesso, em um outro conteúdo. No caso de Hank, a estrutura de submodalidade da nova opção não estava especificada, mas é bastante claro: outra comida, em lugar dos cachorros-quentes; e seus projetos pessoais, em lugar da reunião com o grupo.

Relacionamento com as linhas de tempo e a associação/dissociação

Tom: Quando atingi o ponto-limite, joguei-me contra um grande painel de vidro e me associei à nova atividade. Na verdade, em vez de me associar a uma atividade específica, tive uma sensação de controle e opção prática, de saber o que fazer.

Tom está falando sobre dois pontos muito importantes de ultrapassagem da linha do ponto-limite. Cruzar um painel de vidro é uma mudança digital que lhe permite associar-se à representação que havia sido anteriormente dissociada, quando se encontrava atrás do vidro. A representação da nova atividade é também um elemento importante do padrão.

Tom: O interessante é que, ao tentar com outro comportamento que queria abandonar, ao atravessar o painel de vidro, imediatamente tornei-me associado à nova possibilidade.

Bob: Do que você se lembra do comportamento antigo?

Tom: Essa é uma boa pergunta. (*Longa pausa, enquanto Tom olha para a esquerda e um pouco para baixo.*) Não me lembro.

Mas você sabe do que se tratava...

Tom: Posso explicar como era o antigo comportamento, mas não consigo me lembrar das submodalidades.

E, olhando para Tom, percebemos que ele vê seu antigo comportamento levemente à esquerda e embaixo. Lembram-se da linha de tempo de Tom, eliciada ontem? O antigo comportamento encontra-se na sua linha de tempo passado.

Eu estava observando Tom *antes* de ele cruzar a linha do ponto-limite. O comportamento que ele queria abandonar encontrava-se à sua frente, onde está o presente, em sua linha de tempo. Agora, que ele já cruzou a linha do ponto-limite, o antigo comportamento foi colocado no passado, nesse ponto da sua linha de tempo (*gesticulando para o lado esquerdo de Tom*). Parece-me que também ficou menor.

Sandy: A minha era parecida com a dele. Eu estava pensando no momento em que me tornei uma não-fumante. Atualmente, fumar está tão distante no passado que é quase como se fosse outra pessoa que fumava todos aqueles cigarros. Nem me parece real.

Isso assinala diversos pontos interessantes. Um deles é a interseção entre esses métodos e a linha de tempo. Antes de cruzar a linha do ponto-limite, geralmente a pessoa vê seu antigo comportamento no presente, e, às vezes, no futuro. Depois que ela cruza a linha do ponto-limite, o antigo comportamento passa para o passado, em sua linha de tempo.

Outro ponto-chave é o da associação/dissociação. A maneira como Sandy expressou-se: "É quase como se eu fosse outra pessoa", demonstra o quanto ela está dissociada do ato de fumar. Em geral, o antigo comportamento torna-se dissociado quando se cruza a linha do ponto-limite. Quando pensamos no antigo comportamento, após termos cruzado a linha, estamos dissociados dele.

A nova representação também pode mudar em relação à associação/dissociação. Tom ficou associado a novas opções quando cruzou a linha do ponto-limite. Entretanto, nem sempre todo mundo age desse modo. Algumas pessoas ficam dissociadas das novas opções, como no momento do *swish*. Já que se trata de um fator importante, durante a coleta de informações a respeito do antigo comportamento e a imagem de novas possibilidades, sugerimos a pergunta: "Você está associado ou dissociado?" Essa dimensão geralmente é revertida quando a pessoa cruza a linha do ponto-limite.

Ecologia: criando uma alternativa
　　Fiquei satisfeito em observar que a maioria do grupo estava fazendo um bom trabalho de verificação da ecologia. Vocês perceberam que às vezes a pessoa precisa fazer algumas retificações, antes de cruzar a linha do ponto-limite. No ano passado, uma pessoa tentou cruzar a linha para deixar de fumar, mas não conseguiu. Mas, ainda assim, foi útil para ela ter colocado o conteúdo do ato de fumar em seu padrão de limite. Ele ficou consciente de alguns pontos positivos do cigarro e que seria pouco ecológico deixar de fumar, antes de criar novas opções para atingir certos objetivos.

　　Em alguns casos, não há como adaptar a ecologia para que a pessoa se sinta à vontade em cruzar a linha do ponto-limite — simplesmente não é adequado. Alguns de vocês notaram isso, e eu os felicito por não forçarem a situação.

　　Nunca é demais enfatizar a importância de se cruzar a linha do ponto-limite, em direção a uma representação de novas possibilidades de vida. Muitas pessoas não desejam dar um "basta!" ao que fazem no presente, a não ser que tenham algum tipo de representação do que será sua vida, a partir dali. Elas precisam saber que terão acesso a algo novo e melhor no futuro, antes de eliminar sua única opção atual. Os parceiros de Bárbara estavam ajudando-a a cruzar a linha do ponto-limite, sem sucesso. Ela estava repassando as mudanças de submodalidades que haviam sido identificadas, mas não se sentia pronta para dizer "chega!" Pedi a Bárbara que construísse uma imagem de sua vida, sem a reação que queria eliminar. A partir de então, ela conseguiu cruzar a linha com facilidade.

　　Se, por acaso, uma pessoa cruzar a linha do ponto-limite *sem* antes possuir uma nova opção, provavelmente ela ficará deprimida e até mesmo a ponto de pensar em suicídio. Uma ex-alcoólatra descreveu-nos, durante um seminário, como ela cruzou a linha do ponto-limite, de maneira espontânea, *sem* possuir uma nova opção. Ela começou a pensar em suicídio e ficou presa, literalmente, à cama durante três dias, até que começou a criar a representação de uma possível vida sem álcool. Geralmente, é isso que acontece quando alguém tem tendências suicidas ou diz que não enxerga um futuro para si. Essa perigosa fase pode ser evitada, se tivermos certeza de que a pessoa tem a representação alternativa de uma nova possibilidade de vida, *antes* de cruzar a linha do ponto-limite.

　　Leah: Como se usa o padrão do limite no caso de um alcoólatra? Quais são as conseqüências desagradáveis da bebida? Descubra como a pessoa cruza a linha do ponto-limite e empilhe as conseqüências da bebida da mesma maneira. Quantas manhãs ainda quer acordar sentindo um terrível dor de cabeça ou com medo de ter feito algo horrível enquanto estava bêbado na noite anterior? Esse padrão pode funcionar com *qualquer coisa*, quando ela seja subjetivamente propulsora.

Sam: Estou curiosa de saber como se representa a vida sem bebida, já que se trata de algo tão universal.

Boa pergunta. Talvez eu começasse dizendo "seu futuro sem a bebida" e então perguntaria: "Que *outra* coisa você se vê fazendo?" Não posso colocar nada específico no início, já que não sei o que a pessoa gostaria de fazer.

Lembrem-se de que o uso desse padrão provavelmente será associado a muitas outras técnicas do PNL. Esse método pressupõe muitas escolhas comportamentais — isto é, a pessoa poderá sobreviver sem o álcool. Talvez, *antes de começar*, seja necessário usar vários outros métodos a fim de criar escolhas comportamentais para o futuro.

Projeção no futuro

Jerry: Quando eliciamos meu padrão de limite, notei que via uma imensa série de exemplos da situação, no passado. Examinei o longo filme do que acontecia anteriormente. Quando acrescentei o novo conteúdo, percebi que tinha de acrescentar uma tela com as cenas projetadas para o futuro. Sabia o que havia acontecido no passado, e não gostava daquela situação. Mas só consegui chegar ao ponto-limite quando vi como minha vida seria no futuro, se continuasse assim.

Isso é bastante comum. Para muitas pessoas, não basta ter uma série de cenas no passado. A partir de um certo ponto, a pessoa pensa: "Isso pode continuar assim até a morte. E seria muito desagradável se isso acontecesse". A projeção no futuro acelera o processo e poupa bastante sofrimento. Pode-se abandonar uma situação desagradável mais rapidamente. A moça que recebeu uma bofetada no primeiro encontro praticamente só fez projeções no futuro.

Ralph: Foi o que fiz quando me divorciei. Assim que cruzei a linha do ponto-limite imaginei-me no futuro, com minha mulher, e todas as coisas ruins continuando a acontecer. Não gostei do que vi e decidi tomar uma decisão a esse respeito.

Especificação de um objetivo digital

Al: Não soubemos o que fazer com nossa parceira, pois ela deseja perder peso, mas percebemos que ela não conseguiria dizer "basta" à comida.

Ainda bem que notaram isso, senão ela teria problemas graves! Então, a que ela *quer* dizer "basta"? Certamente ela não deseja parar de comer. Talvez ela queira parar de comer *em excesso*. Se ela puder mudar o contexto para *comer em excesso*, ela estará trabalhando com algo digital ao qual poderá confortavelmente dizer: "Basta!" Ao se usar esse padrão, deve-se ter certeza de que a pessoa está descrevendo o seu comportamento de tal maneira que *possa* e *queira* dizer "basta" a ele.

Al: Comer é um ato que terá de fazer pelo menos três vezes ao dia. Não é provável que em certas ocasiões ela irá comer em excesso? É possível. Todos devem conhecer pessoas que seguem seriamente suas dietas até o dia fatídico em que tomam um sorvete ou comem biscoitos. Talvez comam uma migalha a mais e pensam que a dieta foi por água abaixo! Semanas de dieta arruinadas, e essas pessoas *sabem* que falharam! Nesse tipo de situação, convém incluir exceções possíveis, para que saibam que não é um fracasso sair da dieta algumas poucas vezes. É só limpar as migalhas comidas em excesso e voltar ao regime.

Cathy: Pode-se pegar as submodalidades finais do antigo comportamento e fazer um mapeamento cruzado para o novo comportamento?

Nunca tentei fazer isso, mas acho que os resultados serão bem melhores se a pessoa fizer o processo do início ao fim. Ao fazer a pessoa passar pelo processo de cruzar o ponto-limite, as submodalidades finais acontecerão naturalmente. Se tentarmos apenas usar as submodalidades finais, imagino que haverá muita resistência. E será mais difícil observar eventuais problemas de ecologia.

Homem: O padrão de limite não seria uma outra maneira de mudar critérios?

O padrão de limite não modifica critérios; ele os utiliza. A pessoa pode observar alguns poucos exemplos que violem seus critérios, mas não é isso que a faz tomar uma atitude a esse respeito. Quando ela observa muitos pequenos incidentes ocorrendo em um lapso de tempo maior, ou um incidente de maior importância, notará que *aqueles mesmos* critérios estão sendo violados, porém de forma *mais* profunda, e assim poderá cruzar a linha do ponto-limite.

Uso do processo de limite de forma "inconsciente"

Quando se percebe como funciona esse padrão, usando uma boa acuidade sensorial, é possível ajudar outra pessoa a passar pelo processo, sem obter de forma explícita todos os detalhes do que foi feito em nível mental e que a levaram a cruzar a linha do ponto-limite.

Foi o que fiz com Lou durante o exercício. Ela tinha um bom exemplo de já ter cruzado a linha do ponto-limite anteriormente, mas não conseguia identificar as submodalidades que a levaram a cruzar a linha. Pedi-lhe que voltasse à experiência de ter cruzado a linha. Queria que ela partisse do início do padrão de limite, para sentir novamente como era ultrapassar o ponto-limite. Assim que Lou começou o processo, ela balançou a cabeça e fez um gesto que mais tarde "roubei" para ancorar o processo inteiro. Observei os movimentos não-verbais de Lou enquanto ela voltava a cruzar a linha do ponto-limite e disse-lhe que, ao fazer isso, ela não apenas estava lembrando, mas o seu *cérebro estava apren-*

dendo o caminho que já havia tomado quando ultrapassara a linha do ponto-limite. Ao terminar de reviver a experiência, pedi-lhe que repetisse todo o processo, para *que seu cérebro pudesse memorizar a seqüência de como cruzar a linha do ponto-limite, de forma fácil e ecológica.* Dessa vez, usei minha âncora para que ela pudesse ir diretamente ao início do processo e observei a mesma seqüência de mudanças não-verbais quando ela, mais uma vez, cruzou o ponto-limite. Após dois "ensaios", pedi a Lou que refizesse o processo, dessa vez usando o novo conteúdo sobre o qual desejava cruzar a linha do ponto-limite. Disse-lhe que, mesmo que não soubesse de forma consciente todas as etapas do processo, seu cérebro sabia como proceder. Também usei minhas âncoras não verbais para certificar-me de que seu cérebro começava o processo no ponto exato.

Essa forma de procedimento não é tão confiável como quando se tem um conhecimento exato da seqüência das mudanças de submodalidades que a pessoa experimenta. Se a abordagem "inconsciente" não funcionar bem, será necessário voltar atrás e descobrir exatamente a falha, e o que deve ser feito a esse respeito. Entretanto, convém ter outras escolhas, sobretudo quando é preciso fazer um trabalho dissimulado.

Motivação

Richard: Esse padrão pode ser usado na direção oposta? Pode-se usá-lo para começar a *fazer exercícios*, ao invés de *parar de comer em excesso*?

Se você quiser *começar* a fazer algo, é necessário criar uma motivação para isso, e é mais fácil fazer um "mapeamento cruzado" com algo para o qual já está motivado ou criar um futuro propulsor.

Por outro lado, o padrão da gota d'água serve para *quebrar* uma motivação que já existe. A pessoa já se sente motivada a ter um carro, ou um novo hábito, ou um outro relacionamento, mas não consegue atingir seu objetivo. Como no caso da explosão da compulsão, não é possível simplesmente refazer os passos, de trás para a frente. É necessário construir uma ponte-limite irreversível.

Kate: Existem pessoas que não conseguem cruzar a linha do ponto-limite? Pessoas que continuam em situações ruins, apesar dos pesares?

Existem. Se alguém não tiver como cruzar a linha do ponto-limite, seria preciso aprender a fazê-lo. Há pessoas que nunca aprenderam a enfileirar experiências em um dado lapso de tempo. São pessoas que ficam esperando que *o outro* cruze a linha e acabe com a situação. Como elas não conseguem cruzar a linha e jamais tomam uma atitude decisiva, muitas vezes recebem a etiqueta psiquiátrica de "passiva-agressiva", simplesmente por não possuírem aquela habilidade. Se alguém continua a aceitar uma situação na qual são maltratadas, ou aceita algo que não vale a pena, é que talvez jamais tenham aprendido a acumular incidentes.

Outra possibilidade é que essas pessoas reconhecem que houve incidentes desagradáveis no passado, mas pensam que o futuro será melhor. A mulher do alcoólatra pensa: "Vou conseguir mudá-lo", ou "Ele vai se sair melhor no futuro, por isso vou continuar com ele". Às vezes, o simples fato de colocar os exemplos tanto no futuro como no passado faz com que essas pessoas cruzem a linha do ponto-limite. Foi isso que Jerry fez.

Uma terceira possibilidade é que a pessoa reconhece que a vida horrível que está levando vai continuar, sem vislumbrar nenhuma alternativa. Às vezes, quando construímos uma alternativa subjetivamente real, a pessoa cruzará automaticamente a linha do ponto-limite, porque o que a impedia era a falta de opções. Por outro lado, às vezes a mudança é determinada ao se usar esse padrão após o emprego de outras técnicas para criar uma nova alternativa de vida.

O outro extremo é o da pessoa que cruza a linha do ponto-limite por qualquer motivo. É o tipo de pessoa que tem muitos ex-amigos e antigos empregos. Por vezes, é útil aprender a cruzar a linha do ponto-limite com algum ponto específico, em vez de eliminar totalmente um relacionamento. Assim, é possível decidir não confiar mais em alguém, em questões de dinheiro, e continuar a confiar seus segredos, ou seus outros bens, e manter a amizade.

O padrão de limite é muito poderoso e pode causar grandes mudanças na vida de uma pessoa. Mas insistimos em que seja tratado como um "padrão de último caso". Existem outros padrões de PNL, muito mais simples e básicos, que atingirão os objetivos desejados pelas pessoas, com muito menos repercussões e efeitos colaterais.

VII

Referencial Interno e Externo

Muitas pessoas criam problemas para si mesmas porque partem do princípio de que os outros estão certos e baseiam suas decisões nas opiniões de outros indivíduos. Os sociólogos descrevem-nas como "pessoas voltadas para os outros", ou "conformistas". A PNL as descreve como pessoas que usam um "referencial externo". *Referencial externo* significa que *alguém* ou *algo* decide por mim o que é bom, mau, certo, errado, engraçado, chato, etc. A pessoa com referencial externo pergunta sempre aos outros o que fazer, ou diz: "Vou verificar meu horóscopo, antes de decidir". Terapeutas são com freqüência um referencial externo para seus clientes: "O dr. Fulano diz que eu tenho um complexo de Édipo; portanto, deve ser verdade", ou: "Se ele me disser como viver a minha vida, poderei ser feliz". Uma das caricaturas mais significativas mostra um psiquiatra dizendo a seu paciente, deitado no divã: "Tenho boas notícias para você, sr. Jones. Minha mãe acha que você está melhorando". Se uma pessoa com referencial externo receber opiniões variadas de pessoas diferentes, com certeza terá dificuldades em tomar uma decisão. As pessoas ligadas a seitas religiosas geralmente têm um único referencial externo — o líder religioso, ou o livro religioso, como base única de tomada de decisões.

Em contraposição, ter *referencial interno* significa que *eu* decido o que é certo, errado, e assim por diante. Posso reunir inúmeras informações de outras pessoas, ou do ambiente onde vivo, mas eu decido o final.

Mulher: Assim, referencial interno significa que a pessoa leva em consideração sua experiência interna, e no caso do referencial externo ela presta atenção ao que está fora?

Não. Foi bom ter levantado esse ponto, trata-se de uma distinção diferente. Você se refere à *percepção* interna e externa. O *referencial* nem sempre tem a ver com o alvo da sua atenção, e sim com quem decide. Posso ter um referencial interno, e ainda assim levar em consideração as opiniões dos outros e reunir várias informações. Porém, se tenho um referencial interno, estou usando meu próprio discernimento para decidir a respeito das opiniões e informações que recebi.

Muitas pessoas usam o referencial externo e interno como se fosse uma categoria de diagnóstico — você é uma pessoa de referencial interno ou externo? Temos estudado as diferenças de submodalidades entre o referencial interno e externo, para *mudar* o que fazemos, se assim o desejarmos.

Exercício em grupo

Tentem descobrir conosco o que acontece com o *seu* cérebro quando passa do referencial interno para o externo, e vice-versa. Finjam ter um referencial interno e depois um referencial externo, para descobrir como as submodalidades mudam, em cada uma dessas experiências. Cada um de vocês pode, com certeza, se lembrar do momento em que recorreram mais ao referencial interno ou ao referencial externo. Por enquanto, finjam ter cada um deles exageradamente. Também é interessante notar se alguém tiver dificuldades em ir ao extremo de um dos referenciais.

Em primeiro lugar, finjam que têm um referencial interno. Vou dizer algo, e como têm um sistema de referencial interno, *vocês* decidirão e avaliarão o que vou dizer: "Se uma pessoa ficar de cabeça para baixo, olhando para o norte, durante meia hora por dia, sua qualidade de vida melhorará bastante". Observem o que acontece quando vocês examinam essa afirmação a partir de um referencial interno — quem decide são *vocês*...

Agora, finjam provisoriamente ter um referencial externo, que sou eu. Percebam que é apenas temporário: logo depois da experiência, voltarão a ter sua capacidade de decisão. Por enquanto, serei o seu referencial externo. Vocês já sabem que tudo o que eu disser é verdadeiro. "Se murmurarem um dó maior todos os dias de manhã, durante cinco minutos, terão um relacionamento mais harmonioso com o universo". Observem o que sentem quando ouvem essa afirmação a partir de um referencial externo.

Discussão

O que mudou? Qual a diferença entre ter um referencial interno e um referencial externo?

Dee: Quando estava com o referencial externo, havia apenas uma voz — a sua. No caso do referencial interno, havia duas ou mais vozes, como se fosse um diálogo ou uma troca de idéias. Ouvia sua voz e a minha também.

Isso acontece com freqüência. E as imagens? O que mudou com respeito a elas?
Dee: Aconteceu o mesmo. Havia apenas uma no caso do referencial interno, enquanto mais de uma no caso do externo.
Dick: No caso do referencial interno, eu via várias imagens. Uma do que a outra pessoa dizia, mas também havia uma série de imagens sobre a *minha* própria experiência. Minha experiência anterior, ou o que posso deduzir, por exemplo — possíveis opções entre as quais posso escolher.
Essa é uma parte importante da maneira como a maioria das pessoas usa o seu referencial interno.
Carolyn: Não vejo várias imagens no caso do referencial interno. Crio um filme associado e o passo durante alguns minutos, para saber se quero ou não ir adiante. À medida que o filme passa, pergunto-me: "Isto será bom para mim? Quanto gosto dessa pessoa? Devo fazer isso para eles? Há algo que eles possuem que eu quero ter?"
Como responde a essas perguntas, visual ou verbalmente?
Carolyn: Verbalmente. "Não acho isso interessante, não quero fazer isso."
Essa é outra maneira de começar a criar outras opções, de maneira a decidir o que lhe agrada mais. O que faz no caso do referencial externo?
Carolyn: Também crio um filme, mas estou dissociada. Não faço teste para saber se gosto ou não.
Ann: No caso do referencial externo, a imagem da outra pessoa estava próxima demais. No caso do interno, as imagens estavam muito mais distantes.
Muita gente tem uma imagem grande, brilhante e próxima no caso do referencial externo. Isso tem sentido quando se pensa a esse respeito. Ao reagir a outra pessoa e a imagem do que ela está dizendo é muito grande e próxima, não sobra muito espaço para as *nossas* imagens de outras possibilidades. É difícil pensar por si mesmo, quando tudo o que se vê é a representação do que um "especialista" está dizendo.
Agora, verifiquem a localização das imagens. Há diferença entre a altura onde elas se encontram, em cada um dos referenciais, interno e externo?
Sam: O externo estava mais alto.
Muitos de vocês concordam. Alguma exceção?... Joan, a sua representação do que a outra pessoa estava mais abaixo, no caso do referencial externo? Sentia-se atraída, dessa maneira?
Joan: Não. Ela ficava mais embaixo, era menor e mais escurecida, e eu estava muito pequena nela. No caso do referencial interno, a imagem estava mais acima e era muito maior.
Estranho, e não combina com o padrão das outras respostas, até agora.
Chris: A minha era parecida com a dela. Mas percebi que, quando

tentava passar ao referencial externo, estava adotando um referencial interno, como uma metaposição. Por isso, a imagem fica tão pequena e mais embaixo. Tive dificuldade em adotar o referencial externo. Richard e eu achamos então — chegamos a falar ao mesmo tempo: "Podemos fazer isso, se voltarmos à infância". Voltamos a ser crianças e imediatamente o referencial externo tornou-se grande e brilhante — a imagem de alguém me carregando.

O que Chris disse acontece com você, Joan?

Joan: Sim. Foi muito difícil adotar o referencial externo, exceto por muito pouco tempo.

Então, finalmente essas aparentes exceções têm sentido. No final, isso sempre acontece, se coletamos bastante informação.

Fran: Em nosso grupo, todos estamos mais à vontade no caso do referencial externo. Era um alívio ouvir o que fazer e não ter de tomar decisões.

Bill: Com o nosso grupo, aconteceu o contrário. Talvez ele tenha um referencial interno maior. Sentimos muita tensão ao lidar com a autoridade do referencial externo. Era como uma luta: "Detesto isso".

Nesse caso, sua tendência natural era mais confortável. Tem sentido que fique tenso se está em luta contra o que a outra pessoa diz.

Sally: Senti dificuldade em passar para o referencial externo. Quando achava que era uma ordem, uma porta se fechava no meu cérebro e eu parava de ouvir. Sandy era mais flexível. Ela ouvia o que lhe era dito e o levava em consideração, e criava imagens que constituíam opções. Mas eu não conseguia chegar a tanto. Quando acho que alguém está eliminando minhas opções, digo: "Nem pensar!"

Esse tipo de reação de polaridade protetora pode ser útil, mas como se trata de uma reação extrema, é sempre arriscada. E se alguém gritar: "Fogo! Saiam AGORA do prédio!", e a pessoa começar a pensar: "Nem pensar, você não me dá ordens!" (*Risos*.) Uma reação de polaridade dessa natureza tem como *intenção* proteger a pessoa das opiniões dos outros e preservar sua gama de opções, mas muitas vezes apenas *limita* suas escolhas.

Quando alguém me diz algo — quer seja uma ordem, um pedido, um elogio, crítica ou outra coisa qualquer —, prefiro estar receptivo ao conteúdo do que está sendo dito e ser capaz de avaliar, em vez de simplesmente me fechar e diminuir o leque de minhas opções: "Isso não me agrada, portanto nem pensar!" Se reajo ao tom de voz da pessoa, posso estar perdendo informações preciosas. Tenho que ter flexibilidade para manter aberto o canal das minhas opções, ouvir outras idéias — qualquer que seja a maneira como elas me chegam, ou quão loucas elas pareçam. O que acabei de dizer é um exemplo de referencial interno, e também contém alguns padrões de remodelagem embutidos.

Características do referencial externo

A partir desses dados, vamos criar algumas generalizações. Para se criar um referencial externo *poderoso*, devem-se construir imagens grandes, brilhantes e próximas daquilo que um especialista diz. Essa imagem deve ser grande e atraente o bastante para eliminar todos os pensamentos pessoais do campo visual. Ao imaginarmos a pessoa que nos diz algo, sua imagem deve estar um pouco acima de nós. Se ouvirmos algo, deve ser como a voz do "especialista" ou a nossa voz, repetindo o que ele disse, de preferência com a sua cadência e tom de voz.

A criação de um referencial externo

Líderes são peritos em criar um referencial externo para que os outros lhes obedeçam. Eles se colocam em palanques altos quando discursam e jamais são vistos em posições mais baixas do que a platéia. Também colocam *posters* gigantes, com os olhos fixados no público. Conhecemos um dirigente que, durante seus seminários, além de colocar suas enormes fotografias atrás dele, utiliza dois grandes monitores de televisão, mostrando *closes* do seu rosto, em cada um dos lados do palco.

Líderes religiosos também fazem tudo para evitar que seus seguidores pensem por si próprios. Em um seminário aberto a que assistimos, um participante fez uma pergunta bastante lógica (segundo nossa opinião) a um famoso guru. Este respondeu de maneira solene: "Sou um carpinteiro e vocês são a madeira com que trabalho. No mês passado um dos meus alunos achou melhor não fazer o que lhe indiquei. No dia seguinte, sofreu um acidente de carro e acabou falecendo".

Grec: Isso me lembra os militares!

Frank: Ah, e você não acha que os militares são uma seita religiosa! (*Risos*.) Eu sempre pensei que fossem.

Não é à toa que os militares preferem os recrutas jovens, pois em sua maioria ainda não criaram um referencial interno forte. Apesar de não sermos fanáticos pelo sistema militar, admitimos que a sobrevivência da unidade militar depende da obediência instantânea e inquestionável às ordens superiores. Felizmente, aquele que dá as ordens tem mais conhecimento do que seus recrutas e sabe o que está fazendo, mas, mesmo que não o soubesse, é melhor seguir suas ordens do que agir como uma exceção.

Chris: Tentei uma experiência que foi reveladora para mim. Assumi um referencial externo e imaginei estar recebendo ordens confusas ou pouco compreensíveis. Foi uma experiência desconcertante. A imagem interna era grande, brilhante e próxima, mas muito confusa.

Isso mesmo. Quando partimos do princípio de que o outro é que tem razão, mas as ordens são completamente confusas, provavelmente a sensação é que, apesar de as instruções serem corretas, somos nós que não conseguimos entender. Esse é uma situação bastante difícil.

Sandy: É o que geralmente acontece com crianças pequenas na escola. A professora é a autoridade máxima; portanto, pressupõe-se que ela sabe o que faz. Mas ela dá instruções confusas, e as crianças ficam sem saber o que fazer. Talvez seja por isso que muitas crianças vão mal na escola.

Andy: Eu observei que, quando você nos pediu que passasse do referencial externo para o referencial interno, a postura física das pessoas mudou. No caso do referencial externo, as pessoas inclinavam-se mais à frente, enquanto no caso do referencial interno, a maioria inclinava-se mais para trás.

Bem observado. No caso do referencial externo, as pessoas normalmente levantam a cabeça e arregalam os olhos; porém, no caso do referencial interno, a cabeça movimenta-se para trás e os olhos estão mais cerrados.

Quando fazer o quê

Na maioria dos casos, é melhor adotar um referencial interno, para tomar decisões baseadas em seus próprios valores e nas informações obtidas. O referencial interno também se relaciona profundamente com a sobrevivência. Victor Frankl descobriu que muitos sobreviventes dos campos de concentração conseguiam manter suas opções *internas*, mesmo em situações, à primeira vista, totalmente controladas pelos outros. Pessoas que venceram o câncer geralmente também criaram opções para suas vidas, em vez de aceitarem passivamente a sentença que lhes está sendo imposta. Os "especialistas" lhes dizem que vão morrer dentro de seis meses, e elas discordam. Se é possível para pessoas em circunstâncias tão desesperadoras tomar essa atitude, imaginem para nós?

Entretanto, naqueles casos em que uma pessoa de fora realmente *sabe* a melhor solução, o referencial externo dá melhor resultado. Quando levamos uma criança doente ao pronto-socorro é melhor confiar no julgamento do médico de plantão do que perder tempo tentando se tornar um médico, para poder decidir sozinho.

Em situações como essa, nossas informações são tão incompletas que é melhor aceitar a opinião de outra pessoa como referencial externo dentro de um contexto específico, pelo menos temporariamente. A maioria das pessoas faz isso quando vai ao médico, chama um bombeiro hidráulico ou outro profissional, cujo assunto conhecem pouco. Quando agimos assim, o referencial externo é cuidadosamente contextualizado, e *aninhado dentro de um referencial interno*, integrando dessa forma os dois. Mesmo nesse caso ainda é possível decidir quando é útil confiar na opinião da outra pessoa, e aplicar os testes necessários que nosso parco conhecimento permite. Se o médico nos diz para usar sanguessugas, ou o bombeiro nos diz para colocar uma cisterna aberta em nossa sala de estar, podemos achar melhor procurar outro profissional!

José: Uma das circunstâncias em que me obrigo a aceitar um referencial externo é quando não tenho um ponto de referência do que a pessoa está dizendo, por ignorar tudo a esse respeito. Outra é aquela em que recordo o que a pessoa disse no passado: se ela estava correta, na maioria das vezes.

Ambos são exemplos da integração do referencial externo com o referencial interno.

Como criar um referencial interno

Muita gente gostaria de aprender a decidir por si mesma, em vez de depender tanto da opinião dos outros. Quando se desejar desenvolver um referencial *interno* importante, é necessário gerar representações alternativas, seja por uma pesquisa interna ou externa, ou ambas. Essas representações internas alternativas devem ser pelo menos tão atraentes quanto as advindas de outras pessoas.

Para ter mais referencial interno, pensem numa situação em que foram mais externos do que desejariam, como quando seguiram o conselho de alguém e não deu certo. Uma das opções é voltar atrás e fazer com que a representação do que a outra pessoa disse torne-se menor, mais distante, ou mais esmaecida ou menos colorida. Dessa forma, a reação à representação fica menos forte e sobrará espaço para criar *suas próprias* representações alternativas. Pode-se também examinar a situação passada, procurando indícios desprezados na época de que não era boa idéia confiar na pessoa, ou procurando as oportunidades não utilizadas que teriam permitido fazer as avaliações necessárias à obtenção da informação. Em seguida, deve-se fazer uma ponte-para-o-futuro do que foi aprendido.

Como se tornar "imperturbado" por figuras de autoridade

Usamos essa técnica com pessoas que se sentiam intimidadas diante de autoridades. Quando o cliente pensa na pessoa que o intimida, quase sempre diz: "Posso vê-lo, sim. A imagem é grande, brilhante, próxima e está localizada um pouco no alto". Pedimos então que diminua a imagem, levando-a mais para longe, abaixando-a e reduzindo sua luminosidade. Isso faz com a pessoa pense na figura de autoridade sem se sentir oprimida e obrigada a concordar com tudo o que ela diz. Fica mais fácil desmistificar a pessoa e tratá-la de igual para igual.

Talvez seja necessário criar uma voz protetora, como a que tem Carolyn, que questiona o que a outra pessoa está dizendo em termos dos seus próprios objetivos, examinando as conseqüências daquilo que a pessoa está dizendo e sugerindo alternativas. Se a pessoa tiver apenas *uma* representação da situação, ela talvez a acate, mesmo que seja uma representação pequena, esmaecida e distante. No próximo capítulo, descreveremos um método específico para mostrar às pessoas como fazer avaliações e tomar decisões próprias.

Pessoas voltadas para os outros
Há pessoas que não se sentem intimidadas por autoridades, mas pensam de forma exagerada nas necessidades dos outros, negligenciando as suas próprias. Isso geralmente causa um grande desgaste físico e mental, e tem uma estrutura parecida com a da intimidação. Para se tornar uma pessoa que só pensa nos outros, é preciso criar uma representação das necessidades da outra pessoa. Então a imagem deve ficar grande, brilhante e próxima, ou distante e panorâmica, enchendo o campo visual, sem deixar espaço para nossas próprias necessidades. Quando só conseguimos enxergar a necessidade dos outros, estaremos apenas conscientes delas. A localização dessas imagens geralmente *não* é em cima, como no caso da sensação de intimidação.

O antídoto seria:

1. Pense em alguém cujas necessidades são excessivamente importantes para você, fazendo-o negligenciar as suas.

2. Observe como vê essa pessoa com os olhos da sua mente. A imagem é ampla e próxima, talvez panorâmica? A voz da pessoa tem um tom impossível de ser ignorado? (Caso tenha dificuldade em identificar as submodalidades mais importantes, *faça uma comparação* dessa imagem com a de outra pessoa, cujas necessidades não são importantes para você.)

3. Empurre a imagem da pessoa e suas necessidades para longe de si, tornando-a menor, esmaecida e menos colorida. Se ela era panorâmica, reduza-a a uma pequena imagem emoldurada à sua frente. Diminua o volume da voz ou modifique o tom, até que se sinta menos impelido a satisfazer as necessidades da outra pessoa.

4. Crie uma tela do mesmo tamanho, luminosidade e distância da antiga tela com as necessidades da outra pessoa. Pare e se pergunte: "O que *eu* quero?", e coloque suas respostas dentro da moldura recém-criada.

5. Agora você está vendo duas telas. Uma delas representa as suas vontades e a segunda, as da outra pessoa. Agora, pergunte-se: "O que poderia satisfazer tanto as minhas necessidades quanto as dessas pessoas?" Em alguns contextos, ou no caso de algumas pessoas, talvez seja adequado aumentar (ou diminuir) a importância de suas necessidades em relação às da outra pessoa. Você se sente mais capacitado a responder a ambas as situações, de maneira equilibrada?

6. Faça uma ponte-para-o-futuro da maneira que decidiu encarar as diferentes possibilidades, nas próximas situações.

No caso de uma pessoa com referencial mais externo, é relativamente fácil ajudá-la a tornar-se mais interno. A maioria das pessoas que procura ajuda são as de referencial externo. Talvez por estarem menos conscientes de outros lados internos seus que pensam de outra maneira! Quem tem um referencial externo bem marcado pergunta o que fazer e segue à risca o que lhe foi dito, pois sempre acha que a outra pessoa tem razão. Já que não é difícil fazê-lo aceitar *outra* pessoa como referencial externo, podemos dizer o seguinte: "Sem sombra de dúvida, você deve prestar mais atenção aos seus desejos e tomar suas próprias decisões". Caso a pessoa aceite essa orientação, ela passará a desenvolver um referencial mais interno. Caso ela recuse a orientação é porque *também* estará agindo a partir de um referencial interno — tomando suas próprias decisões, em vez de seguir o que os outros dizem.

Feedback[1]

Se as pessoas que têm um referencial interno forem abertas e receptivas a *feedback* e informações externas, elas, e as pessoas à sua volta, serão felizes. Se a pessoa deseja tornar-se mais receptiva ao ponto de vista das outras pessoas e usar melhor as informações recebidas de fora, é necessário que ela torne suas idéias menos propulsoras (menores, mais esmaecidas e distantes) para dar lugar a outras representações. Assim, é possível tornar as idéias dos outros pelo menos atraentes o suficiente para levá-las em consideração.

Se a pessoa apenas ignora um pouco o *feedback* externo, podemos perguntar-lhe se nas suas imagens internas geradas no momento de tomar uma decisão aparecem outras pessoas. Provavelmente, não. Nesse caso, pode-se pedir-lhe que acrescente a imagem do seu cônjuge, dos filhos, do chefe e de todas as outras pessoas que seriam afetadas por seus julgamentos, dizendo-lhe para prestar atenção às decisões e ações dessas outras pessoas. Isso causará uma mudança útil no sentido de levar mais em consideração o *feedback* externo. Do ponto de vista estrito, trata-se de uma intervenção de *conteúdo*, ao contrário da intervenção de *processo* de submodalidade, porém é bastante útil para ajudar alguém a se tornar mais voltado para as informações externas. A pessoa que tem um referencial externo provavelmente já tem pessoas demais em suas imagens. Algumas chegam a ter milhares! Talvez seja útil, nesse caso, que elas experimentem tomar decisões sem a participação de tantos espectadores.

Outras pessoas com referencial interno vão ao extremo oposto: elas partem do princípio de que estão certas e ignoram a opinião dos outros. Geralmente criam imagens tão fortes de suas próprias opiniões que não deixam espaço para cogitar representações alternativas. Quando alguém não é receptivo ao *feedback* externo, pode se tornar muito mais difícil conseguir que se modifique, pois já está pré-programado para ignorar as idéias de outras pessoas — inclusive a nossa!

A pessoa que tem um referencial interno poderoso raramente procura ajuda. Em geral, são pessoas que possuem grande autoridade decorrente da profissão. Ao trabalharmos com alguém fechado a *feedbacks* externos, devemos ter muito cuidado para acompanhar o seu sistema

---

1. *Feedback*: retorno de informações e comentários a respeito daquilo que fazemos (N. T.).

de crenças, o que estabelece que ela está com a razão e as outras pessoas estão erradas. "Com certeza, você sabe mais sobre sua situação do que jamais eu poderia saber. O máximo que posso fazer é oferecer algumas humildes sugestões e que algumas delas possam ser úteis no seu caso". Tudo o que se deseja que ela faça deve ser colocado o máximo possível como sendo idéia *dela*, ou pelo menos opinião *dela*. "Você acaba de me dizer o quanto isso é importante para você. Posso dar-lhe algumas outras idéias para você examinar — e com certeza você já deve ter pensado nelas —, que podem melhorar ainda mais os seus planos". Ao acompanhar a crença da pessoa de que tudo o que o outro disser é pouco importante, nos tornamos, paradoxalmente, alguém que vale a pena ser ouvido.

Quando a pessoa é totalmente fechada a informações externas, o caso torna-se mais sério — sobretudo para as outras pessoas — do que quando a pessoa tem um forte referencial externo. É só pensar nas pessoas que se incluem nessa categoria. Existem as que pensam que "não preciso ver nem ouvir ninguém para saber que estou certo". Essas pessoas não olham para fora de si em busca de informações relevantes: refinamentos de opiniões, confirmações, aprendizados extras. Tampouco levam em consideração o *feedback* oferecido por outras pessoas, porque sempre estão se dizendo: "Já sei que estou com a razão; portanto, para que perder tempo?" É muito difícil conseguir modificar esse tipo de referencial interno extremo, porque na hora em que dizemos algo que vá de encontro ao que a pessoa *sabe* ser verdade, ela dirá, "Nem pensar!" É um verdadeiro desafio trabalhar com esse tipo de pessoa, porque sua realidade é muito estreita e específica. Um exemplo disso é a pessoa paranóica.

Sally: O que fazer nesse caso?

Não existe nenhum método infalível, mas há algumas estratégias, a maioria delas dissimuladas.

Com uma pessoa paranóica, ou com qualquer outra que seja extremamente desconfiada, pode-se dizer: "Não confie em mim! Mesmo que eu não deseje machucá-lo, pode ser que o faça acidentalmente. Quero que preste bem atenção e examine cuidadosamente tudo o que eu disser e fizer, certificando-se de que o *que fazemos aqui é para o seu benefício*". Assim, ao instruir a pessoa para desconfiar de você, o que ela vai fazer de qualquer maneira, você estará, paradoxalmente, tornando-se uma pessoa confiável. Ao dizer isso, poderá introduzir algumas pressuposições e remodelagens que serão úteis posteriormente. Por exemplo, as três últimas frases entre aspas incluem distinções entre intenção, comportamento e objetivo, e também pressuposições de que é possível você e a pessoa trabalharem em conjunto de maneira benéfica para ela.

Em vez de tentar mudar o sistema de crenças da pessoa, é mais fácil usá-lo como um meio de fazer com que ela faça o que você deseja. Após fazer um cuidadoso acompanhamento, podem-se usar outros instrumentos de PNL, desde que de forma dissimulada ou adequadamente estruturados. "Já que você é tão mais inteligente do que o resto da família, deve ser muito fácil e simples ser delicado e gentil com o pessoal, enquanto aprende o que você já sabe." "Já que tem certeza de estar com a razão, não há mal em ouvir com atenção a opinião da sua esposa e levá-la em consideração, como se ela fosse tão importante quanto a sua. Somente as pessoas inseguras em relação a seus pontos de vista hesitariam em fazer isso."

Aquele que não é receptivo às opiniões de outras pessoas geralmente concordará que é perigoso confiar nos outros. Após fazer o acompanhamento dessa opinião, pode-se argumentar que, como as outras pessoas geralmente agem de maneira estúpida e perigosa, é importante saber o que elas pensam — por mais errada que seja sua maneira de pensar. A partir daí, será fácil mostrar o quanto é importante levar em consideração a opinião dos outros quando ela estiver tomando suas decisões. É até mais útil *demonstrar* como pode ser perigoso ficar fechado às opiniões dos outros. Isso pode ser feito com exemplos das dificuldades que ela tenha enfrentado no passado, ou com exemplos mais atuais, tirados da sessão de terapia familiar ou de casal, ou ainda o terapeuta pode criar ele mesmo uma situação que sirva de exemplo.

Outra opção é ir completamente além da mente consciente da pessoa, usando padrões de linguagem hipnótica e metafórica para ter acesso a um dos lados de sua personalidade que está sendo ignorado ou é menos consciente.

É possível entender como funciona o sistema de crenças do cliente, fazendo um acompanhamento cuidadoso, para, em seguida, "acidentalmente", quebrar o padrão, indicando incoerências e contradições, ou apenas pedindo-lhe, com sinceridade, que esclareça o que está confuso para você. Deve-se, porém, ter muito cuidado com essa abordagem. Se não der certo, o *rapport* estará rompido — talvez para sempre —, e caso você tenha colocado por terra a realidade do seu cliente, ele pode vir a agir de maneira muito estranha.

Sempre contamos a história do doente mental de um hospital de Palo Alto que pensava ser Deus. Era muito solitário e vivia separado de todos, e até então ninguém conseguira estabelecer contato com ele. Don Jackson, um psicólogo muito em voga, se ofereceu para fazer uma demonstração de aproximação. Quando o paciente foi trazido à sua presença, ofereceram-lhe a cadeira que estava perto de Jackson. Mas ele levou sua cadeira para bem longe, olhando para o grupo com ar de imensa superioridade e desdém.

Depois de observá-lo por vários minutos, Don Jackson vai ao encontro do paciente, ajoelha-se respeitosamente, abaixa a cabeça e diz: "Sem dúvida, você é Deus. E, como você é Deus, você merece receber as chaves deste hospital", e coloca as chaves delicadamente no colo do paciente. Jackson faz uma pausa e diz lentamente: "Mas, se você é Deus, não vai precisar das chaves", e levanta-se e volta para sentar-se no seu lugar. O paciente fica refletindo durante alguns minutos, agitado, depois dá um salto, leva a cadeira até perto de Jackson, senta-se, olha profundamente nos seus olhos e diz com firmeza: "Cara, *um* de nós é *louco!*"

A comunicação de Don Jackson, tanto verbal quanto não-verbal, acompanhou o universo em que vivia o paciente para poder indicar uma contradição inerente. O paciente *poderia* ter respondido: "Apesar de não precisar das chaves, já que sou Deus, vou pegá-las assim mesmo", mas ele *não o fez*.

John Rosen faz o mesmo tipo de intervenção, com menos sutileza. Com alguém que pensa ser Deus, John pede a quatro ou cinco enfermeiros fortes que segurem o paciente no chão, senta-se em cima do seu peito e diz: "Se você é Deus, como meros mortais como nós conseguimos jogá-lo ao chão? Você está totalmente impotente. Se for realmente Deus, destrua-nos". Rosen faz questão do contato físico. É muito difícil continuar catatônico com alguém aos berros, sentado no seu tórax. Caso o paciente vire a cabeça, Rosen agarra-a e a desvira, e se o paciente fecha os olhos, Rosen os abre. Ele é capaz de fazer isso durante horas, se for necessário. Pode parecer cruel, mas é muito difícil que o paciente consiga continuar a ignorá-lo.

Richard: Já notei que pessoas com um referencial interno forte também têm reações de polaridade fortes.

É verdade. Isso também pode ser usado: "É claro que uma pessoa como *você jamais* poderia aprender a demonstrar sua inteligência aceitando as pessoas que são importantes em sua vida".

Os extremos dos referenciais interno e externo são interessantes, e os contrastes entre eles podem nos mostrar como fazer distinções importantes. Não há dúvida de que a maioria das pessoas se situa no meio-termo. Elas têm meios de gerar alternativas ao que outra pessoa diz e meios de compará-las e avaliá-las. Os referenciais interno e externo são uma função das submodalidades usadas pela pessoa para construir representações alternativas. É possível ajudar a pessoa a encontrar meios de atingir melhor seus objetivos, pedindo-lhe que tente ajustar suas representações.

Para finalizar, queremos adverti-los sobre outra forma de aninhar referências que é menos evidente e muito menos útil. Às vezes, a pessoa tem um referencial externo com um referencial interno, no seu interior! Muitos líderes religiosos parecem ter um referencial interno, pois eles dizem aos outros o que devem fazer. Entretanto, esse referencial se encontra aninhado em um referencial externo — que é o desejo desesperado de ter um grupo de seguidores que concordem com ele. Já que o sistema é tão circular — o único aspecto importante da crença é que um certo número de pessoas também acredita nela —, torna-se também muito mais frágil. Caso os seguidores o abandonem, o mundo do líder religioso cai por terra. Jim Jones é um típico exemplo, e existem muitos outros — mesmo dentro do pequeno mundo da PNL. Peter Goblen expressou isso muito bem em seu poema,

O líder

Cuidado com quem busca seguidores
o missionário
o líder
todos os que fazem proselitismo
todos os que dizem ter encontrado
o caminho do paraíso.

Pois o som de suas palavras
é o silêncio de sua dúvida.

A alegoria de nossa conversão
os sutenta em sua incerteza.

Persuadindo-nos, eles lutam
para se convencerem.

Eles precisam de nós
e dizem que precisamos deles:
há uma simetria não mencionada
em seus sermões
ou no encontro
perto da porta secreta.

Ao suspeitarmos de cada um deles
devemos suspeitar também dessas palavras,
porque eu, ao tentar convencer,
obtenho novos indícios
de que não há atalho,
não há caminho,
e nenhum destino final.[2]

---

2. Extraído de *Journey Through the Light* (c) 1973 Peter Goblen. Koheleth Publishing Co. San Francisco, CA.

VIII

Uma Estratégia para Lidar com Críticas

Uma das pressuposições básicas da PNL é que "o fracasso não existe, o que existe é *feedback*". Trata-se de um pensamento que aponta numa direção útil. Entretanto, para grande parte das pessoas, essa é apenas uma frase de efeito que não modifica automaticamente sua experiência ou reação. Muitas pessoas (cerca de 70 por cento) reagem às críticas sentindo-se terrivelmente mal. Então, elas tentam sair do buraco emocional que cavaram para si mesmas através da racionalização, *tentando* sentir-se novamente bem, *tentando* ser objetivas, etc. Mas, como já estão se sentindo mal, em geral nenhuma dessas tentativas dá bons resultados. E, como a maior parte dos esforços é dirigida a reconquistar a sensação de bem-estar, deixam de fazer bom uso das informações de *feedback* contidas na crítica. E, quando o fazem, é geralmente muito tempo depois.

No extremo oposto, outras pessoas (cerca de 20 por cento) reagem às críticas simplesmente rejeitando-as. Elas se protegem contra a sensação de mal-estar, mas com isso deixam de levar em consideração se há algo de útil ou válido na crítica que receberam.

Um terceiro grupo (menos de 10 por cento) pode receber críticas sem se sentir mal. Também conseguem refletir se a crítica contém algum tipo de *feedback* útil e usá-lo para modificar seu comportamento.

Evidentemente, os três grupos não são categorias rígidas. É possível que uma mesma pessoa possa encontrar exemplos de cada um desses padrões nela mesma, dependendo do seu estado de espírito, do contexto, de quem fez a crítica, da estrutura da crítica, etc. A maioria das pessoas às vezes sente-se mal e reage de maneira desagradável ao comentário mais inocente. Outras vezes, as pessoas se sentem tão bem, que por mais que a crítica seja mordaz, conseguirão processá-la como simples informação.

Já há vários anos que nos interessamos por conhecer a estrutura interna que permite aos "profissionais" da reação positiva à crítica reagir com tanta facilidade. Modelamos algumas dessas pessoas exímias em reagir de forma útil a críticas. Apesar das pequenas variações, todas elas usam o mesmo processo interno básico, e essa estratégia pode ser transmitida a outras pessoas de maneira fácil e rápida.

Exemplo

(A transcrição a seguir foi editada a partir de um videoteipe onde Steve demonstra como estabelecer essa estratégia em Carl, um dos participantes do nosso seminário de formação de *Practitioner*, de janeiro de 1987. Também incluímos alguns comentários de avaliação feitos por Carl duas semanas depois. Essa demonstração e outros debates adicionais podem ser encontrados em videoteipe: vide apêndice 1.)

Vamos fazer duas coisas, enquanto realizo a demonstração. Primeiro, vou demonstrar como estabelecer a estratégia e avaliar os diferentes ramos da estratégia. Segundo, demonstrar uma maneira dissimulada de estabelecer uma estratégia, o que é feito em estado de dissociação. Carl, isso vai ser meio chato para você, já que não é um fã ardoroso da dissociação, não é mesmo?

Carl: Não, até que gosto de dissociar.

Mas pode fazê-lo? (Posso.) Perfeito. Observe-se a si mesmo dissociado, em uma situação em que alguém lhe faça um tipo de comentário que possa ser apresentado como crítica. Você vai observar isso de longe, está bem? (*Carl reclina-se levemente para trás.*) Isso mesmo! Assim é melhor. Ótimo. Você pode ver-se, dissociado, à distância que desejar. Pode até colocar um vidro de plexiglás na frente da imagem, se quiser. (*Carl sorri e concorda.*) Gostou, não é verdade? Muito bem. Continue dissociado. Agora observe o *outro* passando pela estratégia. Dessa forma, você será um observador e sua função como tal é ficar atento a qualquer tipo de problema que venha a surgir, em algum momento, com o *outro* que está lá adiante. E você poderá me contar o que houve para fazermos algo a esse respeito. (Tudo bem.)

Ótimo. Agora vocês devem apenas observar. Outra maneira de colocar o que vamos fazer é que estamos experimentando, com a situação que está lá adiante, e não vamos estabelecer a estratégia até que tudo esteja terminado e que a situação esteja impecável. Não faremos nada com esta pessoa aqui. Pode parecer um pouco confuso. Mas é uma confusão útil no caso de algumas pessoas muito precavidas que dizem: "Nada de ficar mexendo com a minha cabeça", ou algo parecido. De certa forma, é verdade que a estratégia não será estabelecida enquanto todos os problemas de ecologia não tiverem sido resolvidos e apenas nesse caso. De maneira que parte do que eu disse é verdade. Entretanto, quando a

pessoa está observando a si mesma passando pela situação, ela estará igualmente aprendendo internamente por autometáfora. Bem, aquele ali é você que irá aprender a lidar com uma crítica, pois penso que não esteja muito satisfeito com a maneira como lida agora. Correto?
Carl: Tem toda a razão. Não estou nem um pouco satisfeito.
Ótimo. Veja então aquela pessoa lá adiante, e dentro em pouco alguém vai dizer algo que poderia ser tomado como crítica. E o que o "outro" vai fazer é muito importante mesmo. *Ele* vai dissociar-se da crítica. (Está bem.) Assim, você poderá olhar para ele. (*Carl*: (Ele estando dissociado, enquanto eu também estou dissociado.) Isso mesmo, enquanto você está dissociado. (Está bem.)
Esse procedimento é semelhante ao da fobia, com uma dissociação em três etapas, e a função é a mesma. Então, alguém vai dizer algo a Carl. Simplesmente, invente o que essa pessoa poderia dizer a ele. E aquele Carl que está lá adiante vai manter o que ouvir em suspenso, de alguma forma (Tudo bem.), até ser capaz de avaliar completamente o que ouviu. Ele pode ouvir as palavras e imaginá-las impressas a uma distância de 60 centímetros. Ou pode ouvi-las simplesmente, mas ao longe. (Certo.)
E ele pode fazer isso de várias maneiras e você ficará observando-o agir. Portanto, observe-o enquanto ele é criticado. É uma crítica a seu respeito. Ele vai manter a crítica a uma distância de 60 centímetros. Ele continuará dissociado da crítica. Em seguida, ele vai criar uma imagem da crítica, de preferência em forma de filme. E ele faz uma representação da crítica, dissociado. (Está bem.) Depois, ele vai comparar esse filme com um filme de outra informação que *ele* tenha que considere melhor, sobre a mesma situação. Está claro? (Está.) Assim, poderá avaliar e se perguntar: "Isso tem sentido?" De que maneira ele pode tirar uma conclusão? Você consegue perceber se ele consegue tirar uma conclusão? Tem sentido o que a outra pessoa tenha dito a ele?
Carl: Tem *muito* sentido.
Então tem *muito* sentido. Agora, observe-o decidir que tipo de reação quer ter em relação àquela informação. Porque, se tem sentido, isso significa que é uma informação positiva que ele não possuía antes, não é mesmo? (É, sim.) Assim, ele pode dizer: "Obrigado", ou: "Que bom que chamou minha atenção para isso. Vou ver o que posso fazer a esse respeito". Ou qualquer outra coisa desse tipo.
Carl: Ele não está se sentindo uma droga. Isto é... (*Risos*.)
É uma boa estratégia.
Carl: A sensação é bem mais positiva.
Ótimo. E agora será ainda mais fácil para ele fazer bom uso das informações de que dispõe, já que não se sente mal a esse respeito, não é verdade?
Carl: É verdade! Claro que sim. Fica muito mais fácil ser objetivo a esse respeito.

Exatamente. Aliás, esse é o sentido da palavra "objetivo". "Objetivo" significa que a pessoa está dissociada. Portanto, enquanto você o observa, preste atenção em como ele passa pelo processo de decidir o tipo de reação apropriada à situação, em termos do que ele poderá fazer de diferente no futuro. Que tipo de mudanças pode decidir fazer, ou o que quer que seja apropriado, e o tipo de reação à informação que acabou de ser-lhe dada... Ele terminou o processo de decisão. Agora, faça com que ele leve o processo adiante, caso seja o mais apropriado, e reaja adequadamente. Alguém o criticou, não é? Então, se a resposta apropriada for "Obrigado por me chamar a atenção", ou "Nossa, meti os pés pelas mãos", ou ainda...

Carl: Foi exatamente isso que ele fez. Ele agradeceu à pessoa!

Isso é novidade, não é? Antes, ele dava um fora.

Carl: Ele nunca agradecera antes. Não que ele ficasse com raiva da pessoa, ele tinha raiva de si mesmo (Tudo bem.), mas agora ele não precisa mais ter raiva de si mesmo. Ele aceita a crítica como uma possibilidade de aprender.

Ótimo. E quando ele acabar de interagir com a pessoa, observe-o enquanto ele faz uma ponte-para-o futuro, vendo-se fazer algo diferente. Ele acaba de tomar decisões a respeito daquilo que ele deixou de perceber, ou o que faltava fazer, ou compreendeu que tinha sido descuidado, ou outra coisa desse tipo. (Isso mesmo.) Ele seria capaz de fazer uma ponte-para-o-futuro a esse respeito? Talvez ele primeiro tenha de decidir-se a adotar um novo comportamento. O que ele fará de diferente no futuro, enquanto você o observa fazendo a ponte-para-o-futuro — ele toma a decisão *quando* e *onde* ele quer agir de forma diferente, e de *que maneira, especificamente*, ele vai agir. Você pode examinar rapidamente algumas das suas antigas reações, ou usar o "gerador de novos comportamentos", ou outra coisa que ache melhor. Perfeito. Ele já fez as mudanças? (Já.) Perfeito.

Carl: Incrível. Ele já não sente mais a tensão interna. Ele até ficou contente com o que aconteceu, porque é uma oportunidade de ele aprender.

Isso não é um pouco diferente das experiências anteriores?

Carl: Ele nunca sentira isso antes, nunca!

É o que está parecendo! (*Risos*.) Parece que ele acabou de ver um anjo descendo do céu!

Carl: É até melhor. A interação foi com pessoas da família, com quem ele nunca teve um bom relacionamento antes, e ele está até sorrindo.

Agora queria que mudasse um pouco o contexto. Você continua observando-o, e ele está sozinho. (Está bem.) Dessa vez, alguém chega e lhe faz uma vaga crítica, do tipo: "Você é um imbecil", ou: "Seu cachorro", de forma que ele tem de obter informação — pois ele escuta "Seu cachorro" e cria uma imagem interna de um cachorro e em seguida dele mesmo e as duas não combinam, não é? (*Risos*.) Então, ele terá

de fazer perguntas do tipo: "Você pode ser mais claro? O que quer dizer quando me chama de cachorro?", ou outra pergunta qualquer, até obter a informação "sobre o que essa pessoa está falando?"
Carl: "O que eles estão tentando dizer a ele?"
"O que eles estão tentando dizer a ele?" E ele é capaz de fazer isso de maneira educada e neutra, pois consegue...
Carl: Consegue dissociar.
Dissociar. A única coisa que ele deseja é obter a informação. E quando ele obtiver bastante informação, poderá fazer um filme sobre o que preocupa a outra pessoa, e pode repassar todo o processo... E, agora, tem sentido ou não?
Carl: Depois que a pessoa explicou o que quis dizer?
Depois que ela deu mais detalhes, tem sentido, pelo menos, um pouco?
Carl: Tem. Foi mais uma brincadeira do que outra coisa. (Tudo bem.) Mas ele talvez nunca viesse a saber, se não tivesse feito as perguntas. "O que quer dizer quando me chama de cachorro? "(*Risos*.) Antigamente, provavelmente ele nem tivesse questionado. Talvez tivesse só pensado: "Eu sou um cachorro". Ou então diria: "Vá para o inferno, você também é um cachorro".
Certo. Vá para o inferno. Agora observe-o, enquanto ele se engaja no processo de decidir que resposta dar a essa pessoa. Talvez você já tenha feito isso. E, no futuro, há outro comportamento que ele prefira ter? Há algo de útil para ele? E, às vezes, se for apenas uma brincadeira, talvez ela possa tornar-se um gracejo recíproco, sem importância, sem que haja nenhuma necessidade de modificar o comportamento...
Agora, repasse mais uma vez o processo. Dessa vez, é um louco que surge do nada e diz uma maluquice, sem pé nem cabeça. (Está bem.) E ele pergunta ao homem: "Pode ser mais claro?", ou: "O que quer dizer com isso?" E o outro responde um monte de bobagens, ele é um esquizofrênico que acaba de fugir do hospício, por exemplo. E quando você cria um filme das suas imagens e do que acabou de acontecer, simplesmente não tem sentido. (Certo.) E, em um certo momento, você diz: "Não, muito obrigado", ou: "Com licença", ou algo parecido. Você fez um esforço para descobrir o que a pessoa quis dizer, se há algum tipo de informação verdadeira no que ela disse — ou trata-se apenas de um insulto que vem do universo mental da pessoa, e nesse caso, você pode ignorar simplesmente, porque você não tem... (*Carl*: Não vale a pena.) Não vale a pena porque não contém nenhuma informação que você queira usar para mudar seu comportamento no futuro, certo?
Carl: Não vou aprender nada de útil.
Correto. Agora, imagino que se sinta bem, enquanto observa aquele Carl que está adiante passar por todo o processo, não é mesmo? (Muito bem.) Parece-lhe bom? (Parece.) Há *algum* tipo de problema com o processo? Há alguma coisa que queira ajustar, ou que o preocupa?...

Carl: A única coisa é que quero que isso aconteça. Quero estar lá. Não quero continuar dissociado! (*Risos.*) Esse seria o próximo passo. Parece que tudo está indo bem lá adiante, não é? (Sem problemas.) Perfeito.

Então, aos poucos estenda os braços e chame a si aquele que está lá adiante (*Steve faz a demonstração, estendendo os braços e recolhendo-os lentamente em direção ao peito*), e, muito devagar, traga-o para si, no seu próprio ritmo, tornando-o parte de você. (*Carl estende os braços e traz o outro Carl de volta a si*. Ao fazer isso, há várias mudanças não-verbais — respiração profunda, mudanças de tom de pele, etc. —, que indicam uma profunda integração com muito sentimento.)

Espere alguns minutos para assimilar o que aconteceu... Descanse um pouco. (Carl enxuga os olhos.) Foi bastante forte para você, não foi? (*Carl concorda*.) Fico feliz em tê-lo de volta. Foi muito bom... Agora, calmamente, fique à vontade e deixe tudo isso assentar. Não se preocupe com o tempo. Vou repassar o que fizemos com o grupo. Pode ficar onde está.

Alguma pergunta? Podem olhar o resumo do exercício, se desejarem.

Dee: Acho que perdi alguma coisa, mas acredito que o processo não foi feito com alguém com quem ele *realmente* se importasse, respeitasse e admirasse, e com quem fosse muito ligado, que tivesse dito algo baixo, de mau gosto e ofensivo.

Quando você estiver com um grupo pequeno de pessoas, peça a elas que façam isso com você. (*Risos.*)

Dee: O que quero dizer é, se algum idiota disser algo imbecil (*ela dá de ombros*), normalmente não se liga. Mas, se for alguém de quem gostamos, fica mais difícil aceitar.

Sem dúvida, é diferente. Mas ele escolheu alguém da sua família...

Carl: Na verdade, eu comecei por aí.

Como vê, ele começou por aí.

Carl: Como sabem, no que me diz respeito, é o mais difícil a enfrentar — foi o mais difícil para mim, e não fiquei chateado com a pessoa. Fiquei chateado comigo por ser incapaz de reagir da maneira como gostaria. E, no que diz respeito à minha família, sei que eles me amam e que, do ponto de vista deles, o que dizem é para meu bem. O problema era a maneira como eu recebia o comentário. Imediatamente, eu deduzia o que tinha feito e pensava: "É verdade, a culpa é toda minha". Portanto, eu sabia que a intenção de quem falava era positiva, o problema era a maneira como eu reagia. Ao ser capaz de dissociar e de me ver dissociar...

Dee: Tudo bem, mas será que teria achado, como você disse: "É válido o que essa pessoa está dizendo", mesmo que não fosse válido para você. Talvez fosse para a outra pessoa, e ela achasse isso, mas não para você. Teria se sentido da mesma maneira?

Carl: Enquanto estava observando? Sim, pois sinto-me protegido. Antigamente, a crítica me atingia diretamente (*Carl gesticula em direção ao peito*.) Ser capaz de ver o que alguém está me dizendo em uma imagem e dissociar é igual ao que acontece na cura rápida de fobia, pois permite vivenciar algo, estando de fora, sem que se tenha que associar e se sentir mal a esse respeito. (Do ponto de vista fisiológico.) É verdade. Você pode me dizer o que quiser agora, para testar.

Dee: Não tenho nada de ruim a dizer.

Já ensinei isso milhares de vezes antes, mas você foi o mais lento a aprender. (*Carl olha e sorri*.) Esse é um teste. É o que se chama de teste, certo?

Dee: Eu achei que ele foi o melhor de todos e me emocionou.

Se existir uma situação específica, Dee, que sempre a incomada, sugiro que não a use para aprender a estratégia. Pois quando se está aprendendo a dirigir não se deve ir diretamente a Le Mans ou a outra pista de corrida de carros, mas sim a uma estrada secundária ou um campo aberto de futebol. Mas é claro que isso deve ser usado com todas as críticas difíceis de serem aceitas, quer venham do seu chefe, do seu companheiro, filhos, ou outra pessoa qualquer. Deve ser usado *depois* que se esteja fluente com as diversas etapas do processo, senão você poderá esbarrar em uma delas e todo o esquema poderá ir por água abaixo. Faça todos os testes necessários. E concordo com o que acho ser a intenção do seu comentário: "Bom, talvez isso funcione com algumas coisas, mas será que dá certo com as verdadeiramente difíceis?" Use a estratégia com as difíceis também. E vai funcionar, se você realmente estabelecer o sistema, porque a estratégia — como no caso da cura rápida de fobia — cria a dissociação para que se possa observar do lado de fora. Uma das coisas boas desse método de criação é que se o seu "eu" dissociado estragar tudo...

Carl: Você está protegido dos estragos.

Você está protegido. Pode apenas observar e voltar o filme atrás e dizer: "Tudo bem", e fazer os ajustes necessários e repassar o filme, de forma a...

Carl: A pessoa fica com o controle da situação independente do que acontecer.

Entrevista de controle

Já se passaram duas semanas. Conte para o grupo.

Carl: Depois que assimilei a estratégia da crítica, algumas pessoas do grupo vieram — sem qualquer razão especial — me chamar de idiota e começaram a rir, porque estavam apenas testando, mas...

Não era o teste ideal, certo?

Carl: O mundo real é o teste ideal. Eu nem tinha me dado conta disso antes, mas o meu trabalho me obriga a ir à casa das pessoas para tirar equipamentos deixados pela empresa em que trabalho. E, ao remover esses aparelhos, deixo buracos pela casa toda. Os moradores assinam um contrato no qual nos isentam de responsabilidade. Mas eu sou a pessoa com quem eles reclamam, pois estou no local. Nunca percebi o quanto isso me incomodava, inconscientemente. Mas, nas duas últimas semanas, eu dava automaticamente um passo para trás, o que estou, aliás, fazendo agora, só de me lembrar. E quando começava a acontecer, era consciente, eu observava e decidia se valia a pena ou não, sendo esse o meu ponto de partida. Quanto mais acontecia, mais rápido o processo se tornava. Dessa forma, as pessoas com quem trabalho servem ao meu propósito. É um tipo de remodelagem, quase como se eu estivesse dizendo: "Diga o que quiser, isso é bom para mim!" Quanto mais, melhor. (Isso.) É assim que funciona. Quando iniciamos um novo sistema como esse, quanto mais ele for utilizado, mais automático se torna. Agora, você disse que dava um passo atrás conscientemente. Isso foi o que *observou* conscientemente, certo? (Certo.) Não que tivesse pensado conscientemente em fazê-lo, certo?

Carl: Não, não e não. Acontece por si só. Aconteceu algumas vezes enquanto dirigia — eu dirijo bastante —, e fazia uma barbeiragem, e funcionava muito bem. (Risos.) Anteriormente, eu me dizia: "Que *barbeiro*". Agora, quando vejo que a culpa foi minha eu me digo: "Da próxima vez, vou-me sair um pouco melhor".

Ainda bem. Fiquei um pouco preocupado, pensando que tinha transformado você em um péssimo motorista.

Carl: Acho que o melhor teste aconteceu ontem. Cortei o cabelo e me sentia ótimo. Achei que ficara muito bom e fui visitar meus pais, não moro com eles, fui apenas vê-los. Disse a minha mãe: "Cortei o cabelo". Ela olhou e disse: "E a parte de trás?", referindo-se à nuca, pois geralmente corto o cabelo bem curto. Ela falava sério: "E a parte de trás?" Automaticamente, dei um passo atrás e me perguntei "Isso é válido?" "Não." Foi incrível, ainda mais por ser com família, sem qualquer planejamento, totalmente inconsciente e muito poderoso. Portanto, fui bem-sucedido.

Muito obrigado.

Carl: Obrigado.

(Agora já se passaram oito meses e Carl ainda reage bem a críticas.)

Revisão da estratégia
1. Estabelecer a estratégia em estado de dissociação. *"Ann, veja-se a si mesma à sua frente. Aquela Ann dali vai aprender uma nova maneira de reagir a críticas".* Faça o necessário para manter a dissociação. *"Você pode enxergar Ann tão distante quanto queira, ou em preto-e-branco, ou através de um vidro de plexiglás, o que achar melhor para que você aqui continue a ser um mero observador."*

Sempre use pronomes e advérbios de lugar, como *"ela, ali na frente"*, para manter a distância e a dissociação. Preste atenção nos sinais não-verbais de dissociação. Quando Carl veio aqui pela primeira vez, ele começou vendo-se a distância e depois seus ombros e a cabeça inclinaram-se para trás, o que foi uma boa indicação de que ele estava ficando ainda mais dissociado. Verifiquem se a cliente parece diferente quando está dissociada em relação a quando está associada.

Algumas pessoas preferem a dissociação auditiva — ouvindo o som da sua voz gravada, vindo de outro local — ou mais raramente a dissociação sinestésica —, sentindo-se com a ponta dos dedos, em outro local. Pode-se também usar a estrutura "como se", ou linguagem pouco específica para pessoas que não visualizam conscientemente. *"Finja* que se pode ver ali adiante." "Perceba como ficaria atrás de um vidro de plexiglás."

2. Dissociar da crítica. *"Aquela Ann que está ali será criticada daqui a pouco. Ouça e veja o momento exato em que ela dissocia da crítica que lhe é feita."* Ela poderá fazer isso de várias formas. Uma delas seria que a Ann que está lá adiante se veja criticada. Outra maneira consistiria em ver a crítica ser impressa a cerca de 60 centímetros dela, ou ela pode sair do seu corpo e se ver recebendo a crítica. Se a dissociação simples não for suficiente para manter o estado de recursos da Ann que está ali adiante, é possível usar outras mudanças de submodalidade de apoio. Pode-se pedir *àquela* Ann que faça a imagem dissociada de si mesma ficar menor, mais distante, transparente, esmaecida, ou usar qualquer outra mudança de submodalidade que diminua sensivelmente sua reação. A dissociação impede que ela sinta o mal-estar imediato que tantas pessoas vivenciam, e também oferece o necessário ponto de vista objetivo para que seja dado o próximo passo.

3. Fazer uma representação dissociada do conteúdo da crítica. *"Observe aquela Ann, enquanto ela faz um filme do que a outra pessoa está dizendo."* Ann também pode diminuir essa representação ou colocá-la ainda mais longe, para manter o estado de recursos. Há pessoas que criam imagens tão grandes, próximas e brilhantes da coisa "horrível" que fizeram, que se torna quase impossível manter o estado de recursos. Pode-se aumentar a distância, ou o que achar melhor, para se sentir à vontade, visualizando tudo com clareza.

Antes de avaliar a crítica, é necessário *entendê-la*. O que essa pessoa quer dizer? Se alguém diz: "Você está atrasado vinte minutos, teremos de correr ou chegaremos tarde ao cinema", é possível fazer uma representação interna razoavelmente detalhada nos principais sistemas representacionais.

Entretanto, muitas vezes a crítica é vaga demais para ser compreendida. Se alguém diz: "Você é um imbecil", ou: "Você não tem consideração com os outros", aquela Ann dali terá de se informar melhor para saber exatamente o que a pessoa quis dizer. Antes de pedir mais informações, seria útil acompanhar a pessoa da seguinte forma: "Preocupa-me que você me ache uma imbecil", "Agradeço sua franqueza em me dizer isso", "Sinto muito tê-lo chateado". Depois, pode-se perguntar: "O que eu fiz para que você ache que não tenho consideração em relação aos outros?"

Observe enquanto Ann reúne as informações de que precisa para fazer uma representação clara e detalhada da crítica em todos os principais sistemas representacionais.

4. Avaliar a crítica, reunindo as informações necessárias. *"Observe Ann comparar sua representação da crítica com todas as outras informações sobre a situação, para descobrir se concordam ou não."* Para fazer isso de maneira simples e direta, Ann deve repassar os filmes do que aconteceu, da forma como ela se lembra, e compará-los com o filme da crítica. Ela também poderá passar os filmes do que aconteceu, de vários pontos de vista, incluindo o da pessoa que critica, ou de um observador de fora, ou outras pessoas importantes. Se ouvir comentários por parte dos observadores, eles poderão ser úteis para avaliar se as críticas contêm informações úteis e válidas.

Se sua recordação e a crítica não concordarem, ela pode voltar à etapa número dois, para reunir mais informações sobre a crítica. Por exemplo, talvez Ann não tivesse entendido que, quando a pessoa lhe disse que ela estava "aos berros" e "fora de si", talvez quisesse dizer que o volume de sua voz tenha aumentado 10 por cento, e isso a irrita muito por causa dos traumas que sofreu na infância.

Se, mesmo após comparar as informações, Ann verificar que não há concordância entre elas, poderá decidir que discorda do que lhe foi dito. Talvez a pessoa que fez a crítica esteja imaginando coisas ou gerando experiências internas. Talvez seus comentários não sejam sobre Ann e sim sobre si mesmo ou suas experiências. É possível que Ann possa não se lembrar do incidente em questão, ou ainda que sua perspectiva seja tão diferente que ela não consiga compreender o ponto de vista da pessoa que fez a crítica. Dependendo da situação, pode ser ou não válido continuar a tentar entender.

Geralmente, existe um mínimo de concordância entre as representações feitas por Ann e pela pessoa que fez a crítica. Quando isso for verdade, ela poderá reconhecer os pontos em comum e pedir informações suplementares a respeito dos pontos obscuros.

Quando as duas apresentações concordam entre si, isso significa que, de acordo com as informações de que ela dispõe — e quanto mais melhor! —, a crítica é uma boa fonte de informações que lhe poderá ser útil.

5. Decidir que atitude tomar. *"Observe Ann decidir o que fazer."* Até então, sua única atitude foi acompanhar o crítico e reunir informações. Chegou a hora de tomar uma atitude, mesmo que apenas formal, do tipo "Obrigada por me chamar atenção para isso. Vou pensar a respeito". A atitude de Ann dependerá de quem ela é — seus objetivos, critérios, valores — e do contexto e da crítica que lhe foi feita. Talvez ela prefira se desculpar, ou oferecer algum tipo de compensação pelo que fez. Por outro lado, se sua intenção foi aborrecer a pessoa, seria mais adequado dizer: "Você entendeu o recado". Se não houver concordância entre o que ela acha que fez e a crítica, ela poderá dizer: "Não me lembro de ter feito tal coisa". Se o ponto de vista da pessoa que fez a crítica for apenas uma interpretação do comportamento de Ann, uma resposta possível seria: "Não foi isso que eu quis dizer, mas entendo que você tenha percebido dessa maneira. Eis o que eu *quis dizer...*", e esclarecer o mal-entendido.

"*Observe Ann escolher a atitude a tomar.*"

6. Decidir ter outro comportamento no futuro "*Pergunte àquela Ann dali: Você deseja usar a informação contida na crítica para ter um outra atitude no futuro?*" Se ela o desejar, observe-a escolher o(s) novo(s) comportamento(s) e fazer uma ponte-para-o-futuro utilizando-o(s).

Na etapa número 5, Ann respondeu à crítica no "presente". Agora observe-a decidir se quer ajustar seu comportamento de forma a obter uma reação diferente por parte da pessoa que a criticou e de outras pessoas, no futuro. Se ela deseja ser diferente no futuro, agora é o momento de fazer uma ponte-para-o-futuro com os novos comportamentos selecionados ou criados, nos contextos apropriados. Se ela não tiver tempo de fazer isso agora, poderá registrar cuidadosamente o que ela deseja modificar e se programar para fazer essas mudanças em um local e hora mais adequados. Trata-se de uma ponte-para-o-futuro do processo da ponte-para-o-futuro, para a ocasião em que poderá afetuar as mudanças de modo mais cuidadoso.

7. Repetição. Convém repetir a estratégia duas ou três vezes. Cada repetição deverá usar um ou vários elementos opcionais da estratégia não utilizados anteriormente. Por exemplo, se a crítica anterior tiver sido detalhada e específica, a próxima deverá ser bastante vaga, obrigando Ann a reunir mais informações para formar sua representação. "*Observe Ann em outra situação, prestes a ser criticada. Dessa vez, a crítica será muito geral, de forma que ela se verá obrigada a colher informações mais detalhadas a respeito do que a pessoa quer dizer. Observe e ouça cuidadosamente, enquanto Ann refaz a mesma seqüência, nessa nova situação.* Os principais elementos opcionais são:

a. *Reunir informações,* quando a crítica for vaga.

b. *Observar a concordância ou não* da representação da crítica com sua própria representação do mesmo acontecimento.

c. *Decidir o tipo de reação adequada* para a situação atual.

d. *Usar a informação* contida na crítica para selecionar e fazer uma ponte-para-o-futuro do comportamento a ser adotado no futuro.

Normalmente são necessárias apenas três repetições para estabelecer a nova estratégia. Assim que a estratégia estiver estabelecida, pode-se testar: "*Pergunte àquela Ann se ela assimilou esse método de reação o suficiente para usá-lo automaticamente sempre que for criticada no futuro*". Se a resposta for "não", identificar o que não foi compreendido para que possa sê-lo e observe-a repassar a seqüência algumas vezes.

8. Reassociar com o lado seu que aprendeu a estratégia. Chegou o momento de reassociar-se com o "eu" dissociado, para integrar a estratégia. "*Você acabou de observar um lado seu aprendendo uma nova maneira de lidar de forma útil com a crítica. Agradeça a esse lado seu por ter sido especialmente útil a você... Estenda os braços e puxe Ann para si, incorporando-a delicadamente, levando o tempo que for necessário para tal, de forma que tudo o que aprendeu esteja à sua disposição de forma inconsciente, de agora em diante, sempre que for criticada.*"

Como com qualquer outra técnica de PNL, deve-se prestar atenção a qualquer tipo de objeção, para fazer as adaptações necessárias.

Estabelecer a estratégia

Ao pensar na crítica que está sendo feita e usar o conteúdo para repassar, em pensamento, as diferentes etapas da estratégia, será possível estabelecer a estratégia em si mesmo através do processo de repetição dissociada. A estratégia pode se tornar fluente e automática repetindo-se o processo com vários tipos de críticas feitas por diversas pessoas, em diferentes contextos, para generalizar os elementos da estratégia e poder usá-los. Embora seja possível estabelecer essa estratégia sozinho, como muitas pessoas reagem de forma rápida e "fóbica" à crítica, achamos útil pedir ajuda de outra pessoa durante a fase de dissociação, que funcione como uma espécie de orientador, enquanto se estabelece a estratégia.

Resumo
1. **Estabelecer a estratégia em estado de dissociação.**
2. **Dissociar da crítica.**
3. **Criar uma representação dissociada do conteúdo da crítica.**
4. **Avaliar a crítica, colhendo informações, se necessário.**
5. **Decidir a forma de lidar com a crítica.**
6. **Refletir sobre a mudança do comportamento futuro.**
7. **Repetição.**
8. **Reassociar com aquele lado seu que aprendeu a estratégia.**

Teste

Todo trabalho bem feito de PNL inclui testes antes e depois da intervenção, para verificar a ocorrência de mudanças úteis. Partimos do pressuposto de que o cliente já demonstrou uma reação inútil à crítica. Como o teste comportamental é sempre o melhor, pode-se testar dizendo ao cliente — sem se esquecer do comportamento analógico não-verbal congruente: "Já ensinei essa estratégia a muitas pessoas, mas com certeza foi você quem fez as perguntas mais *idiotas*", enquanto observa sua reação. Também seria útil testar, em nível de pensamento do cliente, em importantes contextos diferentes (pessoas, lugares, situações), que eram problemáticos anteriormente, certificando-se de que ele generalizou totalmente essa nova habilidade.

Debate

Como pouca gente tem uma forma de avaliar de maneira objetiva a crítica e reagir a ela convenientemente, achamos que essa estratégia é muito útil para a maioria dos clientes. As pessoas a quem ensinamos a estratégia nos contam que a ensinaram a outras pessoas com facilidade, de forma que o padrão funciona por si só. A mudança não depende de nenhum estilo pessoal, carisma ou golpes da sorte. Alguns de nossos alunos integram essa estratégia rotineiramente em todos os seus clientes, por achá-la muito útil. Ao ensinar essa estratégia a outra pessoa, estamos integrando um segmento de referencial interno, uma maneira de se depender mais de suas próprias avaliações internas, mantendo-se receptivo a informações externas. Alguma pergunta?

Joan: Você usou a dupla dissociação para ensinar a estratégia. Em seguida, a pessoa traz para si aquele lado que estava dissociado. Ao ser criticado, quantas dissociações a pessoa faz?

Apenas uma. A primeira dissociação usada para aprender a estratégia já foi reintegrada.

Mark: Dê algumas sugestões sobre como alguém pode gerar essa estratégia no passado. Estou pensando especificamente em um cliente meu que ainda sofre por críticas que recebeu antigamente.

No caso que acabamos de ver, usamos uma crítica atual. A mesma coisa pode ser feita no passado. Pense em um comentário que o arrasou no passado, e veja-se lá adiante recebendo a crítica. Ao repassar a estratégia por inteiro, você estará, de maneira eficiente, combinando essa estratégia com o padrão de mudança de história pessoal. Algumas pessoas usaram essa lição. Ao rever a lição, geralmente ficam emocionadas com as coisas importantes que aprendem enquanto têm uma sensação de haver esclarecido algo e de alívio. Esse tipo de informação pode também ter um efeito benéfico nos relacionamentos atuais.

Sylvia: O grande problema para mim não é a crítica que outros me fazem, mas a que eu me faço. Sou uma crítica mais severa do que as outras pessoas. Como encarar isso?

Pode-se usar a mesma estratégia com uma voz interna, ou com qualquer dos seus lados que vive criticando-a. Apenas dissocie-se da voz. Vou ensinar uma ótima maneira de fazer isso. Em que lado da cabeça ouve a voz?

Sylvia: De que lado? Do ponto de vista da localização...

Isso mesmo. Você a ouve vindo daqui *(apontando para o lado direito)* ou daqui *(apontando para o lado esquerdo)*, ou daqui *(apontando para a parte de cima)* ou bem do meio, ou...

Sylvia: É mais do lado esquerdo da cabeça.

Pode ouvir a voz agora? Imagine que ela esteja fazendo uma crítica. Que tipo de comentário ela faria? "Você não fez aquilo como devia", ou ...

Sylvia: Seria: "Que coisa mais imbecil você fez".

"Que coisa mais imbecil você fez." Ótimo. Ouça agora a voz vindo do seu dedão do pé esquerdo... (*Risos*.) É bem diferente, não?

Sylvia: Sem dúvida.

A dissociação auditiva dá esse tipo de distanciamento. A partir daí, você pode seguir os passos da estratégia com a voz interna.

Bill: Enquanto aprendemos a estratégia, todos sabemos que seremos criticados, e assim ficamos em guarda. Agora, no dia-a-dia a coisa é diferente. Tenho a impressão de que primeiro me sinto mal, para só depois me dar conta de que fui criticado, mas o mal já está feito.

Isso não é um problema. Se acha que é um problema para você, pense em determinar um "sistema de alarme antecipado" para a crítica. Como sabe que alguém está começando a dizer algo sobre você? Use esse conhecimento para estabelecer a estratégia. É uma possibilidade lógica, mas nunca se tornou um problema para o estabelecimento da estratégia.

Sally: Pode-se usar essa estratégia em situações em que uma pessoa o critica com uma terceira, que vem lhe contar o que aconteceu?

Claro. Pouco importa o canal de entrada. A mesma estratégia é válida se alguém a critica pelo telefone, ou por carta ou qualquer outro meio. O canal de entrada de informação pode ser totalmente não-verbal. Uma pessoa pode parecer "chateada", ou suspirar, ou afastar-se com um olhar "enojado", por exemplo. Se quiser ter absoluta certeza, use um canal de entrada diferente em cada repetição, para que a pessoa generalize a estratégia para diferentes canais.

Embora poucas pessoas se queixem, notamos que muita gente é tão vulnerável ao elogio quanto à crítica. Há pessoas que enchem os outros de cumprimentos apenas para se aproveitar ou evitar que eles notem problemas de comportamento que precisam ser corrigidos. Um dos nossos provérbios favoritos, daqueles que vêm nos biscoitinhos da sorte dos restaurantes chineses americanos diz: "Você é inteligente demais para ser afetado por bajulações". (*Risos*.) Se não avaliarmos cuidadosamente os elogios que recebemos, podemos passar a acreditar em coisas que não são verdadeiras. As pessoas sensíveis a bajulações são menos receptivas ao *feedback* externo, e quando isso não pode mais ser evitado, a decepção é imensa. Não somente é necessário acomodar-se à disparidade entre o nosso comportamento e a crítica vinda de outrem, é preciso aceitar as disparidades entre o nosso comportamento e nossas ilusões. Às vezes, as pessoas que não sabem avaliar críticas ou elogios, simplesmente evitam quem possa criticá-las, cercando-se de pessoas bajuladoras. Mesmo que isso torne sua vida mais agradável durante algum tempo, essas pessoas deixam de receber informações úteis, e mais cedo ou mais tarde quebram a cara.

Essa estratégia é muito útil também para as pessoas que querem avaliar os *elogios* recebidos, antes de responder a eles. É necessário apenas uma pequena mudança na maneira como são descritas as pistas iniciais da primeira etapa. Em vez de "Dissocie-se de todas as críticas", deve-se dizer "Dissocie-se de todo *tipo* de comentário, crítico ou elogioso, sobre si mesmo e seu comportamento". A outra mudança a ser feita é uma instrução explícita para associar-se a todos os elogios que considera verdadeiros, a fim de desfrutá-los integralmente.

Esse processo tem uma conseqüência muito geradora, pois as pessoas aumentam seu referencial interno ficando ao mesmo tempo mais receptivas a informações vindas de fontes externas. É o melhor dos mundos: estar receptivo a todas as fontes de informação, enquanto se é capaz de tomar suas próprias decisões baseados em valores, objetivos e critérios próprios.

IX

Acesso a Estados Sinestésicos[1]

Agora gostaríamos de ensinar-lhes a ter acesso facilmente a qualquer tipo de recurso sinestésico. Esse padrão é principalmente útil para reproduzir estados idênticos aos produzidos por drogas ou medicamentos. As pessoas que já ingeriram drogas como diversão sabem que existem algumas conseqüências indesejáveis, como o custo, a proibição legal e a dificuldade de se voltar rapidamente ao estado normal. As drogas são muito úteis para induzir estados alterados nas pessoas, porém é muito difícil sair dessas situações. O estado alterado criado pela droga em geral dificulta dirigir com segurança ou exercer uma atividade que exija um contato direto com o mundo real.

A vantagem da indução de um estado alterado de consciência sem o uso de drogas é que se pode voltar ao estado normal quando quisermos, sem sofrer grande parte das conseqüências indesejáveis. Pode-se contextualizar o estado alterado de consciência pelas drogas, sem que ele interfira na vida do dia-a-dia. Isso também permite aos viciados terem acesso aos recursos disponíveis no estado alterado de consciência, sem sofrer suas conseqüências.

Existem várias aplicações dessa técnica na medicina e na odontologia, especialmente no campo do controle da dor. Embora a medicina seja uma ciência maravilhosa, que realiza coisas impressionantes, todos os medicamentos têm efeitos colaterais. Alguns deles muito graves, sobretudo se tomados em grande quantidade ou durante um longo tempo, sem contar a hipersensibilidade ou alergia.

---

1. Este método nos foi ensinado por Richard Bandler, que, por sua vez, dá o crédito a Ed Keese, presidente do Southern Institute de PNL, como o primeiro a desenvolvê-lo. A sessão de replanejamento de estados foi desenvolvida por nós.

Esse processo se baseia na aplicação do princípio de que é fácil fazer algo, se segmentarmos ao máximo o processo. O melhor exemplo disso — justamente por ser tão estranho — é o do homem que decidiu comer uma bicicleta para o *Guiness Book of Records*. Ele desfez a bicicleta em minúsculas partes e durante cerca de três meses ingeriu-a completamente. Com certeza, poderemos achar outras aplicações para o princípio da segmentação, mas sem dúvida esse exemplo é memorável! (*Risos.*)

Ao segmentar a experiência ao mínimo, pode-se mudar facilmente de estado mental. Um dos ensinamentos mais importantes da PNL é o de como perceber os estados de *transição*. Todos nós já passamos por estados mentais maravilhosos e horríveis, em algum momento de nossa vida. A pergunta é a seguinte: "Como mudar de um para outro?" Quando estamos deprimidos é fácil lembrar dos momentos felizes, mas é difícil voltar a se sentir assim. Não basta saber que há um estado mental diferente daquele em que estamos; é necessário saber *como ter acesso a ele*. Muitas pessoas constroem castelos de areia, mas a PNL é uma tecnologia que nos permite conseguir nosso objetivo.

As drogas psicoativas são uma forma muito poderosa de se mudar de estado de consciência. Quem já tomou LSD teve acesso a diferentes realidades, algumas muito úteis, outras nem tanto. Mas ninguém poderia ter acesso a essas realidades sem uma droga. Não sabiam fazer a ligação entre o que haviam aprendido ou as experiências que haviam tido durante o estado alterado de consciência e sua vida cotidiana. Por isso, muitas pessoas se viciaram, se não fisiologicamente, pelo menos psicologicamente.

Uma última palavra antes de passarmos à demonstração. Esse método requer uma lembrança do estado alterado de consciência. Se isso não acontecer, o processo será mais longo. Entretanto, muitas pessoas têm lembranças de estados mentais alterados, mesmo que pensem que não.

Passemos à demonstração do processo. Quem gostaria de ter acesso a um estado alterado de consciência? Não é necessário dizer nada a respeito da droga.

Demonstração de eliciação

1. Seqüência sinestésica

O primeiro passo, Stan, é descobrir que sensações sinestésicas surgem quando a *droga começa a fazer efeito*. O objetivo é segmentar o máximo possível em pequenas partes, ou estágios, à medida que você tem acesso ao estado alterado de consciência. Por exemplo, talvez tenha sentido um pouco de calor, dormência, ou relaxamento, em alguma parte do corpo. Isso é feito para descobrir a *seqüência* das sensações que surgiram. Talvez você tenha sentido uma corrente de calor que se espalhou por todo o corpo, mas, ao examinar com mais cuidado, talvez descubra que ele tenha começado em um ponto específico do corpo e se espalhado, por etapas.

Stan: Não consigo decidir que droga usar como exemplo.

Escolha qualquer uma. Quando tiver aprendido o processo, poderá usá-lo com qualquer uma delas. Não importa qual delas use como exemplo a fim de aprender o processo.

Stan: O que sinto em primeiro lugar é uma sensação, no alto da cabeça, de calor, leveza... um zumbido suave e delicado e uma vibração.

É uma vibração sinestésica e não auditiva, correto? Talvez, continuando a segmentação, haja uma *seqüência* nas sensações mencionadas? Você falou em calor, em vibração?

Stan: Acho que a leveza é a primeira coisa que sinto. Depois vem o calor e, em seguida, a vibração.

Elas estão todas no mesmo local?

Stan: Pode-se dizer que sim. Em seguida, sinto uma pressão, como uma máscara daquelas usadas pelos bandidos, ao redor dos olhos... *(A cadência da voz de Stan fica muito lenta.)* Depois, sinto uma espécie de dormência no lábio superior...

Enquanto colhemos as informações, a tendência é que ele comece a ter acesso ao estado alterado de consciência e "viaje". Alguns de vocês estão rindo, porque notaram que os olhos de Stan estão meio vidrados e ele está escorregando da cadeira. E então, Stan? Volte para cá e se comunique conosco, por favor.

Stan: No plexo solar... talvez um pouco de excitação ou medo. Estou tentando entender que tipo de sensação é essa.

"Excitação" e "medo" são rótulos de avaliação para a sensação. Descreva a sensação em termos de calor, dormência, leveza, peso, pressão ou qualquer outra palavra *descritiva*, em vez de avaliadora.

Stan: Na verdade, a sensação é um pouco acima do plexo solar. É na altura do esôfago, meio quente. Parece vermelha. *(Gesticulando da parte superior para a inferior do torso, ao longo da linha intermediária.)*

Então, ela começa na altura do pescoço e vai descendo. Alguma outra coisa? Já temos uma boa lista. E você já está em um profundo estado alterado de consciência, não é?

Stan: É verdade.

Vamos dividir essa etapa arbitrariamente em seis segmentos, para não esquecer de nenhum. Gostaria que você repassasse o processo, por duas razões. Primeiro, para revisar a seqüência, tornando-a suave e fluente. Segundo, para verificar se alguma coisa foi esquecida. Veja se a seqüência é esta: 1. leveza na base do crânio; 2. calor; 3. vibração; 4. pressão em torno dos olhos, como uma máscara de bandido; 5. dormência nos lábios; 6. calor na linha média do torso (da garganta ao plexo solar). Reveja você mesmo as etapas. Quer que eu repita a seqüência? Acha que ficaria mais fácil?

Stan: Acabo de repassá-la. Identifiquei cada uma das etapas, na seqüência.
Perfeito. Observem como o rosto dele está corado. O que nos interessa é a sua experiência subjetiva, mas temos aqui uma boa confirmação externa de que a seqüência de sensações sinestésicas específicas, divididas em pequenos segmentos. Não servem palavras como "ansiedade", "medo" ou "excitação". Queremos saber das emoções primárias: "calor", "dormência", "leveza", "peso", "extensão", "irradiação" — palavras que descrevam adequadamente sua experiência sensorial sinestésica. Como as drogas geralmente interferem diretamente na fisiologia, com certeza haverá uma seqüência sinestésica. A experiência é o resultado da ação da droga tanto sobre os sistemas nervoso, endócrino, como nos outros.

2. Outras mudanças de submodalidade

Agora que temos a lista das mudanças sinestésicas por que Stan passa ao entrar em um estado alterado de consciência, o próximo passo é determinar que *outras* mudanças de submodalidades ocorrem paralelamente a essas alterações sinestésicas.

Stan, retome os estágios que identificamos e observe que mudanças de submodalidades ocorrem nos outros sistemas, visual e auditivo, por exemplo. Quando você revive essa sensação de leveza, calor e vibração na base do crânio, o que acontece com sua audição? Acontece alguma coisa com sua visão? Seja com os olhos fechados ou abertos, que outras mudanças de submodalidades ocorrem?

Stan: Minha audição fica mais aguçada. Fiquei mais consciente do barulho do ar-condicionado. Por outro lado, minha acuidade visual aumentou — percebo melhor os pequenos detalhes.

É como se você focalizasse mais um ponto, ignorando o resto, como perceber o nariz de uma pessoa ou a cor de suas calças? Ou é diferente? Pode fornecer mais detalhes?

Stan: Fico mais consciente de *mudanças*, de pequenas variações. Não se trata apenas de observar um detalhe de um objeto estático, e sim de perceber melhor movimentos e mudanças.

Há uma seqüência entre as mudanças auditivas e visuais?... Como elas estão ligadas com a seqüência sinestésica?

Stan: A mudança auditiva aconteceu primeiro. Ela começou logo que senti a leveza, o calor e a vibração. Então, comecei a perceber muitos outros detalhes visuais menores.

Isso foi antes de sentir a máscara em torno dos olhos? O importante é a seqüência. Se tiver dúvidas, experimente ambas as maneiras, para descobrir qual delas é mais congruente. Tente observar um detalhe visual e em seguida a pressão ao redor dos olhos. Ou primeiro observar a pressão nos olhos e depois os detalhes visuais. Qual deles lhe parece mais confortável e natural?

Stan: Primeiro, sinto a máscara e depois os detalhes visuais. Você sente a máscara ao redor dos olhos e depois observa os movimentos e detalhes. Em seguida, sente a dormência no lábio superior. Que outras mudanças simultâneas ocorrem?

Stan: Elas aumentam a leveza, o calor e vibração que sinto no pescoço.

Bem, então a dormência no lábio reforça as sensações anteriores no pescoço. Às vezes, acontece esse tipo de repetição. Em vez de obter a seqüência de diferentes acontecimentos, há uma repetição de um só acontecimento que amplia o estado.

Que outra coisa muda quando você sente o calor passar do esôfago para o plexo solar?

Stan: As sensações na base do crânio aumentam também.

Quero que repasse o que fizemos até agora, Stan. Prefere que eu fale enquanto você refaz a seqüência?

Stan: Sim.

Primeiro, você tem uma sensação de leveza na base do crânio, seguida de calor e vibração. Enquanto essas sensações ocorrem, você passa a perceber pequenas mudanças auditivas. Em seguida, sente a pressão ao redor dos olhos, a máscara. E, depois, percebe pequenos detalhes de movimento, quer esteja com os olhos abertos ou fechados. Logo depois começa a sentir a dormência no lábio superior, o que reforça as sensações da base do crânio. Em seguida, o calor se espalha do esôfago para o plexo solar, reforçando ainda mais as sensações da base do crânio...

Enquanto refaz essa seqüência tem a impressão de estar entrando em um estado alterado de consciência específico?

Stan: A sensação não é tão forte quanto já foi algumas das vezes com o estado alterado de consciência induzido pela droga, mas é tão forte quanto já foi de outras vezes.

Será que se esqueceu de alguma coisa? Você pode repassar a seqüência algumas vezes, há algo mais?

Stan: Não, todas as seqüências foram revistas.

Esse processo lhe mostra como conseguir ter acesso a esse estado alterado de consciência, sempre que quiser. É como se fosse uma receita culinária para facilitar o processo. Você não sentiu dificuldades ao fazê-lo aqui, enquanto estava experimentando pela primeira vez. Cada vez que o fizer, será ainda mais fácil, e geralmente mais rápido. Depois de repetir o processo algumas vezes, provavelmente as sensações na base do crânio desencadearão automaticamente o resto da seqüência.

Demonstração do replanejamento

3. Retificação das submodalidades

O passo seguinte é o do replanejamento. Como melhorar o estado alterado de consciência? Talvez já tenham ouvido falar de químicos e outros "planejadores de drogas". É possível também alterar um *estado alterado de consciência* causado por drogas, modificando-se as submodalidades da seqüência ou acrescentando-se outras. É necessário apenas fazer experiências, para descobrir o que faz o estado alterado de consciência ficar da maneira que desejamos. Stan, gostaríamos que fizesse algumas modificações e nos contasse o resultado. Como fica se você aumentar as sensações da base do crânio, fazendo-as se espalharem pelo pescoço?

Stan: O estado alterado aumenta um pouquinho.

Agora tente transformar a sensação de pressão ao redor dos olhos em dormência...

Stan: O estado alterado fica mais fraco.

Agora tente acrescentar brilho a todas as pequenas mudanças que observou visualmente...

Stan: Isso aumenta bastante o estado alterado.

É dessa maneira que você deve experimentar para descobrir como modificar o estado alterado. Há outras coisas que podem ser tentadas. O que aconteceria se você tornasse as sensações mais densas? E se elas mudassem de quentes para frias, ou fossem da base do crânio para o alto da cabeça? A leveza pode ser como uma bolha com os limites bem definidos ou mais dispersos, como se fosse feito de penas. Podem-se criar várias pequenas bolhas de leveza, ao invés de apenas uma, e assim por diante.

Stan, há algum aspecto desse estado alterado de consciência que lhe incomode?

Stan: Há uma sensação de peso ou letargia que às vezes gostaria de mudar. Outras vezes, essa sensação não me incomoda.

Procure descobrir como poderia aliviar essa sensação de peso, mantendo o resto do estado alterado. Por exemplo, sinta esse peso agora... e imagine o seu corpo coberto por pequenas centelhas brilhantes.

Stan: Isso alivia consideravelmente a sensação de peso.

Tive uma inspiração feliz. Você já tinha descoberto que o brilho aprofundava o estado alterado e achei que as centelhas brilhantes poderiam levá-lo "para cima" ao invés de "para baixo". Naturalmente, você pode tentar várias outras possibilidades, e algumas delas talvez funcionem ainda melhor.

4. Retificação da seqüência

Até agora apenas modificamos ou acrescentamos submodalidades, sem tocar na seqüência. A *seqüência* das experiências também pode ser modificada, alterando o estado. Por exemplo, Stan, o que aconteceria se a sensação de dormência no lábio superior surgisse logo após a sensação na base do crânio?

Stan: Isso torna a sensação um pouco mais forte. Todas as sensações da base do crânio e a sensação do alto da cabeça ficam diferentes.

A intensidade aumenta de grau. Senti que as vibrações subiam e aumentavam.
A diferença é evidente. E se a máscara de pressão ao redor dos olhos fosse sentida *antes* das sensações na base do crânio?
Stan: Não traz bons resultados.
E até diminui sua reação, como podemos verificar pelo seu comportamento não-verbal. Essa modificação não aprofunda o estado alterado. E se você sentisse primeiro o calor, depois a leveza e por último a vibração?
Stan: O resultado é melhor se a vibração vier em primeiro lugar. Então tente primeiro a vibração... Parece-me ótimo! Algumas modificações reforçarão o estado alterado, enquanto outras o farão diminuir. Esses são apenas alguns dos exemplos de como reformular a seqüência da experiência, para modificá-la.

5. Comprimindo a seqüência
Ao se reseqüenciar as etapas, muitas vezes o processo passa a ser mais *rápido*. E quando ele é comprimido em um tempo menor, a intensidade quase sempre aumenta. Também pode-se repassar a seqüência original mais rapidamente para aumentar a intensidade. A seqüência vai ficando cada vez mais automática, já que Stan repetiu-a inúmeras vezes. Talvez, quando usada, a droga leve de dez a quinze minutos para fazer efeito, mas, a partir do momento em que se conhece a seqüência, Stan pode repassá-la em poucos segundos. Após ela ser repassada algumas vezes, se tornará fluente e inconsciente. Em pouco tempo, quando Stan tiver acesso à primeira sensação, o resto da seqüência acontecerá automaticamente. É como deslizar numa onda.
Mais alguma pergunta, Stan? Talvez haja algum momento específico em que deseje ter acesso a esse estado alterado. Nenhuma pergunta a esse respeito?
Stan: Não. Você já mostrou como posso fazer isso.
Muito obrigado, então. Vamos rever as etapas do processo.

Resumo: como ter acesso a um estado de sinestesia

A. Eliciação
1. Ter acesso à seqüência de experiências sinestésicas segmentadas em pequenas etapas.
2. Determinar as mudanças de submodalidades visuais e auditivas que ocorrem em cada um dos estágios da seqüência sinestésica.

B. Replanejamento
3. Retificar, acrescentar ou subtrair as submodalidades da seqüência.
4. Modificar a ordem da seqüência.
5. Comprimir a seqüência para acelerar o processo.

O cérebro é um detector de coincidências

Pelo que sabemos, essa técnica funciona da seguinte maneira. O cérebro é um detector de coincidências. Bilhões de ratos, cachorros e horas de pesquisa foram usados para determinar que a contigüidade espaçotemporal é o determinante mais importante do aprendizado. Nosso cérebro aprende qualquer seqüência de acontecimentos, desde que sejam próximos uns dos outros, em termos de espaço e tempo.

Quem assistiu ao filme *All of me*? Nele há um guru do Himalaia que nunca havia visto uma descarga de vaso sanitário. Há uma cena em que ele puxa a descarga, a água jorra e o telefone coincidentemente começa a tocar. Ele aperta mais uma vez a válvula, ao mesmo tempo em que o telefone toca. A cronometragem parece perfeita: sempre que ele aperta a válvula, o telefone toca, e ele continua a repetir a seqüência. Por fim, o telefone evidentemente pára de tocar, e ele olha para a descarga como se ela estivesse com defeito! Trata-se de um exemplo bobo, mas é o que pensamos sempre que fazemos a ligação entre dois incidentes externos que acontecem um em seguida ao outro.

Em uma das experiências de condicionamento com pombos, realizadas por Skinner, a ração era jogada na gaiola, a intervalos de poucos segundos, sem levar em conta o que o pombo fazia. O comportamento do pombo naquele momento era reforçado. Se estivesse se equilibrando em um só pé, ou levantando uma asa, a tendência era que repetisse aquele comportamento. Dez segundos depois, quando a ração era novamente jogada na gaiola, o comportamento era novamente reforçado. Alguns dos pombos ficaram estranhamente supersticiosos, pois o cérebro dos pombos, como o nosso, é um detector de coincidências — nesse caso, fazendo a ligação entre um incidente externo e uma reação comportamental interna.

Recentemente, descobriu-se que o cérebro pode até condicionar uma reação imunológica. Cientistas conseguiram condicionar a reação imunológica de um rato a um aroma específico. Implantou-se um tubo no rato, através do qual ele recebia uma injeção de bactéria que ameaçava seu sistema imunológico. Simultaneamente, ele sentia um aroma especial. O sistema imunológico reagia e eliminava a bactéria. Isso foi feito cinco ou seis vezes, seguido de análises de sangue para descobrir a reação do sistema imunológico. A partir de então, apenas o aroma foi apresentado e o sistema imunológico reagiu como quando ameaçado pela bactéria! Essa simples experiência teve imensas ramificações para todos os casos de doenças em que o sistema imunológico está deprimido ou superativado — alergias, câncer, doenças auto-imunológicas como a artrite reumatóide e outras.

Outra prova disso é que as alergias são muitas vezes curadas quando um estado de recursos — durante o qual a pessoa não é afetada pelo agente alérgeno — é ativado e ancorado. Muitas das coincidências que o cérebro observa, e às quais reage, são completamente inconscientes.

Milton Erickson dizia que essas reações "são as coisas que sabemos, sem saber que sabemos".

Drogas, medicamentos e âncoras

Já que o cérebro é um detector de coincidências, ele observa que, cada vez que um medicamento é ingerido, uma cadeia específica de sensações sinestésicas é ativada. As sensações características, ocorrendo em uma seqüência específica, surgem *apenas* quando existe uma reação fisiológica à droga. Como as drogas afetam diretamente a fisiologia, funcionam cada vez como âncoras. Uma das razões da imensa aceitação das drogas é que se pode depender delas, pois as drogas fazem efeito independentemente do que está acontecendo ao redor da pessoa.

A afirmação do parágrafo anterior é certamente uma generalização, pois, dependendo da ocasião, a fisiologia reagirá de uma maneira ou de outra. Uma pessoa que tome um sedativo após ter ingerido cinqüenta xícaras de café terá uma reação diversa daquela que tome o sedativo após um dia exaustivo sem ter ingerido nenhuma bebida estimulante. Se um paciente estiver muito ansioso ao entrar na sala de cirurgia, sua corrente sanguínea estará tão tomada por adrelina e outros elementos químicos, que o anestesista terá que usar uma dose muito maior de medicamentos para anestesiá-lo — e isto pode aumentar o risco de efeitos colaterais.

Conhecemos vários anestesistas que conversam com os pacientes no dia *anterior* à operação. Eles estabelecem âncoras de relaxamento e segurança e as usam no dia seguinte, no caminho para a sala de cirurgia. Assim, usam apenas metade da dosagem de anestésico normalmente utilizada.

As reações individuais às drogas são bastante distintas. Uma amiga nossa leva mais *tempo* para reagir a elas, mas quando reage o faz mais *intensamente*. Certa vez, ela avisou ao médico que a atendia: "Não me dê uma segunda injeção porque dentro de um tempo específico vou dormir". Porém, como ela não ficou inconsciente no tempo considerado normal, o médico deu-lhe a segunda injeção. Foram necessárias quarenta e oito horas para que ela, felizmente, voltasse a si.

Não obstante essas diferenças de reação entre as pessoas, as drogas são âncoras muito poderosas para estados alterados. As drogas nos levam a um certo estado alterado. Ao nos levar a esse estado, passamos por várias experiências, que são pistas indicadoras de mudanças fisiológicas. Ao recriar as pistas, é possível recriar a mudança de estado sem usar a droga.

Ao modificar as pistas ou sua seqüência, pode-se intensificar ou diminuir o estado. Talvez a pessoa deseje ficar "alta", mas não *em excesso*. Às vezes, as pessoas "viajam" quando tomam uma droga — ficam fora de si. O estado alterado de Stan era muito mais tranqüilo, mais interno.

Caso se deseja, também é possível modificar o caráter do estado alterado provocado pela droga. Talvez a droga tenha feito a pessoa voltar-se mais para si mesma, criando imagens internas interessantes, porém ela deseja voltar-se mais para o exterior, para se comunicar com outras pessoas. É possível descobrir as mudanças de submodalidades que possibilitem essa modificação.

Segmentação
Esse processo segmenta o que vem sendo feito há anos pela PNL: possibilitar o acesso a estados de recursos. "Quando foi a última vez que se sentiu tão bem? Onde se encontrava? Em que local estava?", e outras perguntas do mesmo tipo. Esse processo estabelece segmentos bem pequenos, facilitando e fortalecendo o processo. Todo mundo já passou por ocasiões negativas nas quais pensou: "Estou me sentindo péssimo. Como me sentir bem de novo? Lembro-me de quando me sentia bem, mas como fazer para voltar a me sentir assim?" Às vezes, é difícil ter acesso a um estado positivo, mas esse processo fornece um caminho bem sinalizado para nos levar até ele.

Homem: Quantos segmentos deve ter a seqüência?

Cerca de cinco segmentos. *A única razão da segmentação é facilitar o processo.* As sensações geralmente começam em um ponto específico e se espalham pelo corpo. Nesse caso, trata-se de uma, duas ou vinte segmentações? Se pensarmos em termos de número de segmentos, pode-se começar com cinco passos no início e atingir uma pequena porção do processo inteiro. O objetivo deve sempre estar presente: *identificar a realização da transição completa para o estado alterado em segmentos pequenos o suficiente para facilitar novamente o acesso àquele estado alterado.* Segmentar exageradamente é perda de tempo.

Como sair do estado alterado
Mulher: Pode ser difícil sair do estado alterado auto-induzido?

Anos atrás, ouvia-se falar muito em *flashbacks* de LSD, durante os quais a pessoa voltava a entrar, sem querer, em um estado alterado de consciência e não conseguia sair dele. Mais recentemente, fala-se em "*flashbacks* de Vietnam", que são semelhantes. Aprender o processo metódico de entrar em um estado alterado de consciência é bem diferente de entrar acidentalmente em um estado alterado, sem poder controlar o processo. Quando isso acontece, já que não há droga na corrente sanguínea da pessoa, pode-se quebrar o estado, mesmo que se precise gritar "Fogo" ou algo parecido. Temos um aluno que trabalha com alcoólatras e viciados em drogas e às vezes ele precisa levá-los a um passeio ao ar livre, num dia de inverno, usando apenas uma camiseta, para que voltem a ficar sóbrios, mas sempre consegue trazê-los de volta ao estado normal.

Se o cliente for uma pessoa desligada da realidade, convém descobrir a sua seqüência de experiência ao *deixar* o estado de consciência, certificando-se de que a seqüência seja eficiente, antes de descobrir como ele entra no estado alterado de consciência. Pode-se tomar a seqüência usada para entrar no estado e repassá-lo da *frente para trás* para trazê-lo de volta.

Se a pessoa ficar preocupada com sua segurança pessoal, é possível tomar a seguinte precaução. Antes de auto-induzir um estado alterado de consciência, pode-se pedir a alguém que assuma a posição de "guarda", que ficará alerta, trazendo a pessoa de volta, caso algo perigoso ou inesperado aconteça. Isso também pode ser feito usando-se a remodelagem, fechando os olhos, fazendo uma introspecção e dizendo, internamente: "Agora, vou ter acesso a um estado alterado de consciência, neste local, que considero bastante seguro. Gostaria que um ou vários lados meus ficassem em estado de alerta para qualquer perigo que possa acontecer ou qualquer situação que venha a causar conseqüências desagradáveis. Na hora em que surgir a menor possibilidade de perigo ou dano, por favor, traga-me imediatamente de volta para que eu possa lidar com a situação no meu estado normal, com todos os meus recursos à minha inteira disposição. Há um ou vários lados meus que gostaria de assumir essa função?" Ao receber um sinal de confirmação inconsciente, a pessoa poderá sentir-se segura para entrar no estado alterado de consciência, sabendo que estará protegido. Muitas pessoas já possuem lados protetores que funcionarão dessa forma, mas essa é uma maneira de ser mais explícita.

Usos na medicina

A maioria dos medicamentos são usados no controle da dor e alívio de sintomas, e esse processo tem várias aplicações práticas diretas nessa área. Steve usa esse processo quando vai ao dentista para fazer limpeza dos dentes e obturações. Antigamente, ele ficava muito tenso ao se sentar na cadeira do dentista. Seu estômago ficava tenso até por seis horas depois, e o resto do dia ele se sentia completamente "esvaziado". Atualmente, ele chega a desejar ir ao dentista para poder "viajar" e relaxar.

Bobbi, uma amiga nossa, adoeceu com uma infecção nos rins. Foi-lhe prescrita uma série de antibióticos contra a infecção e analgésicos: Tylenol III, Tylenol IV ou 1.000 mg de Darvoset. Ela tinha de tomá-los quatro por dia, durante cerca de um mês. Um deles é capaz de tirar uma pessoa de circulação por seis a oito horas. Ela aprendeu a estratégia do acesso a estados alterados de consciência, mas nunca havia tomado nenhum desses remédios. Então tomou um deles, sentou-se com um gravador e descreveu todas as mudanças que ocorreram quando seu estado de consciência começou a mudar. Posteriormente, ouviu a fita inúmeras vezes até saber exatamente o que acontecia quando tomava o remédio. Isso lhe forneceu informações detalhadas sobre como ter acesso ao estado alterado de consciência voluntariamente. Bobbi conseguiu controlar a dor quase por completo com a estratégia. Em vez de quatro comprimidos por dia, ela tomava dois por semana. As poucas vezes em que tomou os comprimidos foram tarde da noite, quando estava já muito cansada e não sentia a concentração necessária para usar o processo de estado alterado de consciência. Se esse processo fosse mais conhecido, os médicos receitariam um número bem inferior de comprimidos — o suficiente para uma dose de "aprendizado", e nos casos de extrema necessidade.

É importante manter a seqüência conseguida com o remédio, ao se usar esse processo para se ter acesso a um estado alterado de consciência no caso de controle da dor ou outro tipo de alívio de sintomas, pois ele está sendo usado para operar uma mudança específica no seu corpo. Às vezes, o médico acerta ao indicar um remédio, outras vezes, não.

Partindo-se do princípio de que o médico escolheu o remédio correto, existem duas maneiras de testar. A primeira, intensificando o efeito desejado da droga; a segunda, eliminando os efeitos colaterais indesejados, como náusea e tonturas.

Bobbi, por exemplo, sentia náuseas quando tomava o Tylenol III; assim verificou o que acontecia na seqüência pouco antes e depois de sentir a náusea. Então, ela simplesmente pulou aquela etapa e observou uma mudança na sua respiração. Havia apenas uma etapa que causava a náusea, e ela não era importante para o efeito analgésico.

A náusea é uma reação a algum tipo de experiência. Se não houver nenhum agente externo responsável pela náusea, trata-se provavelmente de uma reação a uma experiência interna. Se pensarmos nas experiências externas que nos causam enjôo, ao reproduzirmos essas experiências internamente, conseguiremos reproduzir a sensação de enjôo. Muitas vezes, as imagens internas da pessoa começam a se movimentar, se agitar e a rodopiar. Se esse processo for interrompido, a náusea desaparecerá.

Queremos advertir os nossos leitores para terem *muito* cuidado ao usarem esse método como substituto de outros medicamentos — antibióticos, por exemplo — cujos efeitos são indicados especificamente contra bactérias, e têm efeitos perceptíveis e fisiológicos mínimos. Entretanto, já que se conseguiu condicionar a reação imunológica a uma aroma, quem sabe o que mais é possível? Se eu estivesse impossibilitado de ter acesso à ajuda de um médico, ou fosse alérgico a um medicamento, certamente experimentaria esse processo.

Esse método funciona muito bem com todos os medicamentos usados para alívio de sintomas, que tenham efeitos perceptíveis claros. No caso de medicamentos com efeitos perceptíveis mínimos, será muito mais difícil usar pistas perceptíveis para ter acesso ao estado alterado.

Pistas sinestésicas

Mulher: Você insistiu em que se deve começar a partir do sistema sinestésico. No caso de algumas drogas psicodélicas, a primeira mudança que se observa é visual. Pode-se começar com essa?

O objetivo básico é ser capaz de criar essa experiência para si mesmo, sem o uso da droga. Embora o sistema sinestésico pareça bem poderoso, pode-se começar com os sistemas visual ou auditivo e voltar atrás para observar as alterações sinestésicas. Existem várias razões para se começar com o sistema sinestésico, pois ele assegura que a pessoa está associada, em vez de dissociada. Se o primeiro a ser usado for o sistema auditivo ou visual, é possível que a pessoa esteja dissociada ao relembrar o estado alterado. Por outro lado, como o uso de uma pista sinestésica é pouco comum, ela será mais poderosa e marcante. Usamos a pista sinestésica muitas vezes em casos como esse, e conhecemos sua eficácia. Não temos muita experiência em partir das mudanças visuais e auditivas.

Diferenças individuais
Homem: Essas seqüências são específicas a cada pessoa, ou existem pontos em comum nas experiências que pessoas diferentes têm com a mesma droga?
Parece que isso depende muito da droga usada. Já observamos imensas diferenças de reação à mesma droga psicodélica. Há muitos pontos em comum nas drogas que têm impactos fisológicos específicos: depressivos, estimulantes e outros. Ainda assim, as reações são as mais variadas.

Usos sociais das drogas
Depois de eliciar a seqüência de uma droga específica, é possível ensiná-la a outras pessoas e pedir que nos ensinem a delas. Pode-se usar a seqüência de outra pessoa, como se fora uma "receita" para ter acesso a um estado alterado. É uma ótima maneira de começar uma festa. Ninguém precisa comprar nenhuma droga ou se preocupar com os aspectos legais do uso de drogas ou ficar com receio de voltar para casa dirigindo. O que tem sido chamado de "ficar alto só de olhar" é um exemplo disso. Se acompanharmos uma pessoa muito bem, é possível vivenciar suas submodalidades.
Quando Steve estava na faculdade, ele foi a uma festa em que a maioria das pessoas estava bêbada. Ele não bebera nada, mas estava se divertindo bastante. Um dos rapazes foi ao seu encontro com um olhar espantado e perguntou: "Você não bebeu nada; no entanto, está se divertindo tanto quanto eu. Como é possível?" O estudante ficara surpreso porque não conseguia entrar num estado alterado de consciência sem drogas.

Abuso de drogas
Há milhares de anos os seres humanos usam e tentam descobrir novas drogas. Há um certo valor nas drogas, mas ela também têm efeitos colaterais perigosos. Pessoalmente, não gostamos de usar drogas. Já tivemos a oportunidade de experimentar algumas, mas não gostamos da

indisposição que sentíamos durante dias após sua ingestão. As drogas não nos atraem nem um pouco. Outras pessoas, entretanto, acham-nas tão atraentes, que suas vidas ficam inteiramente despedaçadas. Mas as drogas têm algumas funções positivas, como relaxar, divertir, fazer esquecer os problemas. Todas as coisas são úteis de alguma forma. Esse processo dá acesso aos lados benéficos das drogas, sem seus efeitos colaterais.

Ao trabalharmos com viciados, podemos propor-lhes: "Você gostaria de ter acesso a um estado alterado de consciência na hora que quiser, sem os custos e dificuldades em obter a droga, sem os problemas de não conseguir sair do estado alterado, quando quiser, sem as complicações legais e sem problemas de saúde?" Quase sempre, ele responderá: "Claro, por que não? Assim poderei me livrar do meu fornecedor". Ao dizermos isso, estaremos acompanhando integralmente a realidade do viciado e, ao mesmo tempo, é uma solução à qual o resto da sociedade não se oporá. Depois, é possível usar o processo de acesso às drogas para que o viciado passe a exercer um controle sobre seu estado. Paralelamente, podem ser usados outros métodos de PNL para ajudar o viciado a integrar e reorganizar seus recursos pessoais, de forma que cada vez menos precisem das drogas (isso foi descrito no livro *Remodelagem*, capítulo 6).

Outros estados sinestésicos

Examinamos os estados causados pelas drogas porque é possível conseguir uma seqüência sinestésica poderosa. Além disso, a técnica de acesso a estados alterados causados pelas drogas tem aplicações práticas no campo da medicina, sobretudo no que diz respeito aos efeitos colaterais de certos medicamentos. Por fim, esse padrão tem muitas aplicações no tratamento de problemas causados pelo uso abusivo de drogas.

Entretanto, esse mesmo processo pode ser usado para se ter acesso a *qualquer* estado de recursos que tenha fortes componentes sinestésicos. Por exemplo, existem muitas aplicações para as pessoas que desejam aumentar sua receptividade sexual. Uma participante de um seminário que era muito visual teve acesso a um estado alterado muito relaxante. Ao começar a modificar seu estado, espontaneamente teve vários orgasmos fortes e múltiplos. Isso pode ser feito de maneira mais direta tendo-se acesso a uma experiência sexual satisfatória e aprendendo a ter acesso a esse estado no momento em que "não estiver com vontade", mas gostaria de estar.

Pode-se também usar esse processo para eliciar uma reação desagradável, replanejando em seguida a seqüência para modificar de maneira positiva a reação. Por exemplo, um homem ficava sempre com muita raiva. Sua seqüência para o estado de raiva incluía uma pressão que ia mudando e se intensificando à medida que passava do maxilar à testa, e depois se espalhando pelo corpo todo. Em cada etapa da seqüência, ele sentia mais calor. Quando o fizemos *resfriar*, à medida que progredia a seqüência, sua raiva diminuiu consideravelmente. No final da seqüência, ele tinha uma sensação de pressão por baixo da pele, como se ela fosse uma bola de gás muito cheia, até "estourar" numa explosão de raiva. Ao imaginar sua pele como sendo permeável e tendo milhares de furos, para deixar sair a pressão, ele conseguia diminuir ainda mais seu estado. Ao diminuir o estado usando esse procedimento, ele obteve um controle muito maior e mais opções para lidar com o problema que provocava sua raiva.

A onda sinestésica

Essa idéia de pele permeável pode ser usada para aumentar um estado sinestésico agradável. Primeiro, pensem em um estado agradável que tenham sentido... e observem detalhadamente a sensação sinestésica... Agora, imaginem que aquelas sensações são como uma onda que se espalha rapidamente por todo o corpo e retorna com mais intensidade sempre que chega à superfície da pele, continuando a reverberar e intensificar pelo corpo todo...

Uma outra participante de um dos nossos seminários tinha saído para cavalgar com um grupo de jovens cavaleiros elegantes. Seu cavalo empinou e ela foi jogada ao chão. Caiu de costas, e ficou inconsciente. Ao voltar a si, todos os rapazes estavam de joelhos ao seu redor, falando com ela, preocupados e atenciosos. Ela se sentiu "no sétimo céu" e caiu na gargalhada. Ao ter novamente acesso a esse estado, o som de sua gostosa gargalhada encheu a sala. Ela descobriu também que podia controlar a intensidade daquele estado quando encostava as palmas das mãos no chão. Ao levantar completamente as mãos do solo, ela intensificava o estado, consciente de que, se ficasse intenso demais, ela poderia diminuí-lo apenas encostando um dedo no chão. Antes disso, nunca se permitira relembrar completamente o estado, com medo de perder o controle. Quando as pessoas descobrirem como controlar seu próprio sistema, elas se tornarão menos dependentes das drogas e de outras pessoas ou incidentes para levá-las a estados agradáveis e úteis.

X

Outras Intervenções de Submodalidades

Há um certo número de intervenções de submodalidades que têm um impacto tão científico e poderoso que, quando as experimentamos, pensamos: "Vou me lembrar *disso*! Richard Bandler as denomina intervenções de "terapia super-rápida". A seguir, enumeramos algumas que descobrimos serem úteis em várias ocasiões.

Mapeamento cruzado
   Em seu livro *Usando sua mente — As coisas que você não sabe que não sabe*, Richard Bandler deu alguns exemplos de determinação das diferenças entre as submodalidades entre um estado problemático e um estado de recurso, fazendo um "mapeamento cruzado" para transformar o estado problemático em estado de recurso. No capítulo 6 encontramos o exemplo mais detalhado dessa intervenção, a transformação da estrutura de confusão em compreensão. Esse também é o método que usamos neste livro para corrigir linhas de tempo, criar futuros atraentes e compulsões e mudar critérios e sistemas de referência. Embora esse seja um dos métodos mais simples de submodalidades, suas aplicações são infinitas — não apenas para ajudar a fazer mudanças individuais como para modelar a estrutura de excelência.
   Por exemplo, um dos participantes do nosso seminário dirige um programa para delinqüentes. Ele disse, a uma menina que detestava os pais, para tomar uma representação deles e fazer o mapeamento cruzado com uma de suas amigas. A partir de então, a menina conseguiu se relacionar com os pais de maneira amistosa.
   Pode-se fazer o mapeamento cruzado dessa maneira, partindo-se de qualquer estado problemático para um estado de recurso adequado

— partir da letargia para a motivação ou empolgação, do tédio para a fascinação, da seriedade ao bom humor, da sensação de estar preso a algo que já foi importante, mas não é mais.

Um homem alérgico a vinho tinto e a cerveja preta curou-se tomando as representações de cada um deles e fazendo um mapeamento cruzado com as submodalidades de vinho branco e cerveja clara, aos quais não era alérgico. Em alguns casos de múltipla personalidade, observou-se que uma das personalidades podia ser alérgica a um produto, enquanto outra das personalidades não o era. Isso sugere que as submodalidades se mantêm ordenadas e separadas; essa informação também pode ser usada para integrá-las.

O mapeamento cruzado é também um dos elementos importantes do padrão de sessão única que criamos para as pessoas que estão pranteando a perda de alguém próximo. No nosso próximo livro, provisoriamente intitulado *Da dor à gratidão*, ensinaremos como preencher o vazio da perda com uma sensação de plenitude, e substituir a preocupação com perdas do passado pelo interesse em um futuro satisfatório.

Remodelagem literal

A palavra "remodelagem" é visual, apesar de muitas pessoas a sentirem como um processo auditivo, "refraseamento". Embora usemos palavras para fazer a remodelagem, o efeito comum é o de colocar o problema visualmente dentro de uma moldura ou pano de fundo diferentes. Isso pode ser feito metaforicamente, mas de maneira muito simples e literal.

1. Pense numa situação que o faz sentir-se mal quando se lembra dela. Pode ser uma má recordação, uma situação problemática atual ou outra coisa qualquer...

2. Examine bem a porção visual da experiência problemática... então dê um passo para fora da experiência, de forma a se ver na situação. Se não for possível visualizá-la conscientemente, tenha uma "sensação" de fazer essas mudanças visuais, ou finja fazê-las.

3. Agora, coloque uma grande moldura barroca dourada, de cerca de 15 centímetros de largura, ao redor da imagem, e observe como isso muda sua experiência da situação...

Para a maioria das pessoas, isso vai ancorar um toque de leveza e humor à situação, mais útil para desenvolver novas opções para lidar com a situação problemática.

Existem muitas outras molduras literais que podem ser usadas: uma moldura oval, como as utilizadas antigamente nos retratos de família, espelhos e imagens religiosas, uma moldura em metal com bordas bem definidas, uma moldura em madeira natural ou trabalhada ou uma de plástico podem ser úteis para quem não reaja bem à moldura barroca dourada.

Podem-se também acrescentar inúmeras melhorias à moldura escolhida. Um *spot*, como os usados nos museus, "dá nova luz", diferente do que de uma luz de vela colocada sob a imagem. Até mesmo o fato de ver a imagem emoldurada numa parede de museu, entre várias outras, ou na casa ou escritório de outra pessoa, pode dar uma "perspectiva diferente".

Pode-se até escolher um pintor preferido — ou não — e transformar sua imagem ao estilo do adotado pelo artista. O que acontece ao ver a imagem como se fosse uma pintura de Rembrandt ou de Monet?

Dando uma gargalhada

1. Pense numa situação, ou imagine-a com nitidez, caso nunca a tenha vivido, na qual estivesse conversando com um amigo — de preferência alguém em quem confia —, que tem muita sabedoria e experiência de vida. Em algum momento esse amigo (ou amiga) achou algo que você disse *tão* engraçado que "deu uma gargalhada". Ele ria tanto que tinha dificuldade em respirar e tinha de limpar as lágrimas dos olhos, enquanto continuava a rir, apesar dos esforços para parar...

2. Agora, pense em um problema ou limitação que esteja enfrentando em sua vida...

3. Imagine com nitidez que está contando ao seu amigo o problema que está enfrentando. Assim que tiver começado a lhe contar o que está acontecendo ele "dá uma gargalhada" e você não consegue fazê-lo parar, não importa o que faça...

4. Volte a pensar no problema. Como se sente em relação a ele agora? Metade das pessoas que fizeram essa experiência foram incapazes de levar o problema tão a sério, sobretudo se o amigo em questão era alguém com muita sabedoria e compaixão. Essas pessoas ainda desejam resolver o problema, porém, com a sensação de estarem mais capacitadas para fazê-lo.

O humor e o riso são dois dos melhores, porém menos usados, recursos de que dispomos. Ter seriedade em relação a algo normalmente significa que a pessoa está tão imersa (associada) na situação que só a percebe de uma maneira. O humor é uma forma de sair do impasse por meio da dissociação, respirando profundamente e olhando para tudo de forma diferente.

A outra metade das pessoas com quem fazemos a experiência fica muito zangada, achando-se mal compreendidas ou "não levadas a sério". Até isso, *pode* ser um passo na direção certa, pois a raiva é um estado de recursos mais ativo do que sentir-se preso a sentimentos inúteis de tristeza e incapacidade. A raiva pode ser uma força positiva que leva a pessoa a expressar suas necessidades e tomar uma posição em relação ao que é importante para ela. A mera "catarse" é raramente útil, *a não ser* quando usada para ajudar alguém a se sentir com força, a identificar seus objetivos e a desenvolver maneiras mais eficientes de atingi-los. Fazemos uma distinção clara entre a raiva, que pode às vezes ajudar a pessoa a se sentir mais forte, e a violência, que é uma típica indicação de falta de escolha e impotência.

O padrão do chocolate Godiva

Richard Bandler desenvolveu esse padrão para criar motivação nas pessoas. Talvez vocês tenham notado que há pessoas que se sentem motivadas a fazer uma série de coisas que lhes parecem ridículas ou estranhas. Isso porque a maioria das pessoas se motiva de maneira desordenada e ao acaso, que muitas vezes nada tem a ver com o valor intrínseco e os benefícios do que estão fazendo.

Uma das aplicações úteis desse padrão é a mudança do nosso sentimento em relação a tarefas que decidimos, de *forma congruente,* que queremos ou precisamos fazer. Se decidimos de forma congruente que aquela tarefa é importante, por que não fazer de maneira prazerosa? *Deve-se, entretanto, ter muito cuidado com a ecologia, ao realizar esse padrão, para não criar um intenso desejo de fazer aquilo que não se quer.*

Esboço

1. Imagem motivadora. Crie uma imagem *associada* de algo ou uma atividade de que goste imensamente (chocolate, por exemplo). Deixe-a de lado, por enquanto.

2. Imagem da tarefa. Crie uma imagem *associada* de si mesmo, fazendo algo que decidiu, *de forma congruente*, que quer ou precisa fazer, e sendo assim, por que não fazer de maneira prazerosa?

3. Teste de ecologia. Há algum lado seu que se oponha a apreciar o trabalho que decidiu que precisa fazer?

4. Padrão da Íris.

a. Veja a imagem tarefa (n.º 2) em sua mente, com a imagem motivadora (n.º 1), logo *atrás*. Rapidamente, abra um pequeno orifício no centro da imagem n.º 2, de forma a ver a imagem n.º 1, através dele. Abra o orifício o máximo que puder, de forma a ter uma profunda reação à imagem n.º 1.

b. Feche rapidamente o orifício, mas à velocidade de poder manter a profunda reação sentida em relação à imagem n.º 1.

c. Repita os passos 4a e 4b várias vezes, o mais rápido que puder. O objetivo é relacionar as sensações ligadas à imagem motivadora à imagem da tarefa a ser realizada.

5. Teste. Olhe a imagem n.º 4, ou volte atrás nos outros passos, para verificar se os elementos necessários foram reunidos.

Além das aplicações terapêuticas óbvias, esse padrão pode ter muitas aplicações no ramo dos negócios, com pessoas que ocupam bons empregos que não são agradáveis em si. Ele também pode ser usado com vendedores que não gostam de telefonar, nem vender de porta em porta, para que passem a sentir prazer nisso.

Ruptura

Geralmente, é muito útil acabar simplesmente com uma representação interna que esteja nos atrapalhando. Como, por exemplo, um filme de terror, ou uma foto de jornal, que não nos sai da cabeça, sem que haja propósito útil algum.

Antes de usar esse método, deve-se fazer cuidadosa verificação ecológica. A ruptura causa amnésia. A imagem pode ser útil, de alguma maneira, para a pessoa. Talvez contenha algum tipo de informação sobre o que fazer ou evitar no futuro. Nesse caso, é muito importante antes de mais nada retirar a informação útil e colocá-la em uma nova imagem, antes de destruir a antiga, ou usar outro tipo de intervenção que não cause amnésia.

Craquelé é o nome que se dá ao que acontece quando um vidro temperado — como os de um carro — racha, desfazendo-se em milhares de fragmentos. Imaginemos que a imagem da qual queremos nos livrar seja idêntica a de um vidro de carro, ou esteja colocada num vidro desse tipo. Se martelarmos o vidro com força, ele rachará em milhares de pedacinhos e cairá no chão. Às vezes é necessário repetir o movimento várias vezes para que o resultado seja completo e permanente.

Certa vez, uma mulher me telefonou alta hora da noite. Ela estava desesperada e dizia coisas incoerentes. Consegui descobrir que havia assistido a um filme de terror no qual os personagens principais matavam os pais. O filme continuava "apavorando-a" e ela estava muito perturbada. Como essa sensação havia sido criada por um filme, achei que não havia nenhuma utilidade em repassar o filme, recriando a sensação de mal-estar. Depois de ter aplicado o padrão de ruptura no filme, sua voz tornou-se imediatamente mais calma e dediquei alguns minutos a determinar se havia algo mais em sua vida que precisasse tratar.

Outra mulher era obcecada com a imagem de Michael Jackson. Após um único golpe de martelo, restou apenas a luva branca. Dois outros golpes acabaram com a luva. Há pessoas que dizem que a imagem não desaparece completamente, mas uma ou mais submodalidades se modificam, de forma a não mais incomodá-las. A imagem fica menor, mais distante ou em preto-e-branco.

Pode-se também pedir a alguém que assista a um filme de "dentro para fora". Não sabemos o que isso significa, mas as pessoas fazem coisas muito interessantes ao colocar essa instrução em prática. Uma maneira de entender o "de dentro para fora" é colocar tudo o que se encontra no centro do filme nas laterais, enquanto o que estava na lateral fica comprimido no centro.

Outra experiência de referência para a ruptura de uma imagem é imaginar que o filme pare, enquanto a lâmpada de projeção faz um orifício em cada um dos quadros. Pode-se também queimar a imagem, até ela se transformar em cinzas.

Outras experiências úteis são colocar a imagem num caleidoscópio, imaginar que é uma pintura em aquarela sob a chuva, ver a imagem num espelho que se quebra, ou num lago agitado.

Pode-se também usar esse processo ao contrário. Uma mulher me procurou muito perturbada porque se sentia fragmentada, "como se tivesse coisas demais e perdido o controle". Do ponto de vista visual, suas imagens eram inúmeras, flutuantes e em movimento. Pedi-lhe que imaginasse que via todas as imagens na superfície de um lago agitado por uma tempestade, e que, à medida que o vento diminuía e a superfície se suavizava, as imagens fragmentadas começavam a se juntar, aos poucos, numa única imagem organizada. Em poucos minutos, a imagem se tornou coesa. Ela ficou calma e relaxada e percebeu o que devia fazer a seguir.

Separando o seu "eu" do contexto

Como vimos no capítulo 11, muitas pessoas ficam perturbadas e sentem-se mal, em relação a outras pessoas ou acontecimentos. Normalmente, é bom fazer uma ruptura dessas reações de causa e efeito desagradáveis, substituindo-as por reações mais agradáveis. A seguir, indicamos os procedimentos a serem seguidos:

1. Pense em uma lembrança desagradável, e passe um filme curto sobre ela. Observe como reage a essa lembrança agora...
2. Veja-se a si mesmo, na imagem, dissociado. Use qualquer tipo de diferença de submodalidade normalmente empregada para distinguir entre si mesmo e o contexto, como tamanho, cor, distância, transparência, etc. Por exemplo, se a imagem for em preto-e-branco, veja-se em cores. Se a imagem estiver distante, veja-se próximo.
3. Passe o filme com *sua imagem dissociada movendo-se à grande velocidade* enquanto *o contexto passa em câmara lenta* (não o contrário!). Você verá sua imagem chegar ao final do filme, antes do contexto, de forma que terá de esperar ali até que o contexto possa alcançá-lo...
4. *Passe o filme de trás para a frente*, vendo-se a si mesmo *em câmera lenta enquanto o contexto vai em alta velocidade (não o contrário!).* Dessa vez, o contexto chegará ao final do filme antes da sua imagem...
5. Agora, passe o filme da maneira habitual, e verifique se houve mudanças nas suas reações.
6. Se não houve mudança, repita o processo, desta vez *associado,* usando o tamanho para tornar-se maior do que o contexto.

As pessoas normalmente dizem que têm uma sensação de "cuca fundida" após a aplicação desse processo. Esse padrão é *muito* útil para eliminar reações de causa e efeito ancoradas entre o contexto e a imagem de si mesmo. Quando a velocidade é duplicada, as pistas ocorrem *depois* das reações àquelas pistas. Esse método utiliza a cadência para causar a ruptura da seqüência de causa e efeito. Quando o efeito acontece antes da causa, deixa de ter sentido. Pode-se usar esse padrão com casais e em terapia familiar, para "limpar os canais" de velhas reações desagradáveis de causa e efeitos, para substituí-las por outras mais agradáveis.

Separar o estado interno de comportamento externo

Por vezes, as reações de causa e efeito ancoradas que devem ser eliminadas são entre o *nosso próprio* comportamento e o nosso estado interno, ao invés de serem entre o comportamento de *outra pessoa* e o nosso estado interno. Isso acontece quando, por exemplo, a pessoa se sente deprimida num contexto em que nada demais está acontecendo para deprimi-la. Steve Lankton tinha uma cliente idosa que batia na coxa, murmurando: "Que dor, que dor". Quando Steve levantou a mão dela, a mão continuou a se movimentar, mas sem encostar na coxa. Ela olhou-o, surpresa, e disse: "A dor desapareceu!"

Pode-se usar qualquer tipo de submodalidade para distinguir entre o comportamento externo e o estado interno da pessoa. Isso deve ser feito da maneira que parecer mais apropriada. Em seguida, deve-se passar o filme da frente para trás, associado, com a imagem do estado indo rapidamente, enquanto o comportamento externo é passado em câmara lenta. Em seguida, passa-se o filme de trás para a frente, com a imagem do estado interno em câmara lenta, e a imagem do comportamento externo em alta velocidade.

Separando o estado interno das computações (pensamentos) internas

Caso o mal-estar seja causado pelos pensamentos, sem interferência externa, pode-se usar o mesmo procedimento para causar a ruptura da reação causa e efeito. Dessa vez, qualquer submodalidade pode ser usada para fazer a diferença entre o *pensamento* e o estado interno. Em seguida, deve-se passar o filme da frente para trás, com o estado interno em alta velocidade e os pensamentos em câmara lenta. Depois, o filme é passado de trás para a frente, com o estado interno em câmara lenta e os pensamentos em alta velocidade. Deve-se experimentar isso de forma associada e dissociada, para descobrir o que funciona melhor.

Modelagem do estado de excelência

A melhor fonte de novos padrões de submodalidade é a modelagem de pessoas que realizam algo bem-feito, para descobrir como o fazem. Normalmente, pedimos aos participantes dos nossos grupos de treinamento mais adiantados para descobrirem habilidades que possam modelar uns dos outros, e pessoalmente também gostamos de fazer isso, sempre que possível.

Há pouco tempo, estávamos dirigindo por uma estrada cheia de curvas pelas montanhas do Colorado, para chegar ao local onde são realizados nossos seminários de verão. Estávamos repassando nossa apresentação, e com a combinação de concentração mental e as curvas, eu (Connirae) comecei a me sentir enjoada. Steve disse, "Imite-me. Estou me sentindo ótimo". Steve estava brincando, mas achei que seria uma boa idéia. Então, fingi ser Steve: adotei seu tom de voz, a cadência, postura e tônus muscular, etc. Na hora em que fiz isso, a náusea desapareceu e me senti bem.

Ficamos curiosos a respeito do que havia acontecido. Que mudanças internas ocorreram quando "me tornei Steve" que fizeram a náusea desaparecer? No princípio, a informação estava fora da minha percepção consciente. À medida que refletia, comecei a notar que como "Steve" eu havia adquirido uma percepção panorâmica do horizonte à minha volta. Meu foco de atenção estava nas montanhas que tocavam o céu, à distância. Era quase como se aquele círculo distante fosse minha pele — meus próprios limites. Mesmo quando passamos por um vale estreito, onde não podia enxergar muito longe, era como se eu tivesse ao meu redor, internamente, aquele círculo estável de montanhas. Com isso em mente, o movimento do carro parecia insignificante, comparativamente falando. Eu estava basicamente reagindo à *estabilidade* do vasto ambiente externo, em vez de ao movimento relativamente insignificante do carro.

Já tinha ouvido falar que, para evitar o enjôo em viagens de carro, devia-se focalizar um ponto a distância. Já havia tentado isso, sem resultado. O que foi diferente dessa vez era ter a visão panorâmica do local, em vez de apenas olhar para um ponto. A partir daí, sempre que viajamos de carro por estrada cheias de curvas, observo cuidadosamente a geografia do lugar e o fixo em minha mente, para manter o meu estado interno. Desde então, jamais voltei a ficar enjoada.

Isso foi uma revelação para nós. Combinava com o que havíamos descoberto a respeito da experiência interna um do outro, e nos ajudou a nos compreendermos melhor. Steve *sempre* tem essa visão do seu meio ambiente na cabeça — não apenas quando está dirigindo. Ele sempre se importou com o local onde morávamos. Como passamos bastante tempo trabalhando no escritório, muitas vezes lhe perguntei: "Que diferença faz se estamos na cidade ou nas montanhas?" Agora entendo que, como ele tem sempre a imagem panorâmica ao seu redor, ele *sente* a diferença. Ele também sente dificuldade em se concentrar numa tarefa quando o ambiente ao seu redor está em desordem. Eu consigo me concentrar com mais facilidade, em qualquer ambiente. Em geral, presto mais atenção às pessoas à minha volta. Apesar de apreciar a beleza da natureza, sou bastante flexível em relação ao lugar onde moro.

Nesse caso, em vez de lhe perguntar sobre submodalidades, me identifiquei com Steve acompanhando[1] o seu comportamento externo. Como o comportamento externo é uma manifestação de submodalidades internas, ao fazer o acompanhamento com muita atenção, automaticamente assumirá suas submodalidades.

Esse processo de "calçar os chinelos do outro" também é chamado de "identificação em transe profundo" e "mudança de índice de referencial". Para facilitar o aprendizado desse processo, e seu ensinamento

---

1. *Pacing*: acompanhamento. Termo de neurolingüística que significa "imitar o comportamento externo de alguém, de maneira discreta e elegante". (N.T.)

a outras pessoas, é necessário identificar as submodalidades internas específicas que caracterizam o estado.

Em alguns aspectos, esse tipo específico de aplicação pode parecer insignificante. No entanto, esse método pode abrir as portas para descobertas fascinantes sobre a capacidade e habilidades das outras pessoas. Ao se identificar com alguém que tenha uma habilidade, codificando o que se conhece sobre submodalidades, pode-se entender sua habilidade "natural" e ensiná-la com facilidade a outras pessoas.

Aprendemos o processo de identificação em transe profundo há vários anos. Embora o achássemos útil para nós, não conseguíamos especificar a estrutura essencial do que aprendíamos ao usá-lo. O aprendizado de distinções específicas de submodalidades torna possível identificar cuidadosamente o estado que se atinge durante o processo de identificação com outra pessoa. Achamos interessante observar pessoas num parque e nos *shoppings*, ou celebridades na televisão e adotar sua postura corporal, estilo de movimento, tom de voz, etc., enquanto notávamos as mudanças internas nas nossas submodalidades. É uma boa maneira de compreender bem de que forma os estados internos de outras pessoas são diferentes dos nossos. Quando nos identificamos com nossos clientes, fica fácil conseguir informações úteis e detalhadas sobre o tipo de mundo em que vivem. Como há sempre o perigo de que se esteja alucinando, sugerimos que a informação seja considerada como uma *hipótese* a ser testada, em vez de verdade absoluta. Isso facilita o trabalho com o cliente? Isso nos capacita a empregar melhor uma habilidade que *estava* além da nossa capacidade?

A modelagem de submodalidades é um processo bastante poderoso e útil. Embora existam muitas coisas que podem ser realizadas com a tecnologia atual, nem tudo pode ser feito ainda. Ainda não começamos a explorar os limites dos métodos que se encontram à nossa disposição, e novos desenvolvimentos e descobertas os tornarão ainda mais eficientes. Convidamos o leitor para, assim que tiver aprendido bem os padrões apresentados neste livro, modelar outras habilidades e técnicas.

"Toto, acho que não estamos mais no Kansas" — Dorothy

Apêndice I

Fitas de vídeo dos seminários de PNL realizados pelo casal Andreas

Essas fitas de vídeo dão demonstrações ao vivo dos padrões de submodalidades de PNL conduzidos por Connirae e/ou Steve Andreas. Alguns deles também incluem as discussões dos passos e as entrevistas posteriores.

1. "O padrão *swish*." O padrão *swish* é uma intervenção de submodalidade extremamente rápida e poderosa, desenvolvida por Richard Bandler, que é muito geradora. A primeira demonstração usa o *swish* básico para um hábito simples, no caso roer unhas. O cliente da segunda demonstração tinha acessos de raiva, quando sua filha usava um certo tom de voz. Essa fita contém um exemplo de teste profundo para descobrir exatamente que submodalidades são poderosas para os clientes, para que o *swish* adequado possa ser planejado — nesse caso do sistema auditivo. (71 minutos, US$ 65.)

2. "Uma estratégia de resposta à crítica." Essa estratégia, modelada por Steve e Connirae Andreas, permite à pessoa estar receptiva a *feedback*, sem se sentir mal. À demonstração da instalação dessa estratégia seguem-se um debate e uma entrevista de controle. (40 minutos, US$ 50.)

3. "O padrão do limite da 'última gota d'água'." Richard Bandler foi o primeiro a modelar a maneira como as pessoas dão um "basta!" a relacionamentos, situações ou hábitos pessoais insatisfatórios. Os Andreas demonstram como eliciar este padrão, seguindo-se um exame de vários exemplos. Recomendado para aqueles que já possuem um treinamento em PNL. (60 minutos, US$ 50.)

4. "Mudando a importância de critérios." Um "viciado em trabalho" recebe orientação sobre como diminuir a importância do trabalho e aumentar a importância das necessidades pessoais. Uma entrevista de controle feita dezoito meses depois mostra a extensão das medidas alcançadas. (31 minutos, US$ 50.)

5. "A cura rápida de fobia/trauma." Uma fobia intensa de abelhas, que durava mais de vinte anos, é eliminada em seis minutos, com a cura rápida de fobia/trauma, desenvolvida por Richard Bandler. Foi incluída a entrevista de controle feita dezoito meses depois com o cliente e também a entrevista de controle, de quinze minutos, com um veterano da guerra do Vietnam, cuja "síndrome de *stress* pós-traumático" que o acompanhava há doze anos foi completamente transformada em apenas uma sessão com esse método. (42 minutos, US$ 50.)

6. "Mudança de crenças." O padrão de submodalidades de mudança de crenças desenvolvido por Richard Bandler é demonstrado em um Seminário Avançado de Submodalidades. A demonstração é acompanhada por uma explicação, seguida de perguntas e respostas e de uma preparação para um exercício em conjunto, utilizando o padrão. Acompanha uma entrevista de controle, três meses depois, com o cliente. (104 minutos, US$ 85.)

7. "Ponte-para-o-futuro: Programando-se para se lembrar mais tarde." É examinada a maneira como as pessoas se programam para se lembrar de algo, automaticamente, no futuro, em uma sessão realizada no segundo dia de Seminário de Practitionner, de 24 dias, em janeiro de 1985. (79 minutos, US$ 65.)

Essas fitas de vídeo de sessões de seminários e/ou trabalhos de PNL foram produzidos por Connirae e Steve Andreas. Outras fitas estão sendo produzidas. Escrevam para receberem a lista. Todas as fitas também estão disponíveis no sistema europeu PAL, pelo mesmo preço, excluída a remessa.

Caso desejem encomendar três (ou mais) fitas de vídeo, receberão 15 por cento de desconto. (Isso inclui as fitas de PNL/CO de Bandler, relacionadas no apêndice II). (US$ 7,50 de redução em uma fita de US$ 50, US$ 10 em uma fita de US$ 65 e US$ 13 em uma fita de US$ 85.) Todas as remessas são pagas contra-entrega. (4.ª classe especial de livros), dentro do sistema de correios americano. O porte é pago à parte.

Indiquem-nos, por favor, se desejam o formato Betamax ou VHS. Encomendas do exterior: favor indicar o sistema, USNTSC ou PAL europeu. As encomendas devem ser enviadas, junto com o pagamento para:

NLP Comprehensive
1221 Left Hand Canyon Dr.
Boulder, CO 80302
(303) 442-1102-EUA

Apêndice II

Fitas de vídeo de Richard Bandler

A. Sessões com clientes
   Richard Bandler demonstra as aplicações clínicas dos métodos de PNL em três fitas de meia hora, qualidade estúdio. (As transcrições dessas sessões aparecem no livro *Magic in action)*.
   1. "Expectativa de perda". A cura de uma mulher que tinha ataques de pânico incapacitadores, sempre que alguém que lhe era próximo se atrasava para um encontro.
   2. "Autoridades." Um jovem recebe ajuda para superar seu medo de autoridades.
   3. "Agorafobia." Um motorista de caminhão de meia-idade é curado da incapacidade que tinha há seis anos de sair dos limites da cidade onde morava.
   Cada uma das fitas mostra a sessão inteira, não editada com esses clientes, nenhum dos quais conhecia anteriormente Richard, e todas as três fitas incluem uma sessão de controle, demonstrando o sucesso da sessão. O preço de cada sessão é de US$ 75, ou US$ 150 pelas três, em uma única fita (formato VHS apenas). Mandem o cheque nominativo a: Marshall University Foundation (sem taxas de porte). Encomendas devem ser feitas a Dra. Virginia Plumley, Marshall University, Huntington, WV 25701, (304) 523-0080.

B. Uma introdução às submodalidades
   Esse conjunto de duas fitas de vídeo, de três horas e meia, foi editada a partir de um seminário de introdução às submodalidades, realizado em San Diego, no início de 1987. US$ 170, pagamento contra-entrega, apenas formato VHS.

Encomendas a: PNL Products and Promotions, P.D. Box 1956, Aptos CA 95001-1756. (408) 684-1563.

C. Submodalidades e hipnose

Essas fitas de vídeo foram editadas a partir de seminário de submodalidades adiantado de quatro dias de duração, realizado em Boulder, Colorado, no início de 1987. Os títulos e as descrições abaixo relacionados indicam os pontos principais desse treinamento completo e sistemático. Como Richard está sempre fazendo demonstrações enquanto ensina, essa fitas fornecem uma experiência excepcionalmente rica sobre os métodos atuais de submodalidades.

1. **"Amplificando os estados sinestésicos e o trabalho corporal."** Richard ensina como usar as relações não-lineares de submodalidades para amplificar estados sinestésicos desejados e fazer uma ponte-para-o-futuro desses estados dentro de contextos apropriados, com referência específica ao funcionamento sexual. Ele também demonstra sua forma ímpar de trabalho corporal, que foi desenvolvida a partir de suas observações do trabalho de Moshe Feldenkrais e outros (117 minutos, US$ 85.)

2. **"Eliciação não-verbal e mudança."** Demonstração, debates e exercícios de ancoragem não-verbal, pressuposições e acuidade sensorial para reunir informações de submodalidades e fazer mudanças dissimuladas.

3. **"Pressuposições e hipnose."** Como as pressuposições modificam as submodalidades e o uso direto de mudanças de submodalidades para induzir estados alterados. (63 minutos, US$ 50.)

4. **"Replanejamento e encadeamento de estados."** Uso das submodalidades de tempo para instalar atitudes, estados de humor e comportamentos que são inevitáveis porque já aconteceram subjetivamente, e o uso de transe e sinais com os dedos para instalação e contextualização inconsciente. (96 minutos, US$ 85.)

5. **"Convicções, crenças e realidade."** Trabalho com crenças, convicções e estratégias de realidade para operar mudanças duradouras. Uso das submodalidades para separar estados ou sintetizar novos estados. (82 minutos, US$ 65.)

O conjunto completo das cinco fitas pode ser encomendado por US$ 280 (uma economia de 20 por cento), a NLP Comprehensive (ver informações na parte final do apêndice I).

Várias outras fitas estão sendo produzidas (setembro de 1987) e estarão brevemente à disposição, incluindo sessões individuais com um alcoólatra, um esquizofrênico paranóico, um bulímico e um homem com problemas de timidez com as mulheres. Escreva ou telefone para a NLP Comprehensive, para receber a lista atualizada. (303) 442.1102.

D. Fitas sobre os seminários de hipnose de Erickson
   Esse conjunto de três fitas, totalizando quatro horas e quinze minutos, engloba um seminário de fim de semana feito por Richard Bandler e Ed Reese, no Southern Institue of NLP, em 1986. Muitas aplicações de submodalidades para hipnose são demonstradas, assim como padrões de interrupção, metáfora, padrões hipnóticos de lingüística, levitação de braço, introdução dupla e encadeamento de estados. A fita termina com histórias pessoais de experiências com Milton Erickson. US$ 225, contra entrega, nos Estados Unidos. (Formato VHS apenas). Encomendas para: Hypnosis Vo-Cal Productions, P.D. Bos 533. Indian Rocks Beach, FL 34635. (813) 696-4891.

Apêndice III

A Programação Neurolingüística no Brasil

A Sociedade Brasileira de Programação Neurolingüística fundada em 1981 é oficialmente associada à *American Society of Neurolinguistic Programming*, o que significa receber o aval de qualidade de seus criadores. A sociedade mantém intercâmbio de tecnologia com o *Dynamic Learning Center* (Robert Dilts e Todd Epsteim), *Grinder DeLozier & Associates* (John Grinder) e *NLP Comprehensive* (Steve e Connirae Andreas).

A S.B.P.N.L. ministra cursos que vão desde a introdução, passando por cursos como o de Hipnose e o de Crença, Saúde & Longevidade até o aperfeiçoamento avançado como o Practitioner e o Master Practitioner.

Os cursos são ministrados por Gilberto C. Cury, Rebeca L. Frenk (Biby) e Allan F. Santos Jr. Todos treinados pessoalmente por Richard Bandler, John Grinder e Robert Dilts.
Também participam assistentes treinados pela Sociedade Brasileira de Programação Neurolingüística.

Escrever para a Sociedade Brasileira de Programação Neurolingüística é a maneira de garantir a qualidade de treinamento recebido, além do endosso de Richard Bandler e John Grinder.

Sociedade Brasileira de Programação Neurolingüística
Rua Paes de Araújo 29 conjunto 145/146
04531 São Paulo, SP
fone (011) 829-3260

Leia Também

USANDO SUA MENTE
As coisas que você não sabe que não sabe
Richard Bandler

SAPOS EM PRÍNCIPES
Programação neurolingüística
Richard Bandler e John Grinder

RESIGNIFICANDO
Programação neurolingüística
e a transformação do significado
Richard Bandler e John Grinder

ATRAVESSANDO
Passagens em psicoterapia
Richard Bandler e John Grinder

Todos publicados pela Summus Editorial

DAG GRÁFICA E EDITORIAL LTDA.
Av. N. Senhora do Ó, 1782, tel. 857-6044
COM FILMES FORNECIDOS PELO EDITOR
Imprimiu